生きにくさを生きる

人権◆戦争◆原発

山村淑子

ドメス出版

まえがき

私は、これまで「女性に生まれた」という理由だけで、閉ざされ、抑圧されて人権侵害を受けてきた女性たちが、日常生活を取り巻く「生きにくさ」を、細やかな「気づき」や「違和感」を大切に積み重ねて打開策を考え行動することで、生きる力に変えていくことに注目してきた。

朴《パク》沙羅さんの父方の伯父や伯母から聞き取り記録した『家《チベ》の歴史を書く』（筑摩書房、二〇一八年）は、絶望せずに生きてきた在日一世女性たちの個々の歴史を、北東アジアの生活史として位置づけた優れた一冊である。そのなかで、日本の植民地支配下に置かれた済州島出身の俊子伯母さん（一九四四年生まれ）が「怖かった」のは、戦争・放火・殺人ではなく「身近な暴力」であり、「死のうと思うた」理由は、読み書きができなかったからだった。そこで、伯母さんは一歩を踏み出し、自ら夜間中学に通って識字力を獲得し、生きる力に繋げていく。その結果発せられた言葉が、「生きてきてよかった」だった。

一方、戦時下と戦後の急速な価値観の変化への戸惑いを抱えて戦後を生きてきた、昭和一桁世代の永山鈴子さんと私が出会ったのは一九七八（昭和五三）年六月である（『沈黙の扉が開かれたとき　昭和一桁世代女性たちの証言』ドメス出版、二〇二一年）。永山さんは、それまで受けてきた性別役割を前提にした女性向け歴史講座ではなく、「真面《まとも》な歴史を学びたいので助けてほしい」と必死の面持ちで私に訴えた。翌七月、会員二〇人余りの「歴史学習会」が開始された。彼女たちは近代女子教育で女性のあるべき姿とされた佇《たたず》まいを残しながらも、学習を積み重ね、自らの戦争体験に向き合い、次世代に残す記録集二冊を制作。その作業過程を通して個の確立をはかり、戦時下での自らの思考と行動を加害の歴史と関わって見つめ直し、敗戦後の日々の生活で女性として感じてきた「違和感」を生きる力に変えていった。

戦後一五年目、一〇代で戦争を体験した世代の子育ての時期と重なっていた一九六〇（昭和三五）年の日米安全保障条約改定反対闘争は、ビキニ事件（一九五四年）を契機とした原水爆禁止署名運動に次いで、戦後最大の国民的平和運動だった。「子どもたちを戦場に送りたくない」と、子育て中の母親たちもデモ行進に加わっている。彼女たちの多くが、職場で、地域で、ＰＴＡのグループで、日米安全保障条約についての学習会をもち、集会やデモに参加していた。ところが、その翌年、早稲田大学文学部教授が、入試を突破してくる女子が多くなると、天下国家を担う男子の将来が塞《ふさ》がれると、「女子学生亡国論」を主張。メディアが女子学生に対する偏見を煽り揶揄《やゆ》して伝えた。高度経済成長によって家計に余裕が生まれ、「男子は大学、女子は短大」の壁が破られ、女子の四年生への大学進学率が上昇したときだった。

それから五七年後の二〇一八（平成三〇）年二月、複数の医学部入学試験で、合否判定にジェンダー差別が持ち込まれていたことが文部科学省の調査で判明し、相次いで集団訴訟が起こされた。そのなかの一つ順天堂大学医学部を提訴した女性たちは、二〇一一年から二〇一八年度の入学試験で合格に必要な点数は取れていたが、女性であることを理由に不合格とされた受験生たちであった。二〇二二年五月、東京地方裁判所で判決が言い渡され、「性別や浪人年数に応じて異なる合格基準が設定されるという差別的な取り扱いによる精神的な苦痛があった」として、原告一三人の賠償請求が認められた。文部科学省の調査によれば、二〇一八年度の順天堂大学医学部の合格率は、男性一〇・〇八％、女性五・二三％だったが、改善後の二〇一九年度の合格率は男性が七・六九％、女性が八・一三％と、女性の合格率が男性を上回っていたことが明らかにされ、医学を志す女性受験者に希望をもたらすことになった。以上は、いずれも「生きにくさ」を生きる力に変えていった例であり、「生きにくさ」は人権確立の出発点であることを示しているといえよう。

本書では、一九九二（平成四）年から二〇二〇（令和二）年にいたる論考やエッセーのなかから、人権・戦争・原発に関わって「生きにくさ」を生きてきた人々に焦点をおいた九本（歴史教育誌・経済誌・歴史学関連学会誌や研究会誌等に掲載）を選び、Ⅲ章構成でまとめている。

まず、「序に代えて」では、主権者である私たちにとって「生きにくさ」を生きるうえで支えとなるものが憲法にあることを六つの側面から検討している。憲法は主権者である国民を権力の乱用から守るためにあるもので、「生きにくさ」を生きるための重要な支えであることを示し、次世代に伝えることを意識して記している。

第Ⅰ章では、「生きにくさ」を生きるところに人権確立の出発点があるという視点から、日米の女性の参政権運動、日本国憲法の誕生と女性、国家の女性政策の三点を柱に構成している。

とくに国家の女性政策についての小論では、昭和一桁世代女性たちの戦時・戦後の歩みを歴史上に位置づけ、国家による女性統合の変遷過程を通して、個々の女性の姿を、浮きぼりにしたものである。コラムでは、冒頭で紹介した朴沙羅著『家《チベ》の歴史を書く』を紹介している。

第Ⅱ章では、昭和一桁世代女性たちとの歴史学習会を契機にスタートした女性の国家統合に関わる論考で構成し、アジア太平洋戦争の戦時下で国家が求めた母親像を取り上げた。その際、国家の意図と、戦時生活の「生きにくさ」を、知識や生活技術を身につけることで生きぬこうとしていた女性たちとの受けとめ方とのズレも垣間みられることを指摘したもので、史料を丁寧に読むことで可能になったことであった。

一九九一年にまとめた「戦時体制移行期における母親像の変容」を作成した時点では、「母の講座」を対象とした研究は未開拓分野だった。そのため、講座の設立・概要・変遷・各地における展開（女子高等師範学校・医科大学・各地の帝国大学・農村部・都市部）を整理し史料も紹介している。ここでは総力戦体制による国家統合を進める過程で、良妻賢母から「新」良妻賢母への転換が図られた年が一九四〇（昭和一五）年だったことを、国立国会図書館と筑波大学図書館所蔵の資料から発見し裏づけることができた。この論考は、東京歴史科学研究会婦人運動史部会の共同研究の成果『女と戦争　戦争は女の生活をどう変えたか』（昭和出版、一九九一年）に掲載され、その後の「母の講座」研究の出発点となっている。

ところが、文部省が二つの女子高等師範学校を中心に展開した「母の講座」資料を追いかけるうち、東京女子高等師範学校が所蔵していたであろう「母の講座」関係資料が検索でみつからず、筑波大学図書館所蔵史料も長期間借り出されたままで全体を見ることができなかった。そのため、全容を把握するための史料を探して古書店探索をつづけたが、手に入れにくかった。だが一九九九年、奈良女子大学が所蔵する「校史関係史料」の一部がデジタル版で公開され、奈良女子高等師範学校が継続開催した「婦人講座」と「母の講座」の関連史料を見ることが可能になり、研究を継続することができたのだった。

二〇〇四年、奈良女子大学「校史関係史料」（デジタル版）と、筑波大学図書館所蔵の「母の講座」関連史料（複写）と付きあわせて、開催年度ごとの講座科目一覧表を完成することができた。史料探しから一〇年が経過していた。この一覧表ができたことで、奈良女子高等師範学校が開催した一九年間（一九二五年に開始された婦人講座から一九四三年の「母の講座」終了まで）におよぶ講座の展開過程の全容を把握して作成した論考が、「戦時期における母性の国家統合—文部省『母の講座』を中心に」で、『総合女性史研究』に掲載されたものである。この論考では、受講者の反応を汲みあげるための史料の読み取りに努力している。

三本目の「性別役割分担にみる戦時体制下の子育て」は、右の二本の論考をふまえて執筆したものである。戦時下の俸給生活者の子育て中の家族に読まれた「両親教育」(『主婦の友』に連載。一九四三〈昭和一八〉年の発行部数は約一六四万部)と、敗戦直後のシングル女性(戦争で夫を失った「未亡人」の子育てについての調査資料(「母の講座」が実施されていた大阪市の住宅街が対象)を使用している。

第Ⅲ章では、二〇一一年三月一一日の東日本大震災時に起こった東京電力福島第一原子力発電所事故後に現地踏査した見聞を基礎にした記録から始めている。一本目は、原子力発電所設置に反対してたたかってきた被災者の言葉と、「安全神話」を信じてきた被災者の言葉を記録し、二本目は、広島・長崎への原爆投下、ビキニ被曝事件と原水爆禁止署名運動の流れを示したうえで、原発事故から九年目の福島の人々の地域と暮らしを取り戻すたたかいを記録している。

加えてこの章では、原水爆禁止署名運動が展開された全国の署名数一覧表を抜粋して作成し掲載した。核兵器の使用を禁止し、平和を求め、被災者一人ひとりの尊厳や生きる権利の保障を求めた人々のたたかいの証として示している。当時、施政権が返還されていなかった沖縄以外のすべての都道府県で署名運動が行われていたことや、自治体間の署名数に大きな差があったことにも注目した。

三本目の「原水爆禁止運動から反原発へ　高度経済成長期の『主婦連合会』の動きにみる」は、これまで保守的・世俗的と捉えられていた消費者団体主婦連合会の評価を変えうる論考になった。それは、主婦連合会の機関紙『主婦連たより』を繰り返し丁寧に読む過程で、主婦連合会の会員たちの多面的な活動を通して見えてくる女性たちの「気づき」に注目したことにはじまる。さらには主婦連合会について書かれた過去のさまざまな記事と機関紙『主婦連たより』の記事との違いに注目し、消費者団体ならではの国内外を問わず広い人脈と、国際的動向も視野に入れている。加えて主婦連合会の創立時のメンバーで消費者運動の当事者である清水鳩子さんから聞き取ったことで、これまで書かれ、語られてきた姿とは異なる主婦連合会の姿が見えてきたのだった。その結果としてこれまでの女性解放運動の視点からは見えてこなかった消費者団体主婦連合会の原子力政策に対する先見性をもった一側面を明らかにすることができた。

先に述べたように私は、これまで研究対象から外されてきたマイノリティーの歩みや、偏見をもって捉えられてきた人々の個々の歩みに関心をもち、史資料を読み、そこに存在する「気づき」や「違和感」を大切にして、当事者からの聴き取りによって得られた情報を含めて読み解くことを大切にしてきた。そこに歴史分析を加えることで、従来の偏見が取り除かれ、不可能と思われていた研究課題の糸口が開かれ、課題の本質が見えてきたときの喜びは、私にとって生きる力のひとつともなっている。

二〇二二年八月

山村　淑子

生きにくさを生きる

人権◆戦争◆原発

◉目次

三 近現代における女性の歩みと国家の女性政策……55

第Ⅱ章　国家が求めた「新しい」母親像……75

装丁　市川美野里

凡　例

・年代表記は原則として西暦を用い、章・節・項の初出部分の（　）内に元号を補って示している。
・原則として、新字体・現代かなづかいを用いている。戦時期の史資料からの引用文の漢字は、旧字体を新字体に、かなづかいは原文どおりとした。
・特殊な歴史的用語については適宜ふりがなを付けた。
・戦時期の史資料からの引用カ所については、原文どおり「婦人」を用いるが、他は原則として「女性」に統一して表記している。
・国名・国の機関・省庁名などは原則的に当時の呼称を用いている。
・「終戦」と「敗戦」の表記については、時間の経過を表す場合は「終戦」、歴史的位置づけに関わる場合は「敗戦」を用いている。
・基本的人権に関わる差別的用語・表現については、歴史的事実を伝えるために必要な叙述として、そのまま表記している。
・本書に掲載した「表」資料（著者作成）については、使用した史資料名を示した。
・図書・新聞・体験記録からの引用にあたっては、出典名を示した。
・学会・研究会紙誌等に掲載された論考およびコラム等の記事については、巻末の初出一覧に示した。

序に代えて

「生きにくさ」を生きる支えとしての憲法

1　憲法研究会『憲法草案要綱』

なぜ、平和と基本的人権の保障を謳う憲法をもつ日本で、人権や平和が脅かされているのだろうか。

一九四五（昭和二〇）年一二月二六日、アジア太平洋戦争での敗戦四カ月後、占領下にあった日本で憲法研究会の『憲法草案要綱』が内閣に届けられた後、記者団を前に発表された。ＧＨＱ（連合国軍最高司令官総司令部）に届けたのは英語が話せる文芸評論家杉森孝次郎である。この憲法研究グループは、民間での憲法制定の準備と研究を目的として、社会経済学者高野岩三郎の呼びかけで、鈴木安蔵（憲法学者）、前述の杉森孝次郎、森戸辰男（政治評論家）、岩淵辰雄（政治評論家）、馬場恒吾（ジャーナリスト）、室伏高信（評論家）によって結成されている。

彼らが起草した『憲法草案要綱』は、根本原則（統治権）、国民権利義務、議会、内閣、司法、会計及財政、経済、補足の八項目から成り立っている。その特色は、冒頭の「根本原則」で天皇の統治権を否定し、「一、日本国ノ統治権ハ日本国民ヨリ発ス」とし、国民主権の原則を採用、天皇は「国家的儀礼ヲ司ル」として、天皇の存続は認めていることである。

つづく「国民権利義務」の人権規定では、平等権、言論の自由、拷問の禁止、請願権、労働権、生存権、そして、男女平等の権利、民族人種による差別禁止、民主主義と平和主義等、一三の規定が簡潔に起草されており、戦時体制下で多くの人々を苦しめてきた「抑圧」の反省が、人権規定に生かされていることに注目したい。さらにはこの人権規定と日本国憲法条文との類似性が見てとれることにも注視したい。

国民権利義務

一、国民ハ法律ノ前ニ平等ニシテ出生又ハ身分ニ基ク一切ノ差別ハ之ヲ廃止ス
一、爵位勲章其ノ他ノ栄典ハ総テ廃止ス
一、国民ノ言論学術芸術宗教ノ自由ニ妨ケル如何ナル法令ヲモ発布スルヲ得ス
一、国民ハ拷問ヲ加ヘラルルコトナシ
一、国民ハ国民請願国民発案及国民表決ノ権利ヲ有ス
一、国民ハ労働ノ義務ヲ有ス
一、国民ハ労働ニ従事シ其ノ労働ニ対シテ報酬ヲ受クルノ権利ヲ有ス
一、国民ハ健康ニシテ文化的水準ノ生活ヲ営ム権利ヲ有ス
一、国民ハ休息ノ権利ヲ有ス国家ハ最高八時間労働ノ実施勤労者ニ対スル有給休暇制療養所社交教養機関ノ完備ヲナスヘシ
一、国民ハ老年疾病其ノ他ノ事情ニヨリ労働不能ニ陥リタル場合生活ヲ保証サル権利ヲ有ス
一、男女ハ公的並私的ニ完全ニ平等ノ権利ヲ享有ス
一、民族人種ニヨル差別ヲ禁ス
一、国民ハ民主主義並平和思想ニ基ク人格完成社会道徳確立諸民族トノ協同ニ努ムルノ義務ヲ有ス

（出典・憲法研究会『憲法草案要綱』・国立国会図書館・「日本国憲法の誕生」資料から抜粋）

とくにこの人権規定案で注目されることは、一一番目の男女平等の権利とともに、一二番目の民族人種による差別禁止が、簡潔・明確に示され、かつ、平和思想に基づく諸民族との協同を謳っていることである。日本の侵略戦争と植民地支配の歴史に深い悔恨《かいこん》をもって、世界の叡智《えいち》を集め検討を重ねて作成された憲法研究会の『憲法草案要綱』は、日本の法制史上記念すべき功績をもたらしている。右の二つの規定が実際の日本国憲法に生かされ実体化されていたならば、複合的差別が蔓延《まんえん》している現代社会の実態と、かつて日本の侵略を受けた近隣諸国との関係も違っていたであろう。

2 ベアテからのメッセージ

日本国憲法施行から五三年目になる二〇〇〇（平成一二）年五月二日、憲法記念日を前にして国会では参議院憲法調査会が開催された。この日は、憲法制定過程についての参考人傾聴が目的で、一九四六（昭和二一）年当時、連合国軍最高司令官ダグラス・マッカーサーのもとで草案起草に携わった、元連合国軍最高司令官総司令部民政局関係者二人が参議院に招請されていた。一人は日本に居住体験をもつ民政局調査専門官であったベアテ・シロタ・ゴードン（以下、ベアテと略）、もう一人が横浜市生まれで民政局に配属された外交官・海軍少尉リチャード・A・プールである。

三時間余りにわたる参考人質疑を記録した国会議事録には、参考人証言に加えて、以下のベアテのメッセージが残されている。それは、ベアテが直接関わった男女平等を謳った第二四条とともに、憲法前文、国民主権、基本的人権、平和主義に示される憲法の理念と、日本の現実政策との乖離《かいり》を強く意識したものであった。

・日本の進歩的な男性と少数の目覚めた女性たちは、もう十九世紀から国民の権利を望んでいました。そして、女性は特別に参政権のために運動をしていました。この憲法は、国民の抑えつけられていた意思をあらわしたので、国民に喜ばれました。

・私が言いたいメッセージは、女性が今から男女平等のために毎日毎日闘わなければなりません、それをストップすることはできません、いつでもそのことをしなければならないんです。

・二十一世紀の一番大きい問題は平和の問題です。（中略）平和のために毎日毎日闘って、頑張ってください。

（議事録第二十七部・第百四七回国会・参議院憲法調査会　会議録第七号三頁・一〇頁・参考人発言）

ベアテは、二〇一二年一二月三〇日に八九歳で生涯を閉じるまで、日本国憲法に明記された第二四条と関わる「女性の権利」と、第九条の「戦争放棄」の意義を、日本の女性や世界に向けて発信しつづけてきた。とくに、彼女のメッセージが、日本国憲法が誕生した国会議事堂内で発せられ、憲法第九条とともに、憲法第一一条の基本的人権の享有や第一三条の個人の尊重・幸福追求権・公共の福祉の尊重を前提にして述べられたことは、歴史的に意義深い発言といえる。

世界各国の人権獲得運動の歴史も、日本における女性参政権獲得運動の歴史も（本書第I章）、いずれも暮らしのなかに存在する「生きにくさ」と「闘う」日々にこそ、権利獲得の出発点があることを示唆している。現在も、これからも、「生きにくさ」と「闘う」人々に勇気を与える発言だといえよう。

3　日本国憲法の理念と女性たちの実態

ベアテのメッセージから二〇年。二〇二〇（令和二）年以降、世界中で猛威を振るった新型コロナウイルス感染症の拡大により、人的交流が閉ざされ、日本の女性たちの労働環境はいっそう悪化している。本書第I章に記した二〇〇八年の労働形態調査では、女性の非正規雇用者比率が、五〇・二％だったが、二〇二〇年の調査では五四・四％と上昇し、そのうち一五～二四歳が二七・四％を占めている。この若年層女性の非正規労働・パート労働・失業者の増加による貧困化は、路上生活者も生み出しており、身近な男女間で起こる性暴力や、私自身も経験してきた職場での性差別の深刻な現状と無関係ではない。正規雇用労働者の長時間過重労働と女性の貧困化・若年層の貧困化は、格差社会における人口減少問題にも深く関わっており、労働環境の根本的解決策なくしては展開が開かれない状況にある。

一方、家庭内で繰り返された両親からの虐待（性的虐待を含む）で亡くなった幼児や児童の死亡事件、教育現場における学校関係者による性暴力（二〇二二年一月の内閣府男女共同参画局調査によれば、「最も深刻な被害に遭った場所」で最多が学校だった）や、生徒間で繰り返されるいじめによる死亡事故等への対応の遅れが恒常化している。その原因が縦割り行政にあると捉え、その弊害を取り払い一元化するために「こども庁」のプランは生まれている。その契機となった家庭内での虐待を受けつづけた当事者女性が、成人してその体験を勇気をもって公表し、公的機関に訴え行政を動かした意味は大きい（少年院女子入所者の六八・六％が親からの虐待を受けていたことが明らかにされている。二〇二二年二月、総務省ＨＰ）。

ところが、政府は、法案提出間際になって、家族制度に基づく旧民法下での伝統的家庭観・家族観を重視する国会議員に「配慮」して、急きょ、「こども庁」を、「子ども家庭庁」と改称。家庭の役割を重視した法案として可決し、二〇二三年四月に新設されることになった。この突然の名称変更は、全国に存在する家庭内で虐待を受けつづけてきた当事者に深い失望を与えることになった。加えて具体的施策と予算の裏づけに問題を残しており、今後、如何にしたら勇気をもって訴えた女性の意志を日本国憲法の基本的人権の理念に近づけていけるかが問われている。

次に示す憲法起草案文は、先の実状を踏まえ、ベアテが起草したものである。だが、草案作成の中心的役割を担った民政局次長チャールズ・ルイス・ケーディスによる「このような具体的指示は、有益かもしれないが、憲法にいれるには細かすぎる。原則を書いておくだけにとどめ、詳細は制定法によるべきだ」との発言で一部を残しカットされたが、起草時のベアテの努力が見てとれよう（ベアテ・シロタ・ゴードン著、構成・文 平岡磨紀子『1945年のクリスマス』一八四〜一八五、二一八〜二一九頁より抜粋）。

・家庭は、人類社会の基礎であり、その伝統は、善きにつけ悪しきにつけ国全体に浸透する。それ故、婚姻と家庭とは、法の保護を受ける。婚姻と家庭とは、両性が法律的にも社会的にも平等であることは当然であるとの考えに基礎をおき、親の強制ではなく相互の合意に基づき、かつ男性の支配ではなく両性の協力に基づくべきことを、ここに定める。

これらの原理に反する法律は廃止され、それに代わって、配偶者の選択、財産権、相続、本居の選択、離婚並びに婚姻および家庭に関するその他の事項を、個人の尊厳と両性の本質的平等の見地に立って定める法律が制定されるべきである。

・妊婦と乳児の保育にあたっている母親は、既婚、未婚を問わず、国から守られる。彼女達が必要とする公的援助が受けられるものとする。
嫡出でない子供は法的に差別を受けず、法的に認められた子供同様に、身体的、知的、社会的に、成長することに於いて機会を与えられる。

・すべての日本の成人は、生活のために仕事につく権利がある。その人にあった仕事がなければ、その人の生活に必要な最低の生活保護が与えられる。女性は専門職業および公職を含むどのような職業にもつく権利を持つ。その権利には、政治的な地位につくことも含まれる。同じ仕事に対して、男性と同じ賃金を受ける権利を持つ。

これらは、二一世紀に生きる日本の女性たちの生きにくい現状をふまえてみたとき、法案起草時のベアテの先見性が見てとれる。だが、ベアテが危惧《きぐ》していたとおり、「新民法」制定では家父長制下の「旧民法」の考え方が維持されて、ベアテが起草したきめ細かな女性の権利は条文化されなかった。しかし、他の人権条文とともにベアテが守り抜いた憲法第二四条が存在することで、女性の「生きにくさ」を克服するための「闘い」に繋げる道は残されている。

4　日本国憲法の理念と沖縄「日米地位協定」

アジア太平洋戦争を起こし敗戦国となった日本は、一九五一（昭和二六）年のサンフランシスコ条約（日本政府は戦争被害の補償請求権を放棄したため、空襲被害者はアメリカ政府に請求できない）とともに日米安全保障条約を締結。米ソ冷戦体制（一九四五～一九八九）下で、アメリカの同盟国として、一九四六年に制定された日本国憲法の理念とは矛盾する戦後体制を構築していくことになる。その矛盾は、一九五二年にアメリカ軍など連合国軍の占領下にあった日本が、沖縄を切り離して独立を回復したことに如実に表れており、再独立となった四月二八日は沖縄の人々にとって「屈辱の日」となった。

一九七二年五月一五日、アメリカの施政下に置かれていた沖縄は日本に「復帰」する。だが、朝鮮戦争時に攻撃拠点として広げられた米軍基地はそのまま残され、日米安全保障条約第六条に基づく「日米地位協定」は改定されず、県民の生活全般にかかる抑圧も解消されないまま、日本国憲法の枠外に置かれている。

一九九五（平成七）年九月に起こった一二歳の女子小学生が学校からの帰宅途中に米海軍海兵隊員三人に拉致《らち》暴行され、殺されて遺棄された事件では、アメリカ側は「日米地位協定」一七条を盾に、日本側への三人の身柄引き渡しを拒否するとともに、その後も「地位協定」改定を否定しつづけた。この事件では、当時普天間高校三年生の仲村清子《すがこ》さんが、一〇月二一日の「沖縄県民総決起大会」に集まった八万五〇〇〇人を前に次のように日米両政府に呼びかけた。

私たちに静かな沖縄を返してください。軍隊のない、悲劇のない、平和な島を返してください。

基地がある故の苦悩から、早く私たちを解放してください。

今の沖縄は誰のものでもなく、沖縄の人々のものですから。


二〇二二（令和四）年、復帰後五〇年の今も、沖縄の人々は生活全般で複合的抑圧を受けつづけている。たとえば、県民一人あたりの所得は全国最下位で、子どもの相対的貧困率は二九・九％（全国平均は一三・五％）で、高校中途退学も全国一位である（内閣府「沖縄の子どもの貧困対策に向けた取組」）。

そのため、沖縄の選挙では、県民の最終的投票判断の際、候補者がアピールする「交付税獲得」手腕の有無が話題になる現実がある。その結果として、沖縄最大の課題である「基地」問題と、「日米地位協定」の問題は、日本国憲法の枠外に置かれたまま、解決されない状態がつづいている。それでも諦めずに日々の暮らしのなかで「闘い」つづける沖縄の人々を支えているのは、沖縄で受け継がれてきた「命《ぬち》どぅ宝」（命こそ宝）とする「闘い」の歴史である。

5　一九五〇年代の「生きにくさ」を生きて

一九五〇（昭和二五）年の夏、庭先で飛行機の爆音を聞いた母と伯母が洗濯物を干す手を止め、飛行機雲を見ながら「また戦争だって……」と話していた姿と、子どもたちの遊び場となっていた寺と神社の角地に住む女性たちが、悲鳴を上げ甕《かめ》を抱えて飛び出してきて、裏手の溝に液体（濁酒）を流していた姿と、その在日コリアンの女性たちを取り締まる警棒を持った警察官の姿とが、私の「朝鮮戦争」の記憶である。

この年、実業之日本社で『新女苑』や『少女の友』の編集を担当していた伯父が、労働組合員であるという理由だけで職場を追われている。日本の民主化と非軍事化を進めていたGHQの方針が米ソ冷戦体制で大きく変化し、日本政府の逆コース化がはじまったときであった。私は、この朝鮮戦争期から高度経済成長期にかけて義務教育を受けている。


一九五二年の春、「将来、医者になって病気で困っている人を助けたい」と思った事件が起きた。校庭で行われた始業式を終えて、担任の先生（女性・三〇代）が詰め襟の学生服を着た男子を伴い教室に入ってきた。先生は彼の名前を紹介し、病気で学校に来られなかったことと、年上のお兄さんであることを伝えると、私の隣の席に彼を座らせた。彼の名前はDさんといった。Dさんは午前中のみの登校だったが、保健室担当の先生から声がかかると、私がDさんと一緒に保健室に行き、保健室の先生と一緒に、Dさんの背中に埋め込まれたガーゼをピンセットで取り除き、新しいガーゼと取り替えた。当時、ガーゼは貴重品だったから、「大切に扱うように」と助言され、息を潜めるようにして手伝った。他言してはいけないような雰囲気だった。

しばらくして、夕食後にその様子を両親に話した。すると、父母の穏やかな表情に緊張が走った。

翌日、父が学校に問い合わせると、Dさんの病気は「脊椎カリエス」だったことが伝えられた。私がピンセットで取り出していたガーゼに染み込んでいた膿《うみ》は、結核菌が脊椎に侵蝕したことでできた膿で、流れ出ないようにガーゼで止めていたことが、母から私に伝えられた。急きょ、Dさんは医療施設に保護され、濃厚接触者であった私は、ツベルクリン検査とX線撮影を受け、用心のために半年間は体育の授業に出られなかった。幸いにも、BCGワクチンを受けていたことで大事にはならずに済んだ。思い切って両親に話したことが、PTAを動かし、その結果、保健所・医師・教育委員会が動いて、Dさんと私のいのちは救われた。

当時、結核は「国民病」といわれ、最初の結核予防法が公布・施行されたのは一九五一（昭和二六）年だった。ちなみにこの年の日本の結核罹患率《りかんりつ》は、人口一〇万人中六九八人で、一年間の死亡率は一一・三％だった（公益財団法人結核予防会結核研究所「沿革」）。土台で支えたのが憲法第二五条で、その条文には「すべて国民は、健康で文化的な最低限度の生活を営む権利を有する。②国は、すべての生活部面について、社会福祉、社会保障及び公衆衛生の向上及び増進に努めなければならない」と記されており、前述した『憲法草案要綱』の「国民の権利義務」の八番目の規定に通じている。

先のDさんは「病弱」であったため、戦時中は「将来、兵士としてお国のために役立たない」と疎《うと》まれ、戦後も病による閉塞《へいそく》生活を余儀なくされていたところ、病への治療には目もくれず、「義務教育だから」と、半ば強制的に「登校」を迫られていたことが後日判明した。

この事件の直接的原因は、校長、クラス担任、保健室担当教員が、児童の健康を見守るうえでの基礎的医学知識を持ち合わせていなかったことにある。だが、問題の本質は、子どもたち一人ひとりの人権を保障する環境整備を行うべき教育行政が、人権感覚に欠け、教育基本法の理念を疎《おろそ》かにしていたことにある。

日本国憲法の三本の柱である基本的人権を理念化した一九四七年制定の旧教育基本法は、その前文で、将来の主権者である国民の尊厳を重んじ真理と平和を希求する人間の育成を目指して次のように謳っていた。

われらは、さきに、日本国憲法を確定し、民主的で文化的な国家を建設して、世界の平和と人類の福祉に貢献しようとする決意を示した。この理想の実現は、根本において教育の力にまつべきものである。

われらは、個人の尊厳を重んじ、真理と平和を希求する人間の育成を期するとともに、普遍的にしてしかも個性ゆたかな文化の創造をめざす教育を普及徹底しなければならない。

ここに、日本国憲法の精神に則《のっと》り、教育の目的を明示して、新しい日本の教育の基本を確立するため、この法律を制定する。

ちなみに、右の小学校は、GHQによる占領下（一九四五〜一九五二年）でジョン・デューイ（米・哲学者）を源流とするコアカリキュラム（教科の枠にとらわれずに学習の核となる課題や教材を中心に編成した教育）を導入した、文部省や国立教育研究所の指導を得て取り組む実験校として有名だった。その教育は地域と連携した生活実践を重視し、自治活動を育てることを狙いとしていたが、他方で、学校保健安全法によって守らなければならなかった児童のいのちへの関心よりも、時の文部省の姿勢を強く意識した教育実践だったことが指摘できよう。

6　戦争体験と憲法理念と平和主義

二〇二二（令和四）年二月二四日、ロシアによるウクライナ侵攻が開始された。この動きを軍事力強化の好機と捉えた日本政府は、安保法制のもとで軍事費増強の動きを活発化させている。残念なことだが、二〇〇〇（平成一二）年にベアテが日本の国会で述べた日本と世界のリアルな現実が存在する。今回のロシアの侵攻は、日本が起こした侵略戦争の歴史を省みることに繋がっていく。一九三一（昭和六）年九月一八日の「満州事変」に始まるアジア太平洋戦争は、他民族・他国家に対し日本が侵略した戦争で数多《あまた》の生命を奪った。

その結果、日本国憲法前文に記されるように、「政府の行為によつて再び戦争の惨禍が起ることのないやうにすることを決意」して平和的生存権を示し、戦争放棄を掲げた憲法第九条をもち、二度と戦争は起こらないと国民は安心し、世界的信用も得たのだった。

一九九二年三月、ノンフィクション『閔妃《ミンピ》暗殺　朝鮮王朝末期の国母』の作家角田房子（一九一四～二〇一〇）が七八歳だった年に『朝日新聞』「余白を語る」のインタビューに答え、四六歳で作家デビューした動機を次のように述べている。「あたしたちの世代は、戦争をはさむ歴史の中で、日本が何をやってきたか、ほとんど知らされずにすごしてきた」そのため、真実を知ったときには驚きとなり「これは他人にも伝えなきゃ」と思うと同時に、知らずにいたことが恥ずかしかった。そして、「あちら（ここでは韓国・朝鮮をさす）では、子どもでさえ知ってることを、多くの日本人がいまなお、知らずにいる」ことを認識、「事実をともかく調べ上げよう。論評を避け、誰にもこびず、へつらわず、きちっと書いておかなくては」と、自分を見据えつつ執筆していることを伝えている。

一九一四（大正三）年に東京で生まれた角田は、「満州事変」は一七歳のときである。だが彼女は、「戦争をはさむ歴史の中で、日本が何をやってきたか、ほとんど知らされずにすごしてきた」と述懐し後悔している。

ところが一九八九年のベルリンの壁崩壊後の日本では、「米ソの対立もなくなって、もう戦争や平和を考えましょうという時代でもないでしょう」と、戦争や平和について考え、語り合うことに拒否反応を示す若い世代を前にして、戦争体験世代の「戦争」を伝えようとする気持ちが揺らいでいた時期があった。いまや前述したアジア太平洋戦争を成人期・青年期に体験した世代の多くが鬼籍《きせき》に入り、聞き取りの対象は当時「少国民」と呼ばれた国民学校生と幼児が対象となっている。そのため総力戦体制下の暮らしの実態を知る人々は皆無に近くなっている。

だが、地球規模で歴史を見るならば、その後も武力による解決をめざした内戦・紛争・侵略戦争は世界各地で起こっている。アフガニスタン内戦をはじめとして、アメリカによるパナマ侵攻、湾岸戦争、コンゴ戦争、アメリカのアフガニスタン侵攻、イラク戦争、イスラエルによるガザ侵攻、エチオピアによるソマリア侵攻。これらの背景にはつねにアメリカの存在が見え隠れしている。そして、現在世界中が注目しているのは、ロシアによるウクライナ侵攻である。ベアテの予見どおり、二一世紀の今も世界中で戦争は止まない。

ロシアがウクライナに侵攻した日、ロシア軍はウクライナのチェルノブイリ原子力発電所（四基）を占拠し、次いでヨーロッパ最大規模のザポリージャ原子力発電所（六基）も攻撃し、ロシア軍の管理下に置いた。デジタル通信機を利用して即座に配信されたこれらの情報は世界中を震撼《しんかん》させた。一九五三年に米国大統領アイゼンハワーが国連総会で打ち上げた「原子力の平和利用」という名目が、見事に崩れていく様子をＳＮ

Sの画像で世界中の人々が目の当たりにした瞬間だった。

チェルノブイリ原発は一九八六年の事故後停止。大破した四号機は「石棺」で覆われている。だが、攻撃次第では大規模な「放射能汚染」に繋がり、施設の保持管理を担う職員はもとより、予備知識もなく徴集派遣されているロシア軍兵士の被曝は避けられない。実際にロシア軍兵士が放射性廃棄物で汚染された土壌に接触していたことが報告されている（二〇二二年四月七日『読売新聞』、四月八日『ニューヨーク・タイムズ』、四月一一日『毎日新聞』）。


現代の戦争では、核攻撃だけでなく、原子力発電所を攻撃対象とすることで、エネルギー源を遮断して社会的・経済的機能を麻痺《まひ》させ、さらには放射線および放射性物質を拡散させることで、国境をまたがり、地球全体にダメージを与える「兵器」にもなることの可能性をロシア軍の行為は示唆した。

東京電力福島第一原子力発電所の事故で、自らの意思ではなく故郷を離れざるを得なくなった人々が、「生きにくさ」を生きる日々の「闘い」のなかで、人権と平和のための「闘い」は毎日毎日諦めないでというベアテのメッセージは心に響くであろう。

日本国憲法前文の、戦争の惨禍の反省に立った平和的に生存する権利を確認し、「生きにくさ」は人権確立の出発点であることを歴史から学びつつ再認識したい。はじめはひとりの動きであっても、時を経て大きなうねりをもたらしてきたことを歴史は教えてくれよう。


（二〇二二年）

第I章

「輝く女性」実現のために

◆女性と人権

一　「生きにくさ」は人権確立の出発点
――日米の女性参政権運動から学ぶ

はじめに

二〇〇八（平成二〇）年は世界人権宣言から六〇年目にあたる。一九四八（昭和二三）年一二月一〇日に第三回国連総会で採択された宣言は、その前文で、地球上のすべての人間が平等な権利と自由を享有して人間らしく生活することこそ、世界の自由と正義と平和を構築するための基礎となることを明らかにした。この宣言に先行して、一九四七年五月三日に公布されていた日本国憲法は、戦争放棄と個人の尊厳や男女平等を明記して、基本的人権思想に基づく人間らしい生活の保障を掲げている。

だが、いまや地球的規模で「生きにくさ」が拡大している。生命の存続に関わる「地球環境問題」は、自然環境悪化をもたらした根本原因の追及が不問にされて、「京都議定書」の温室効果ガス排出量規制枠が国際政治の駆け引き材料となり、総合商社を経て国家・企業間で売買されている。

また、金融資本の期待を担ったアメリカ合衆国政府の国際戦略の価値観を当然視した日本の公民科教科書は、「国際化」「グローバル化」のタイトルを付して、「アメリカ民主主義」を喧伝してきた。そこで、この時流に乗り遅れさせては大変と考えた親や教師は、語学力とパソコンと株取引のノウハウを身につけることこそ「将来」を生きぬく力になると、子どもたちに現代を生きる処世術を提示してきた。

ところが、二〇〇七年、米国経済はサブプライムローン問題を契機に金融不安から危機状態に陥り、その回復がみられないまま、二〇〇八年九月には大手証券会社が破綻して株価が大暴落、日本の株価も瞬時に反応し暴落した。「国際化」「グローバル化」を担う世代と期待されて成長した若者が向き合った「将来」は、「ワーキングプア」に代表される「生きにくい」社会であった。

1 「生きにくさ」にみる性（ジェンダー）差

この一〇年来若者の貧困化が進んでいる。二〇〇八（平成二〇）年一月〜三月の労働形態調査では一五〜二四歳の非正規雇用者比率は、男性が四四・八％、女性は五〇・二％である。[1] 若者の二人に一人が非正規雇用労働者で、男性の大卒でも職に就けないという現実がある。これまで中高年女性が担っていた「パートタイマー」や、若い女性が中心だった「派遣労働」[2]に男性も組み込まれ、結果として非正規雇用女性労働者のよりいっそうの貧困化を招いている。一般労働者の男女賃金比率も一〇〇対六六・八八[3]で依然として格差は縮まらない。

高度経済成長期に資本が女性労働者に課したパート労働は、性別役割を前提に、低賃金と非正規雇用を常態化させてきた。それを、企業内的労働組合運動が、男子正規雇用労働者本位で利用・放置してきたため、[4]時を経て現代の若者の劣悪な雇用関係と「生きにくさ」を生んだ一因ともなっている。「ネットカフェ難民」の出現にみるように、自らの意志に反して定職をもてず、一人前の生活費を獲得するのもやっとという男女に「結婚」や「子育て」の言葉は遠く、かつ重い。

たとえ正規職を得たとしても、収益を上げるための徹底した合理化のもとで労働者一人当たりの労働密度が高く、かつ長時間労働を余儀なくされて「帰宅したら寝るだけ」の生活で疲弊し、「人間らしい生活」からは程遠い。戦後、日本の大企業は、長時間・過密・低賃金という人権無視の劣悪な労働条件を国際競争力強化の武器にしてきた。とくに二〇歳代から三〇歳代の若者の労働がきつく、職場が異なる学生時代の友人の集合時刻が午後一一時、「最後に駆けつけた仲間の到着時間は午前三時」という実態がある。この若者たちが、日本国憲法第二四条の相互協力による結婚生活を維持していけるのだろうか。

結婚前は独立して対等に働いていた男女の場合でも、結婚後は男性（夫）の過酷な労働実態に合わせて、女性（妻）が家庭管理（妻・母役割）を担いながら働くという性別役割を踏襲する場合が依然として多い。その固定的伝統的な男女観は女性に対する差別の根源になっており、女性は心身ともに大きな負担を抱えることになる。この性別役割を起因とする短期間での結婚解消や男性からの家庭内暴力（妻・恋人・女性に対するＤＶ）、女性の育児ノイローゼと幼児虐待等の実態があるなか、非婚化と少子化現象は、男女の共生関係に向かえずに、あるいは向かわずに、我が身を守ろうと腐心する現代の若者たちの防御策ともいえよう。

構造改革の名のもとに、規制緩和によって悪化した労働環境と対決していくには、切り離された個々の労働者自身の努力だけでは解決は難しい。そこで一九九〇年代以降注目されているのが個人加盟の「ユニオン」の動きである。この「ユニオン」は団体交渉権（日本国憲法第二八条で保障）を活用して個々の労働者を支えるとともに、人間らしく働き生きることが可能になるルールづくり（ＩＬＯ提唱ディーセントワーク＝人間らしい適切な働き方）をめざしている。(5) 現代の若者たちを「生きにくさ」から解放する鍵は、固定的・伝統的性別役割を見直し、男女が共生できる平等な関係をつくることにある。その際、日本国憲法が力強い支え手となる。

今こそ社会的文化的につくられた男性役割と女性役割から派生する差別（ジェンダー差別）を廃するための日々のたたかいが必要とされている。

2　歴史教育でこそ可能な人権教育

私が非常勤講師として出会った大学三年生（教職課程講座履修者）の多くが、「労働三法」の名称もおぼつかなく、「日本国憲法」も読んだことがなく、主権者教育をも十分に受けずにいた。彼らが間近に迫った就職活動や将来の公的社会生活で抱える問題解決には、法律の基礎知識と歴史学習で培った判断力が大きな意味をもってくる。二〇〇八（平成二〇）年時点での中学歴史教科書は戦後史で労働三法・女性・人権を次のように叙述しているので、それをみてみよう。

A「一九四五年一二月には、労働組合法と、労働基準怯・労働関係調整法が定められ、労働者の生活が守られるようになった。戦後の生活難もあって、労働組合の結成は急激に進み、全国的な組織もできた。（中略）また、女性の社会的地位を向上させて男女同権をめざす女性運動や、水平社の運動を引きつぐ部落解放運動もさかんになった。[(6)]」

B「連合国軍総司令部は、治安維持法を廃止して政治活動の自由を認め、二〇歳以上の男女すべてに選挙権を認めました。さらに労働組合をつくり、ストライキをおこなう権利を守る労働組合法や、労働条件の最低基準を定めた労働基準法も制定されました。また、全国水平社の伝統を引きついで、差別の撤廃をめざす部落解放運動が高まりました。北海道では、アイヌの人たちの解放をめざす北海道アイヌ協会が再び組織されました。(7)」

右のA・Bには、不十分ながらも現代の若者の「生きにくさ」からの脱却を考えるヒントが歴史学習にあり、そのキーワードが「人権」であることに気づかされる。被差別部落の人々・アイヌ民族・在日韓国朝鮮人、アジア人労働者等、さまざまなマイノリティの人権が放置されたままならば、女性はもちろん、男性の人権も危うくなることを学びとることができるのだ。異なる立場の「生きにくさ」を共通の課題として向き合える関係を創造するために、その手がかりを二つの歴史に探ってみたい。

3　米国「女性」参政権運動から学ぶ

米国女性参政権運動は、黒人奴隷制撤廃運動のなかから生まれ、その運動は女性労働者との提携で広がり飛躍した。一七七六（安永五）年七月四日のアメリカ『独立のための宣言』は、人民の政府変更権・抵抗権を認めた画期的な宣言文であった。だが、それは植民地を支配していた英国王権から白人の男性を解放して市民の権利を保障したにすぎず、女性と先住民・黒人奴隷は、「人」としての権利を保障されず、「生きにくさ」を抱えたままだったのである。

開拓時代、女性は寡婦になると財産権が認められたり、タウンミーティングに参加することもできたが、通常は父や夫に服従・隷属するものとされ、自らが希望する教育を受けることもできず、結婚が人生の最終目的と見なされていた。「信心・純潔・従順・家庭的であること」が女性の美徳とされ、女性が公的に行動をすることができる領域は宗教だった。(8)廃娼運動や禁酒運動も、その美徳を社会に広げるための行動として捉えられ、一八三〇年代の奴隷制撤廃運動参加も、当初はその延長線上にあった。女性たちは、会合をもち、請願を行い、演壇に立って奴隷制撤廃を訴えた。

だが、女性たちが公の場で演説することには反発と偏見が向けられ、男性主導の奴隷制反対協会は女性に責任ある地位を与えなかった。そこで、自らの人権が阻まれていたことに気づいた女性たちは、各地で奴隷制撤廃を掲げる女性の結社を組織する。(9)奴隷制反対女性協会が全国大会を開催したのは一八三七（天保八）年のことである。西部出身のクエーカー教徒ルクレシア・モットは、黒人奴隷と女性は、隷属・無権利状態を共有していると捉え、奴隷制撤廃運動と並行して女性の権利のための運動を提唱した。

その女性たちに政治参加の権利こそ不可欠であることを気づかせた事件が一八四〇年にロンドンで起こる。世界奴隷制反対会議に出席した女性代表の席が用意されていなかったのだ。これに衝撃を受けたルクレシア・モットは法律家の娘エリザベス・スタントンらとともに「女性の権利獲得のための集会」を、一八四八（嘉永元）年七月一九日にニューヨーク郊外の工業都市セネカ・フォールズで開催する。スタントンによって起草された「女性の所信宣言」は、独立宣言文中の「英国王ジョージ一世」を「男性」に替えて「女性に選挙権がないこと・女性の発言権を認めずに制定した法律を強制したこと・既婚女性を法律上の無能力者扱いにしたこと・離婚法が男性優位であること・女性の財産権と労働賃金を剝奪したこと・女性の職業への道を閉ざしたこと・女性は高等教育を受ける資格を持てないこと・大学は女性に門戸を閉ざしていること・男性はあらゆる手段で……女性を従属的なみじめな生活に陥れていること」(10)等、現状打破を訴えた。それは、同年の既婚女性の財産権法制定や、一八六二年の一夫多妻禁止法の成立、連邦公職の女性への開放等の成果を生んでいる。

一方、奴隷制度は南北戦争後、リンカーン大統領による「奴隷解放宣言」を経て、一八六五（元治二）年に廃止され、一八七〇（明治三）年には黒人男性の選挙権が確立した。だが、人種差別の「生きにくさ」は取り残される。黒人女性たちも自らの結社をつくって解放運動をたたかってきたが、人種・肌の色・性・経済的貧困と幾重にも重なる輻湊的《ふくそうてき》差別のなかで「生きにくさ」は続いていた。

奴隷解放から一〇〇年後、キング牧師等による公民権運動は、一九六四（昭和三九）年に人種差別を禁止する公民権法を成立させた。だが、人種差別は現在も存続する。二〇〇八（平成二〇）年、その米国民が「生きにくさ」からの脱却を黒人のオバマ大統領に託し歴史的大変革を生みだしているが、差別構造の本質的な変革には時間がかかっている。

黒人奴隷制廃止から四〇年後の一九〇五年、先のスタントンの娘で英国人と結婚したハリオットは、これまでの「有産婦人」を中心とした運動に疑問をもち、女性参政権で政府との対決を迫って運動を展開していた英国人エメリン・パンクハーストと行動をともにしたが、夫の死後、米国に戻る。彼女は参政権獲得のためには労働者・労働組合との提携が必要と考え、共通する「生きにくさ」を抱えた職業婦人と女工の共闘組織「自活女性の平等同盟」（後の女性政治同盟）をつくり運動に広がりをもたらした。ハリオットに率いられたこの同盟は、一九〇八（明治四一）年、ニューヨーク大学平等参政権協会と手を組んで集会を開催するとともに、全国労働組合連合の二〇〇万の男性労働者にも呼びかけている。その街頭パレードは強い印象を残し、他組織の参政権運動にも大きな影響を与えた。

米国の女性参政権運動の特徴は、第一次世界大戦参戦中も大統領に直訴するなど途切れず継続されたことである。一九二〇（大正九）年、「合衆国市民の投票権は、合衆国及び州によって、性別を理由として拒否または制限されてはならない」とした憲法修正第一九条に三六州が批准して、ようやく女性参政権が実現する。「女性は家事や育児で政治を考える余裕がない」「政治に関わると家事を放り出す」という偏見に満ちた性別役割の壁を破るために、一八四八（嘉永元）年のセネカ・フォールズの集会から七二年間を要したのだった。女性たちが参政権を得て「生きにくさ」から脱却するための新たな一歩が、ここから踏み出されている。

4　日本の「婦人」参政権運動から学ぶ

次に、日本の資本主義を底辺で支えた女工たちの「生きにくさ」を踏まえて権利要求の足跡をたどりたい。日本の女性参政権運動は「婦人」参政権運動と称され、近代民主主義革命を経ずに成立した天皇制国家によって奪われた女性の政治的権利を回復する運動から出発している。明治初期には天賦《てんぷ》人権論から導かれた男女平等論が説かれ、自由民権運動に女性が参加していたことは周知の通りである。封建的束縛が外されて身分差の結婚・養子縁組が可能になり、妻から離婚裁判を起こすことができたし、一八八〇（明治一三）年の区町村会法は女性の選挙権を認め、政党参加も可能だった。

だが、明治政府の集権化過程で区町村会法が改定（一八八四年）されて公民権は男性に限られ、一八八九年の衆議院選挙では女性が除外された。また大日本帝国憲法発布後には、自由民権運動を弾圧した「集会条例」を強化した「集会及政社法」（一八九〇年）が出され、女性は政談演説会や政党結社に参加することも禁止される。また、一八九七年には男女別学の訓令が出て、男子師範に合併されていた女子師範は再び分離され男女別学の教育を実施し、女子師範学校を中心に良妻・賢母の育成が図られていく。女子教育は「家」を維持し、将来の「臣民」となる子を産み育てることこそ女性の役割と教示することになる。

一八八九年、大日本帝国憲法は国民を天皇に従属する「臣民」と位置づけ、その「臣民」は九年後に公布された民法で「家」を維持する「戸主」を中心とした家族制度のもとに束ねられた。女性は結婚すると夫の「家」に入り（七八八条）、法律的行為すべてに夫の同意が必要で（一四条）、無能力者扱いされた。さらに、夫が妻の財産を管理・使用（七九九条・八〇一条）する権利をもち、結婚前の妻の財産も、結婚後妻が働いて得た財産も、すべて夫のものとなった（八〇七条二項）ため、法律上、妻が経済的に自立することは不可能になったのだった。[11]

日本の近代資本主義は繊維（製糸・紡績）産業から出発し、その労働は低賃金女工労働に支えられていた。その女工たちによって、一八八六（明治一九）年、甲府市官営雨宮製糸場のストライキが起こる。労働時間延長と賃下げに怒った女工たちが「時間に遅るれば……賃金を引き去られ、子持の婦人は時間通りに出勤しても二〇分の賃銭《ママ》を引き去られ」ため、「雇主が同盟規約と云う酷な規則を設け妾等を苦しめるなら妾等も同盟しなければ不利益なり」と「一〇〇余名の工女たち」が近くの寺院に集合しストライキを実行し、結果は遠距離通勤者の出勤時間一時間繰り下げ、その他の優遇策を考慮する等、工女側が勝利して終息した。この動きは甲府市内製糸場に次々に波及し、いずれも一部待遇改善を獲得している。さらには、一八八九年に大阪天満紡績女工三〇〇人が賃上げを要求してストライキを行ったときも女工側の要求を通していた。

だが、一八七二年に官立として創立し、一八九三年に三井に払い下げられた富岡製糸場で起こった争議では、日給制が出来高制に替わり、食料補助制度が廃止されたことに怒った通勤女工二三〇人余が、七日間のストライキを行ったが、女工側が譲歩して終息している[12]。

右の富岡製糸場での結果は一八九〇年の「集会及政社法」で女性の政治活動の自由が全面的に奪われたことと無関係ではない。明治政府は、女工たちの労働者としての抵抗が、政治的抵抗に成長していくことを危ぶんでいた。性差別を露わにした弾圧法は、一九〇〇年の「治安警察法第五条」に受け継がれ女工の政治結社を禁じるとともに、女子および未成年者が政談集会に参加すること、発起人になることを禁じていったのだった。

一九一九（大正八）年に平塚らいてうの誘いを受け「新婦人協会」設立に加わった市川房枝は、自らの生年一八九三年を「明治憲法公布後四年で、婦人の政治活動を禁止した集会及政社法公布三年後であった」と「自伝」に記し、日本の女性の政治的権利が奪われた時期だったと捉えた。房枝は、父の暴力にじっと我慢していた機織り名人の母の「女に生まれたのが因果」という嘆きに、政治的権利を奪われてしまった女性たちの「生きにくさ」を重ねて、参政権運動の出発点にしている[13]。

「新婦人協会」は、母性保護に関わる「花柳病男子の結婚制限法」の請願書とともに「治安警察法第五条修正」請願書を議会に提出した。その内容は、①「婦人」が政治結社に加入することを禁止した「女子」の排除、②「婦人」が政治講演会や集会に参加すること・発起人になることを禁止した項目の「女子」を排除することであった。一九二二年三月、衆議院第四五議会で「衆議院議員選挙法改正に関する請願」は審議・可決される。その結果、女性が政治講演会や集会に参加することと、その発起人になることが認められ、女性が政治参加の歩を進める条件がつくられた。そこで政治進出の条件を得た女性たちは、残る条項改正と並行し、本格的に女性の政治参加の権利獲得をめざすことになる。

一九二四年一二月、久布白落実《くぶしろおちみ》・市川房枝・金子（山高）しげり・ガントレット恒子・河崎なつ等により「婦人参政権獲得期成同盟会（二五年、婦選獲得同盟と改称）」が設立された。この同盟は、婦人参政権・公民権獲得で一致する個人と婦人団体を集結して組織されたものである。同盟は一九三〇（昭和五）年前後においては、①国政参加、②地方政治参加（公民権）、③政党参加を要求し、請願も含め多様な運動を展開した。その結果、②については衆議院での審議で可決したが、「女子の本分は家庭」と主張する貴族院議員の一声で否決されてしまう。そこで一九二五年には、運動の継続のために「婦選獲得同盟」と名称を変更し、よりいっそうの運動の広がりをめざした。その運動を止めたのは、一九三一（昭和六）年の「満州事変」に始まる日本の中国への侵略戦争である。ファシズム体制下で婦人参政権の審議は止まる。太平洋戦争開始前年の一九四〇年九月二一日、日本の「婦人」参政権の旗は止むを得ず降ろされた。

5 「婦人」参政権の実現

一九四五（昭和二〇）年、敗戦の日から一〇日後の八月二五日、市川房枝は金子（山高）しげりや赤松常子、河崎なつ等とともに「戦後対策婦人委員会」を立ち上げた。政府に婦人参政権獲得と婦人の政治的啓蒙を目的とする新しい婦人団体の結成を提唱し、一一月三日、新日本婦人同盟（一九五〇年、日本婦人有権者同盟と改称）が結成される。幣原内閣がようやく婦人参政権を閣議決定した翌日、ＧＨＱから五大改革指令が出されて、「参政権賦与による日本婦人の解放」が示された。戦争終了後四カ月目の一二月一七日、衆議院議員選挙法が改正され、婦人参政権が実現するのである。

翌一九四六年四月一〇日、戦後最初の衆議院総選挙で投票場に並んだ女性たちの多くはもんぺ姿であった。選出された議員総数は四六六名、自由党が第一位となり、多数の戦犯者を出した進歩党は第二位に転落、女性候補者七九名中三九人が当選（自由党五名・進歩党六名・社会党七名・共産党一名・諸派九名・無所属一一名）した。[14] 女性の有権者は約二一五〇万人、そのうち一三七六万人（六六・九七％）が投票した。男性の投票率は七八・五二％で、全国の投票率の男女差は一一・五五％だった。だが、この投票率の男女差は一九六九年の衆議院選挙で逆転、以後二〇〇五年衆議院選挙まで女性の投票率が男性のそれを上回っている。

しかし、一九九三（平成五）年には男女ともに投票率が低下しており、一九九六年には激減、とくに二〇歳代・三〇歳代の投票率低下がいちじるしく、その傾向は以後変わらない。若者への主権者教育（政治教育）は十分に行われてきただろうか。主権者教育を政治イデオロギー教育と混同して避けてきたきらいがないだろうか。日本国憲法が約束している国民の権利を学習し、その権利を日常生活を通して行使することこそ、現代の若者が「生きにくさ」から脱皮し、自らの生活を守るための大きな力にすることができよう。

6　参政権と日本国憲法――女性たちの記憶の声

次に、戦後史のキーワードとなる「a・女性の参政権行使」、「b・日本国憲法公布」、の二つの歴史的事件に出会った女性たちの記憶を、地域女性史の「聞き書き」の成果から、「生きにくさ」にも触れた声を含め紹介したい。

掲載資料は刊行順

①一九八四年―『私たちの記録―戦争・平和そして学習―』（旭川歴史を学ぶ母の会編）

a・「婦人参政権実現のことで、学校（注・女子高等専門学校）の授業の中に取り入れられ、総選挙の時は、各立候補者が教室に来て『我が党のアピール』と婦人参政権のことなど語ってくれた」（八〇頁）。

b・「緊張した。国民の一人として認められた思いがした」（八一頁）。

c・「もう戦争はぜったいにしないだろうと思った」（八二頁）。

②一九九七年―『新宿　女たちの十字路』（新宿区地域女性史編纂委員会編、ドメス出版）

a・「『なにはともあれ、戦争をしない女に投票しよう』と思った」（三四五頁）。

b・「多くの女性と不貞を繰り返す夫に耐えられないと離婚訴訟を起こしていた妻の弁護が最初の仕事だった。新しくできた民法のもとで妻の立場を考えた判決が出された。そのとき、妻は、胸の底から突き上げてくる思いを『ああ、人間になった』と声を出した。この言葉が……女性の地位向上の活動の原点になる」弁護士（三四五頁）。

③一九九八年―『しずおかの女たち　第六集』（静岡女性史研究会刊）

a・（戦前から婦選運動に共鳴）「婦人参政権の実現が嬉しくていてもたってもいられず、母と二人で棄権防止を訴えるビラを墨で書いて、町の角々に貼って歩きました」（五一頁）。

b・「嬉しいことだが女性もしっかりした考えをもち学習しなければと思った」（一二五頁）。

④二〇〇〇年――『千代田区女性史　第三巻』（千代田区女性史編集委員会編、ドメス出版）

a・「二一年の最初の投票のときは嬉しくてね、眠れなかった人もいたくらいでしたよ」（一七一頁）。

b・「生活がどん底であるより、憲法が変わり、男女が平等になるという時代に強く興味を抱きました。母は苦しい生活ながら、わたしを東京の大学に行かせてくれました。だから母には心から感謝してます」（二二〇～二二一頁）。

⑤二〇〇二年――『杉並の女性史』（杉並区女性史編さんの会編著、ぎょうせい）

a・「女性が進出するの　とても嬉しかったです。女性にもう少し力があったら、軍部をあそこまでのさばらせなかったのにと思っています」（一〇一頁）。

b・「戦争をやめるという憲法ができたとき、跳ねて歩きたいような気持ちだった」（二一三頁）。

⑥二〇〇二年――『坂のある町で――聞き書き集』（目黒地域女性史研究会編、ドメス出版）

a・「婦人参政権を得て初めての投票日は、はい、やりましたよ。嬉しくて嬉しくて、あたしも投票できると思ってね。『日本子どもを守る会』の活動もこの頃からです」（一三〇頁）。

⑦二〇〇二年――『小山に生きた女性たち』（小山市女性史編さん委員会編、小山市）。

a・「朝早くから農作業をすませて投票所に急いだ。」

a・「投票用紙をいただいたときの心境は、手が震えて止まりませんでした」（一七〇頁）。

a・「投票に行った。それをきっかけに国の状況や自分の生き方を考えるようになった」（一七〇頁）。

b・「憲法・民法では両性の合意に基づくのが新しい結婚。（嫁にやる、もらうに）私は荷物ではないと主張した」（一七四頁）。

⑧二〇〇四年──『武蔵野市女性史』（聞き書き集）（武蔵野市女性史編纂委員会編、武蔵野市）

a・「女に生まれたのが運が悪かったと、働きづめに働いた母、我慢して夫のいいなりになり、食べ物でも、男の人が美味しい所を食べ、女の人はかすを食べていたようなものでしたよ。男尊女卑の世のなかに不満を持っても、長年続いたことは、どうしようもなかったですね。はじめての選挙で投票をすませ、世のなか新しい時代に変わることを期待しました」（一四三〜一四四頁）。

b・「昭和二一年に、男女平等・婦人参政権が制定されて、選挙権がいただけると聞いたときはとても嬉しかったです。初めての選挙は胸をはって投票に行きました」（一三一頁）。

c・「おおげさに言えば戦後の女性はＰＴＡ活動で開放され、自由になった感じですね」（二四七頁）。

⑨二〇〇八年──『府中市女性史　聞き書き集』（府中市　府中市女性史編さん実行委員会編、ドメス出版）

a・「初めて一票を投じたとき、涙が流れたことを今でもはっきり覚えています」（一七一頁）。

b・「父母たちは、男女共学を断行せよと学校側に要望した」（同、通史　一四〇頁）。

日本の近現代女性史研究は、戦時期のみならず、占領期も含め、戦後史研究がいまだ不十分である。そのため、右記にみた女性参政権をはじめとして日本国憲法で保障された権利を、女性たちがいかにして日常生活のなかで実体化させていったかについては、当事者からの聞き取り作業も含め、今後の研究にまつ部分が多い。同時に戦争体験世代が、戦時期の「生きにくさ」を戦後の生活や生き方にどのように活かしたかを検証することも、歴史意識の次世代への伝達として重要である。戦争体験世代の「高齢化」が進むなかでその聞き取りが急がれている。

おわりに

一九四八（昭和二三）年世界人権宣言は、地球上に住むすべての人間の尊厳と平等を謳い、一九七九年の女性差別撤廃条約は、性差（ジェンダー）を理由に、自由・能力・働き方・生き方などを差別することを否定している。一九九五（平成七）年、北京で開催された第四回世界女性会議はその行動綱領で「世界中の男女（ジェンダー）の平等」を採択した。この綱領を受けて、国際連合経済社会理事会は「ジェンダー視点での男女平等の達成」を主目標にあげ、ＩＬＯは二一世紀の活動目標に「ディーセント・ワーク（人間らしい適切な働き方）」を掲げた。それは、自由、平等、安全、人間としての尊厳の条件のもと、男女ともに公正な所得をもたらす仕事を得る機会を推進することで、その活動の軸におかれているのが固定的性別役割にねざしたジェンダー差別の打破である。

日本の男女はともにいまだ伝統的性別役割から解放されているとはいいがたい。現代日本の若者の「生きにくさ」も、その「生きにくさ」をつくり出している起因の一つであるジェンダー差別に向き合うことなしに、まともな働き方や生き方をつくり出していくことは困難であろう。

人権獲得の歴史を振り返ってみれば、米国の黒人奴隷も宗教的美徳を強要されていた女性も、天皇制国家のもとで無能力者扱いされていた日本の女性たちも、それぞれの「生きにくさ」と向き合うことで、人としての権利を獲得・確立する道を見出してきた。「生きにくさ」は人権確立の出発点であることを歴史から学ぶ意義は大きい。

（二〇〇八年）

注

（1）総務省統計局「就業構造基本調査」。
（2）一九八五年労働者派遣法成立・一九九九年派遣業務を原則自由化。
（3）厚生労働省「平成一九年賃金構造基本統計調査」。
（4）坂本福子著『女性の権利』法律文化社、一九八二、二九一頁。
（5）日本婦人団体連合会編『女性白書二〇〇八　女性と人権』二〇〇八、ほるぷ出版、三〇頁。
（6）『中学生の社会科　歴史　日本の歩みと世界』日本文教出版、二〇〇七、一九三頁。
（7）『中学社会　歴史　未来をみつめて』教育出版、二〇〇七、一八一頁。
（8）本間長世編『世界の女性史9　アメリカ1　新大陸の女性たち』評論社、一九七六。
（9）栗原涼子『アメリカの女性参政権運動史』武蔵野書房、一九九三、六六頁。
（10）辻村みよ子・金城清子『女性の権利の歴史』岩波書店、一九九二、六七〜六八頁。
（11）比較家族史学会編『事典　家族』弘文堂、一九九六。
（12）三井禮子編『現代婦人運動史年表』三一書房、一九六三。
（13）市川房枝『市川房枝自伝　戦前編』新宿書房、一九七四、二頁。
（14）三井禮子編『現代婦人運動史年表』三一書房、一九六三、七九頁。

二　日本国憲法の誕生と女性

1　敗戦・女性・憲法

一九四五（昭和二〇）年八月一四日、「ポツダム宣言」を受け入れた天皇は、その夜「戦争終結詔書」を録音、翌一五日に「現人神《あらひとがみ》」とされていた天皇の声が全国にラジオ放送された。放送終了後、東京日日新聞の文化部記者・古屋糸子は、二人の将校が宮城へ向かって最敬礼し、じーっと動かなかった姿を見て敗戦を実感する。編集局の人々は天皇が話したことに感激して泣いていたが、糸子は「終戦が遅すぎたという感情でつぶされそう」で涙は出なかった。一方、毎日新聞社会部記者・小林登美枝は「これからは、女の時代が来るぞ」と直感したという。やがて、糸子は戦時中に新聞が犯した過ちを自らにも問い返しつつ、特別報道部でGHQや国会取材を担当し、登美枝も婦人問題の解決には政治全体を捉えなければと政治部に移る。一九四六年五月二七日、毎日新聞社の「新憲法草案世論調査」結果が発表された。回答者の七〇％が戦争放棄条項を支持し、六五％が国民の権利条項を良しとしていることが明らかにされるなか、糸子と登美枝はそれぞれに大日本帝国憲法改正案の国会審議をみつめた。

その改正案が同年一一月三日に「日本国憲法」として公布される。新憲法は国民主権と平和主義を謳い、基本的人権の確立を約束して個人の尊重と法のもとの平等を提示し、性による差別を否定したうえで両性の本質的平等を明記した。この憲法理念を実現するため翌年三月には「教育基本法」が制定される。この二つの法律の制定は民主主義確立のために不可欠なものであり、日本の政治史上画期的なことだった。だが、女性たちが戦後の解放感とともに一人ひとりの生き方に関わって希望を託した憲法の誕生は容易ではなかった。

2 憲法草案とベアテ

敗戦から四カ月後の一二月一九日、内閣情報局調査課が「憲法改正に関する世論調査報告」を公表した。それによれば、二八七人中、七五%が憲法改正を必要と答え、その多くが人権の拡張と自由の保障を求めていた。その一週間後、民間の憲法研究会が「憲法草案要綱」をいち早く発表した。条文作成を担った鈴木安蔵は近代法学者で、植木枝盛ら自由民権期の憲法試案や諸外国の憲法も参考に起案し、国民主権・象徴天皇制・自由権や生存権などの条項とともに、「男女は公的にも私的にも完全に平等の権利をもつ」と明記しており、GHQ草案に大きな影響を与えた。その詳細は、米国国立公文書館所蔵のGHQ民政局法規課長ラウエルの「私的グループによる憲法改正草案（憲法研究会案）に対する所見」（通称ラウエル文書）により明らかである。

一方、一九四六年一月一日の天皇の人間宣言を機に起草を開始した政府試案を、毎日新聞が二月一日にスクープ。その骨子は人権を制限した「大日本帝国憲法」そのままだったため、女性を含む世論の反発は強かった。GHQ民生局長ホイットニーも「政府案を受け入れるのは難しい」と拒絶し、その二日後、政府に憲法改正の意思がないとみた最高司令官マッカーサーは民政局に草案作成を指示した。

翌日からの草案作成には、日本で育ち、日本女性の生活や政治運動を知る民政局員ベアテ・シロタ・ゴードンも委員に指名される。彼女は各国の憲法を参考に、日本の女性と子どもが幸せになるには何が大切かと考え、妻の権利や妊婦と母と子の権利などを詳細に書いた。しかし、上司ケーディス大佐の「詳しいものは憲法には合わない、民法で」との指示で削除され、婚姻および家族生活における個人の尊厳と両性の本質的平等条項のみが残る。この条項をめぐっては、日本政府が「わが国の国情に合わない」と強く反発したため、天皇条項と同じく激論になったが、通訳として献身的に働いたベアテの熱意とケーディスの支援もあって、可決されたという（二〇〇〇年五月・参議院憲法調査会参考人ベアテ証言）。その結果、女性の権利が憲法草案に記され、女性議員も参加した国会審議を経て日本国憲法第二四条として明記された。

ちなみに、「皇室典範」は憲法公布後に制定されたが、皇位継承者を皇統に属する男系男子と規定して、将来の皇后となる皇太子妃は男子出産を期待されるなど、憲法理念と矛盾する問題を抱えている。

3　新憲法の成立と女性

平塚らいてうは、一九四二（昭和一七）年に移り住んだ茨城県の疎開先（取手市小文間《おもんま》の小貝川《こかいがわ》の土手下の二階屋）で、新憲法公布を受け止め、第九条の平和主義に感動しつつ、母性と子どもに関する権利を規定しない限り、女性の生活の真の平和と安全は得られないと指摘した。それは女性議員たちが新しい憲法で保障させようとしていた権利であり、ベアテの原案から「委細は民法で」と削除された権利でもあった。

憲法公布の翌年に改正された「民法」は、家族制度を廃止して「家」から女性を解放した。だが一方で、夫婦同一氏（姓）規定や婚姻年齢の性差（男一八歳・女一六歳）、女性だけの再婚禁止期間（六カ月）、婚外子差別規定（戸籍・相続）など、母と子の権利も含め憲法が保障した人権条項に反する規定を含んでいた。ことに「民法」七五〇条の夫婦同一氏規定では、夫婦同姓にしなければ、法的な結婚手続きができないため、依然として「家」意識が残るなかで妻の九八％が夫の氏を名乗った。そのうえ、夫が「住民基本台帳」の世帯主欄に記載されて、旧来の戸主と同様に公的な家族代表者として位置づけられたことは、家族制度の解消を不徹底なものにした。

それと同時に、高度経済成長期の企業戦略に家族制度下の伝統的性別役割分担の慣行が再編利用されたため（低賃金・結婚退職制・パート雇用など）、家庭や職場や教育現場などでの日本における女性差別の解消は容易に進まず今日にいたっている。その現状を国連開発計画が二〇〇九年一〇月に発表した国際比較でみると、日本のジェンダーエンパワーメント指数（女性の政治的経済的活躍度）は一〇九カ国中五七位、国会議員に占める女性の割合は一八七カ国中一一九位と位置づけられており、日本における男女格差の厳しい現状が認識できる。

日本が一九七九年一二月の第三四回国連総会で採決された「女性差別撤廃条約」の批准に手間どった（一九八五年七月批准）ことや、二〇〇九年、国連女性差別撤廃委員会勧告で、民法改正や男女賃金格差の是正などの具体策が示され、男女平等を妨げる「区別」は「差別」であることを国内法に明記するよう求められた背景には、企業利益を最優先させ社会全般におよんでいる性差別に対して、適切な対応を回避してきた政府の人権無視の政治姿勢がみてとれる。

4　教育基本法と男女共学

敗戦の年の一二月四日、文部省は「女子教育刷新要綱」を発表し大学・専門学校の男女共学と女子大学の創設を認めた。それはＧＨＱの女性解放と教育の自由主義化の方針に沿って出されたが、国立教育研究所の「占領期日本教育に関する在米資料調査」によれば、明治以降の日本の女性の高等教育要求運動の存在がＧＨＱ民間教育情報局の方針にも影響を与え、男女の教育の機会均等を実現するうえで大きな力になっていたという。「日本国憲法」の理念に基づき制定された「教育基本法」は、その制定過程で日本人教育者による徹底した討論が行われ、①義務教育年数の引き上げ（男女とも九年）、②差別的コース割の廃止、③男女共学の実施などに結実させ、男女の平等教育を保障した。

だが、憲法成立当初から、第二四条の個人の尊厳と両性の本質的平等を「日本の伝統や文化に合わない」と捉えていた「安倍政権」は、性の違いによる「差別」を「区別」と言いかえて、旧来の良妻賢母教育を再編しつつその維持を図り、男女共学の完全実施にはいっかんして消極的だった。その姿勢は二一世紀に入っても継続され、二〇〇六年に「美しい国日本」を掲げた政府は、「教育基本法」を全面改定し、第五条の男女共学規定を削除してしまった。しかし、旧教育基本法制定から六二年を経過した二〇〇九年三月二一日付の『朝日新聞』に掲載された「男女共学調査」結果をみると、回答者八九九一人中七三％の人が共学を「好ましい」と答え、男女共学が浸透し、支持されていることがわかる。先の、女性差別撤廃委員会勧告は、世界の動きに逆行する日本政府の動きに対し、旧教育基本法の男女共学（男女とも同レベルの教育内容）規定の復活を検討するよう強く日本政府に迫っている。

（二〇一〇年）

参考文献

・ベアテ・シロタ・ゴードン『1945年のクリスマス』柏書房、一九九五年。
・平塚らいてう『平塚らいてう著作集』平塚らいてう著作集編集委員会編、大月書店、一九八三・八四年。
・二宮周平『家族と法』岩波新書、二〇〇七年。
・伊藤康子『草の根の女性解放運動史』吉川弘文館、二〇〇五年。
・春原昭彦他編著『女性記者　新聞に生きた女たち』世界思想社、一九九四年一月。
・「参議院憲法調査会第七号議事録」一四七回国会、二〇〇〇年七月。

三　近現代における女性の歩みと国家の女性政策

はじめに

現在（二〇一五年）私たちの日々の暮らしや「いのち」を取り巻く状況は厳しい。本来、生きる力を身につける場である家庭や教育現場、労働現場で、子どもや女性や若者や中高年男性の「いのち」と「こころ」を脅かす人権問題が頻発《ひんぱつ》している。そのなかでも注目されるのは、女性や若者の貧困化が進んでいることである。性別役割を起因とする短期間での結婚解消やＤＶ（夫からの家庭内暴力）、女性の育児ノイローゼと幼児虐待の実態が頻繁《ひんぱん》にニュースになる現在、非婚化と少子化現象は、男女の共生関係に向かえずに、あるいは向かわずに我が身を守ろうと腐心する現代の若者たちの防御策ともいえる。その若者たちが今日の生きにくさから解放される鍵は、世代を越えて、固定的・伝統的性別役割を見直し、両性が人間として対等に共生できる平等な社会を築くための「毎日毎日の闘いを続ける」（二〇〇〇年五月二日、参議院憲法調査会参考人ベアテ証言）ところにあるのではないだろうか。

二〇一四（平成二六）年八月二八日、私は北海道旭川で八〇歳代半ばの昭和一桁世代の女性たち一三人とともに歴史学習会を開いていた。「戦争中学べなかったものを取り戻したい」と熱く語ったＮさん（一九二六〈昭和元〉年生）と戦後世代の私が出会ったのは一九七八年六月中旬。歴史の学習会を開始したのは翌月である。その後、毎月定期的に学習会を継続しながら歴史的検証も行って、戦争体験と教育体験の二冊の記録資料を編さん（旭川歴史を学ぶ母の会編『私たちの記録Ⅰ―戦争・平和・学習』一九八四年刊、『私たちの記録Ⅱ―わたくしたちが受けた教育』一九九〇年刊）し、国会図書館に納めたほか、道内の公立高校と道内外の各大学図書館にも寄贈した。とくにⅡの教育体験のアンケート（聞き取り記入）には、世代が異なる一〇〇名分の二八項目にわたる教育体験の記録資料が納められていて貴重である（『沈黙の扉が開かれたとき』ドメス出版、二〇二一年）。

歴史学習会の出発から三六年目にあたるこの日、継続している新聞の切り抜きを持参して参加したMさん八六歳は、「私たちは、戦争中まともな勉強ができませんでした。結婚して以来、私は夫に比べて知らないことが多く、悔しい思いをしてきました。だから一生懸命本を読みました。でも、同じ本を読んでも理解力が違いました。私が女学校で受けた良妻賢母教育と、夫が受けた旧制中学の教育の内容があまりにも違っていたのです。夫は男に生まれたというだけで、女に生まれた私が学べなかったことを、いとも簡単に学んでいたんです。……時間はかかったけれど、この学習会で学ぶことができたからこそ、女に生まれたというだけで奪われていた私の人生を一部でも取り戻すことができたんです」と語った。

「物心ついた時にはすでに一五年戦争は始まっていた」という女性たちは、どのような時代を歩んできたのか。

1　国策が育てた――良妻賢母・軍国乙女

昭和一桁世代の女性たちが生まれた一九二〇年代後半から一九三〇年代前半には、すでに旧来の「家」制度の家族と合致しない単婚小家族が創出されていた。その一つは製造業に従事する労働者家族であり、もう一つは新中間層と呼ばれる官公吏・教員・会社員など事務労働を中心とした俸給生活者家族であった。自主的学習会に参加した女性たち（二〇名＋α）の大半は、戦時期に女学校に行くことができた階層に属しており、その多くが当時の新中間層に属していた。

一方、労働問題、社会問題も発生。それに伴う思想問題も起こっていたため、一九二五～二九年に奈良女子高等師範学校で開催された文部省委嘱「成人教育婦人講座」では、「一九二五年・思想問題とその批判（一〇時間）、思想問題（一四時間）、思想問題の概要と批判（一二時間）、一九二九年・我が国体と我が女性（八時間）、近代国独逸史上に於ける祖国思想の発展（四時間）」などが講座題目に組み込まれ育児や食物化学とともに、同等の時間が設定され実施されている。この動きは、各学校の敷地に御真影と教育勅語謄本を納める奉安殿が造られた時期と一致し、「治安維持法」体制（一九二五年）に入った時期とも重なっている。

これによって、社会全体が思想・言論弾圧に怯《おび》え、新聞は正確な情報を伝えなくなり、世界恐慌による不況を背景に軍事力による大陸侵略が押し進められていった。

先に記したMさんは「満州事変」が起きた一九三一年には三歳、「物心ついた時にはすでに一五年戦争は始まっていた」こと、女学校の体育の授業に加えられた「軍事教練が嫌いだった」ことを『私たちの記録

Ⅱ』に記している。

女学校教育では奉安殿・菊の紋章に最敬礼し、教育勅語と良妻賢母の枠に嵌《は》められた教科書を使用。学校行事で神社に参拝。「必勝祈願」「武運長久」を祈り、「国のため」「天皇陛下のため」にと、本来ならば学びの時間を国家に奉仕。真面目に、一生懸命に、軍服の縫製作業をし、人手不足を補うための援農に出かけた。学徒戦時動員体制が徹底された一九四三年には、Kさん（当時一四歳）と友人は、「女であること、女学生であることで、直接戦争で戦うような行動はできないと、燃えたぎった気持」で、「軍国乙女」として動員に応じ、郵便局や軍需工場で働いている。

それが一九四五年八月一五日の「戦争終結詔書」のラジオ放送と翌年一月一日の天皇の「神格化否定詔書」（「人間宣言」）を経て、文部省から出された中学一年用教材『あたらしい憲法のはなし』（一九四七年八月二日）には「天皇陛下は、けっして神様ではありません」と記されるにいたり、「軍国乙女」たちが受けた教育の支柱「天皇＝現人神《あらひとがみ》」の信仰が崩れた。敗戦を機にこれまで正義と教えられてきた規範がいっきょに否定され、生きるうえで支柱としてきた価値観が一変した。

先のNさんは、宮城女専の講堂で放送を聞き、絶望感に襲われた気持ちを次のように記す。

「私の生きる基準の縦軸は『天皇制日本』であり、横軸は『大東亜共栄圏』に広がる日本であり、その基盤の上に家族制度の『家』があり、そこに私が所属していた。ところが、その座標軸が敗戦とともに突然瓦解して私には依拠するものがなくなってしまった」。

この変化は、彼女にとって、「これまでの『非常時』が日常、突然訪れた『平和』は非日常なこと」だった。

2　性別役割が生んだ――企業戦士・主婦

敗戦直後の国民の生活は厳しく、「精神的なことより食べる方が先」で「まず、自分の生活を固めることで精一杯」だった彼女たちの多くは、敗戦後の逼迫《ひっぱく》した家庭経済を助けるために働いている。

一九五〇年代に入ると、動員先から戻った青年や、戦地から生還した元兵士と結婚。その夫たちは高度経済成長期に「企業戦士」と位置づけられ、長時間労働に従事。妻は主婦として、仕事中心の夫を支えた。戦時期、「家」の戸主が出征・徴用で不在すると、主婦は戸主と同等とされて「家」の守りを義務づけられた。戦後その「家」制度は廃止されたが、形を変えて再編されたのが性別役割分担であった。「企業戦士」の妻たちは、性別役割分担で家庭管理と子育てを担い、子どもの教育費をつくるために訪問販売やパート労働で働いてきた。

一九五一（昭和二六）年、政府は「受胎調節普及」を閣議決定し、その一〇年前、「産めよ殖やせよ」と、「昭和三五年総人口一億」を目標に閣議決定されていた「人口政策確立要綱」を事実上否定した。国家の人口政策により目まぐるしく変化する女性の産む性への介入の姿を厚生労働省統計情報部『衛生年報』にみることができる。それによれば、一九五三年の人工妊娠中絶数が一〇六万八〇六六件。以後、九年間継続して一〇〇万件を超え、一〇〇〇万近い胎児が「処分」されてきた。この女性に対する国家の非人道性は、戦時下、軍の統制・監督下の「慰安所」で多数の兵士の性の相手を強制させられた「慰安婦」の問題にも通じる問題であり、今日的重要な課題である。

農村部では保健婦が妊娠調節普及のため家庭訪問を行い、都市部では企業が社員の妻を対象に家族計画の講習会を開いている。この家族計画では「夫婦と子二人」の家族が手本とされ、諸官庁の政策立案時の「モデル家族」ともなった。

3　自主学習会を支えた日本国憲法と教育基本法

一九七〇年代、知的渇望を持ち続けながらも人類が積み重ねてきた叡智《えいち》を学ぶ機会から長い間遠ざけられてきた女性たちは、子の成人を機に「戦争中学べなかったものを取り戻したい」「奪われていた私の人生を取り戻したい」と、同世代の仲間を募《つの》って自主学習会を始める。自らが受けてきた良妻賢母教育と「現人神」信仰を支柱にして展開された軍国主義教育を、アジアを視野に入れ、東川遊水池の「中国人俘虜強制労働跡」を訪ね、ドイツ大統領ヴァイツゼッカーの演説などを含め、世界史的視点を導入し、調査・検証を重ねながら学んだ。二冊目の記録集の巻頭文「忘れることの出来ない日」でKさんは、学習会での私を含めた討論を通して、「女学生であっても間接的には、戦争に協力してしまっていた」ことに気づいたときの衝撃を次のように記している。

「自分は戦争の被害者であると同時に、アジアの人々に対しては日本国民の一人として、『加害者』の立場であったと分かったつもりでいました。（略）しかし、上層部の指導者や、直接戦場で手を下した者のみが『加害者』であったと言い切れないことに、ようやく気づいたのでした。私たち女学生が純粋に『銃後を守らなければ』と思った気持ちは『国の為』であり、戦争を支えることに繋がる当然なことが、私にはこの時まで納得出来ずにいたのです」。

「良妻賢母」の枠に嵌《は》められ、治安維持法体制のもとでの偏狭で歪められた報道内容と、学ぶことによって知った歴史事実との違い。戸惑い、驚きながらも自らが生きてきた時代の流れに「己＝私」を位置づけ客観視することで、奪われていた人生を取り戻す作業を積み重ねた。

昭和一桁生まれの戦争体験世代の女性たちが、戦後三三年を経過して「戦争中学べなかったものを取り戻したい」、「奪われた人生を取り戻したい」、と始めた自主学習会を支えた男女平等の理念こそ、「日本国憲法」に明示された権利である。その理念を補完し、両性が同じレベルの教育を受けることを保障し、男女平等社会を実現するために大きな力になったのが「教育基本法」の第五条「男女共学規定」であった。

4 「憲法改正」の第一歩——男女共学規定の排除

敗戦の年、一九四五（昭和二〇）年の一二月四日、文部省は「女子教育刷新要綱」を発表。男女共学と女子大学の創設を認めた。この要綱は、ＧＨＱの婦人解放と教育の自由主義化の方針に沿って出されたものだが、国立教育研究所の『占領期日本教育に関する在米資料調査』をみると、明治期以降の日本の女性の高等教育要求運動の存在が、ＧＨＱ民間情報局の方針に影響を与えていたことが記されている。

その要綱に基づいて一九四七年三月三一日に制定・施行された「教育基本法」は、教育の目的及び理念、教育の実施に関する基本、教育行政を定める法律で、制定に関わった日本人教育者による徹底した討論が行われた結果、①義務教育年数の引き上げ、②差別的コース割の廃止、③男女共学の実施などに結実させて、教育の機会均等により男女の平等教育を保障した。

だが、政府は、旧来の家父長制に基づく良妻賢母を再編し、固定的性別役割分担意識でその維持を図り、「性」の違いによる「差別」を「区別」と言い替えて、男女共学の完全実施には一貫して消極的だった。

その姿勢は二一世紀に入っても継続され、二〇〇六年に「美しい国日本」を掲げて登場した安倍政権は、国会で十分な審議もせずに、将来の「憲法改正」の第一歩と位置づけて「教育基本法」の全面改定を決行。その教育目標に「我が国と郷土を愛する態度」を掲げ、第五条の「男女共学規定」を削除してしまう。

世界の流れに逆行する日本政府の「反動」政策に対して、女性の教育を重視する国連女性差別撤廃委員会は、二〇〇九年八月、「強い反対にもかかわらず、教育基本法が改定され男女共同参画の推進に言及した同法第五条が削除されたことを懸念する」として、民法における婚姻最低年齢の男女差（男一八、女一六）を解消すること、女性のみに課せられた再婚禁止期間（六カ月）の廃止、婚外子差別規定の撤廃、夫婦の氏の選択に関する差別的法規定や労働市場における男女の賃金格差の是正とともに、「男女共学規定」の復活を検討するよう勧告。男女平等の考えを「教育基本法」に取り入れることを真剣に検討するよう日本政府に求めている。だが、伝統的「家」制度の維持に固守する現政権に耳を傾ける姿勢はない。

「戦争中学べなかったものを取り戻したい」とはじめた昭和一桁世代の女性たちの学習を支えた二つの法律は、何故否定されなければいけないのだろうか。改めて女性史の視点から憲法誕生までの道程を振り返ってみたい。

5　敗戦・平和――新しい時代への期待

一九四五（昭和二〇）年七月二六日、米・中・英（後にソ連参加）による「ポツダム宣言」は、日本の軍国主義を批判し、徹底した民主主義を要求する。日本政府はこれを黙殺。その結果、米国による原爆投下（八月六日広島、八月九日長崎）とソ連参戦（八月八日）を招いた。この間に戦闘員のみならず、他民族の女性や子どもを含む膨大な非戦闘員の「いのち」を奪うことになった。その非人道的被害は今も継続し、次世代に引き継がれている。

日本政府の無条件降伏受諾決定は八月一四日。翌一五日、前夜に録音された「戦争終結詔書」がラジオ放送の電波に載る。「現人神」と呼ばれた天皇の声が流れ、国民が戦争終結を知った。

当時新聞記者だった女性たちのインタビュー記録『女性記者　新聞に生きた女たち』（春原昭彦他編著・世界思想社、一九九四年）によると、天皇の放送終了後、『東京日日新聞』の文化部記者だった古屋糸子は、二人の将校が宮城へ向かって最敬礼して、動かなかった姿を見て敗戦を実感。その後、彼女は、戦時中に新聞が犯した過ちを自らに問い返しながら特別報道部でＧＨＱや国会を担当する。

また、『毎日新聞』社会部記者小林登美枝は、「これからは、女の時代が来るぞ」と直感。婦人問題の解決には政治全体を捉えなければと政治部に移り、女性が初めて行使した参政権（一九四六年四月総選挙）で選ばれた三九名の女性議員の動向にも注目。二人は新聞記者として大日本帝国憲法改正案の国会審議をみつめていくことになる。だが、女性たちが戦後の解放感とともに一人ひとりの戦争体験に関わって希望を託した新しい憲法の誕生は容易ではなかった（拙稿「日本国憲法の誕生と女性」、総合女性史研究会編『時代を生きた女たち』所収、朝日新聞出版、二〇一〇年）。どんな困難があったのだろうか。

6　新しい憲法に求められた――自由・平等・平和

敗戦年の一九四五（昭和二〇）年一二月一九日、内閣情報局調査課は「憲法改正に関する世論調査報告」を公表。回答者二八七人の七五％が憲法改正を必要と答え、その多くが人権の拡張と自由の保障を求めていた。

その一週間後の一二月二六日に民間の憲法研究会が「憲法草案要綱」を内閣に届け、記者団に発表した（国会図書館「日本国憲法の誕生」解説）。条文作成を担った憲法史研究者鈴木安蔵は、自由民権期の憲法私案や諸外国の憲法も参考に起案。天皇の統治権を否定し、「国家的儀礼ヲ司ル」存在として位置づけ、「日本国ノ統治権ハ日本国民ヨリ発ス」と国民主権を謳《うた》った。

そのうえで、現憲法の第二五条の生存権に通じる「国民ハ健康ニシテ文化的水準ノ生活ヲ営ム権利ヲ有ス」や第二四条に通じる「男女ハ公的並私的ニ完全ニ平等ノ権利ヲ享有ス」などは簡潔にして明解である。さらに注目されるのは、「民族人種ニヨル差別ヲ禁ス」である。この条項が現憲法に取り入れられる状況があったならば、女性差別と民族差別の二重の差別のもとで、心身ともに拘束されて性的蹂躙《じゅうりん》を受けつづけた「慰安婦」問題解決にも多大な貢献をしたと思われる。

この憲法研究会の「憲法草案要綱」にはＧＨＱが強い関心を示し、ＧＨＱ民政局のラウエル中佐（法学博士）から参謀長宛に詳細な検討を加えた文書（通称「ラウエル文書」）が提出され、政治顧問のアチソンから国務長官へも報告されていたことが、米国・国立文書館所蔵の「私的グループによる憲法改正草案に対する所見」により明らかである（国立国会図書館・「日本国憲法の誕生」）。

右の動きに対して「大日本帝国憲法」を固持する政府案が、翌年二月一日に『毎日新聞』によってスクープされ、日本国民の人権を制限したままの内容に女性を含む世論の反発は強かった。日本政府に憲法改正の意思がないと捉えた最高司令官マッカーサーは民政局に草案作成を指示。この草案作成委員には日本の生活や女性の参政権運動等をよく知る民政局員ベアテ・シロタも指名された。

7　憲法の誕生――削除を免れた両性の本質的平等

ベアテ・シロタは日本で育ち、日本語を話すことができたため、通訳としても活躍した。彼女は、各国の憲法を参考に日本の女性や子どもたちが幸せになるには何が大切かを考え、妻の権利や妊婦と母と子の権利などの詳細な社会保障条項を記した（『1945年のクリスマス』柏書房、一九九五年、一八六～一八八頁）。だが、上司ケーディス大佐（弁護士）の「詳しいものは憲法に合わない、詳細は制定法（民法）で」との指示で削除され、「婚姻及び家族生活における個人の尊厳と両性の本質的平等」条項のみが残った。しかし、この条項には日本政府が強く反発。国体と関わる天皇条項と同様に「家父長制の伝統を崩す」、「我が国の国情、文化に合わない」と激論になった。

だが、通訳として献身的に働いたベアテの日本の女性を思う熱意と、ケーディスの支援で可決されたという（二〇〇〇年五月、参議院憲法調査会参考人ベアテ証言）。やがて、この条項は日本国憲法第二四条として結実。「教育基本法」とともに日本の女性の解放を促した点で意義ある条項になった。

一九四六年一一月三日、女性議員三九人も参加した国会審議に諮《はか》られ制定された新憲法は、準備期間を経て翌年五月三日に「日本国憲法」として施行される。この憲法は、国民主権と平和主義を謳い、基本的人権の確立を約束して個人の尊重と法のもとの平等を提示し、性による差別を否定して両性の本質的平等を明記した。

戦争が日常化するなかで軍国主義教育を受け、家父長制に基づく男尊女卑の社会を生きてきた女性たちにとって、この憲法は生きる希望となった。だが、それから五九年後の二〇〇六年、「教育基本法」の第五条「男女共学規定」が削除されてしまう。憲法第二四条も含め「我が国の国情に合わない」と主張する政府は、その後も性別役割を固持し、意図的に女性差別を温存。現政権の女性政策も、その延長線上にある。

8 「三年間抱っこし放題」――育児に専念するのは「輝く女性」

安倍政権は成長戦略の一つ、女性力活用の標語として「輝く女性」を提示。二〇一三（平成二五）年四月には「三年間抱っこし放題」を掲げ、育児休暇後の職場復帰支援を語った。「三年間抱っこし放題」の表現は、「女なら子を産み育てるのが当たり前」を強いる言葉である。女性受けを見込んで打ち出した策のようだが、この施策は子育て世代ばかりでなく幅広い世代の女性が反発し、不評をかった。

その理由は以下三点である。第一に、権力が女性の自己決定権を無視。女性の産む性に「人口減少は国を滅ぼす」と国家的意味づけを示し、子を産ませ、育児にも専念させて、三年後に再雇用で職場復帰を果たさせ労働力不足解消を図ろうとしている。第二に、労働環境や家庭生活の実態と、政策立案者の認識との間に大きな乖離《かいり》がある。労働者の六割が非正規雇用と不安定労働が常態化して貧困化が進むなど、結婚も子育てもできない若者をつくり、現代の多様化した家族の子育てや生活を支援する具体策を欠いている。第三に、「輝く女性」の対象となる女性は、社会的に選ばれた階層（大企業正社員・公務員・官僚・専門職等）であると判断。女性たちは安易な言葉に躍らされず至極冷静である。

私が十数年関わってきた地域の市民女性の歴史研究グループの会員たちは、職業生活を終えた後、民生委員やDV相談、子育て支援や児童相談員などの活動に関わってきた。その経験から、夫が正規雇用の長時間労働者で、妻が子育てのために仕事を辞め主婦になった場合、社会との繋がりが切れた妻が、子育てに窮し鬱《うつ》を発症したり、乳幼児虐待と隣り合わせの状態に置かれるなどの深刻な実態があることを指摘。そのうえで、「三年間抱っこし放題」は、女性の職業能力を寸断させ、女性のみに子育てを押しつけることになる。また、現代の夫婦は憲法二四条に記されているとおり、対等な男女の協力関係がなければ成り立たない。「三年間抱っこし放題」策では、本気で産休明け保育所の増設を行わなくなるのではないかと危惧《きぐ》した。ちなみに「三年間抱っこし放題」のスピーチの原案は、「育児に専念するのは女性」とされていたことが女性記者によって明らかにされ（『毎日新聞』二〇一三年四月二〇日付）、女性たちが反発し、推測していた政策の「真意」が裏づけられたのだった。

9　国家による「母性」利用——日本の母・軍国の母

Nさんが一歳を迎えた一九二七（昭和二）年四月、文部省社会教育課長小尾範治は「社会教育概論」で、「国家、社会の維持発展という目的を達する為には国民の教育が第一要件で国防能力とか、経済能力についても社会の各個人の教育を普及徹底せしめるより外に方法は無い」と述べて学校教育を補う社会教育が差し迫った緊切な問題となっていることを示した（『社会教育講習会講義録』第一巻）。

この背景には、第一次世界大戦（一九一四〜一八年）での戦い方の変化がある。総力戦は武力のみならず国家のすべてを動員する戦い方で、日本は大戦中の欧米諸国に官吏を派遣して、総力戦に備え国民育成策の資料収集を行い、民法で「無能力」とされた良妻賢母では戦えないと判断。学校教育・社会教育・メディア（新聞・ラジオ・雑誌）を通して排外主義的なナショナリズムを注入しつつ、女性や子どもたちの国家統合を急いだ。

すでに一九二五（大正一四）年から、文部省が奈良女子高等師範学校（奈良女高師）に委嘱して「成人教育婦人講座・母の講座」を開設・継続（成人教育婦人講座→母の講座→成人教育婦人講座→奈良女高師主催母の講座）。東西の女子高等師範だけでなく各帝国大学・医科大学の協力を得て「母性」の国家統合を目指した。とくに「母の講座」を別置した理由は、第一次世界大戦後の工業化・都市化に伴い単婚少家族が増加し（一九二〇年五四％、戸田貞三『家族構成』新泉社）、教育熱心だが子育てに不安をもつ都市中間層の女性が存在したことだった。

小尾は文部官僚としてこの中間層の女性の国家への統合が遅れていると認識。現状打開の要として国家の考える方向に母を教化し、その母を通して子女を教育することがもっとも効果的で早道と捉えた。衣・食・住・看護・文学などの実践教養科目を用意。一九三一年の「満州事変」以降は思想問題に関わる教化科目が増える。一九四一年一二月にはじまる太平洋戦争以降は、徴兵・動員・疎開など国策による家族崩壊の渦中にいる家庭婦人に対し、「家」の戸主と主婦を同等と位置づけるなどその役割を強調。主婦の力は「国の力・国の底力」と国家への統合を煽《あお》りながら、我が子を「家」の「子寶《こだから》」として観る立場でなく、皇国日本のために「大御寶《おおみたから》」として観る立場への転換を教示。皇国日本のために「子寶」を「大御寶」として捧げる「母」こそ「日本の母」であると、その「覚悟」を説いた。「大日本帝国憲法」下の女性たちは、新良妻賢母として政治的権利を阻まれたまま、国策に協力的な「軍国の母」の役割を迫られたのである。

おわりに

二〇一四（平成二六）年七月一日、安倍政権は集団的自衛権行使の憲法解釈変更を決定した閣議後の記者会見で、「邦人輸送中の米輸送艦の防護」と記されたパネルを用意した。

そこに描かれていたのは子どもを抱きかかえ、割烹着姿の「日本の母」の姿だった。安倍首相はそのパネルを指し示し、「日本人の命をまもるため、自衛艦が米国の船を守る。それをできるようにするのが今回の閣議決定」だと語った。その瞬間、画像を見た視聴者は、脳裏に刻まれていた「三年間抱っこし放題」のイメージと、「在留邦人の母子像」が重なり、安倍政権の「女性力の活用」とは、「母性」に狙いを定めたかつての「軍国の母」的活用だったことを明確に知ることになる。これは先述したアジア・太平洋戦争での総力戦体制維持のために執られた女性政策と同じ目論見《もくろみ》といえる。
しかし、現在の私たちと戦時期の女性たちとの決定的に異なる点は、私たちは参政権をもち、戦争放棄と基本的人権の保障と男女平等を明確に謳った「日本国憲法」が存在することである。全人格的な「輝く女性」を階層差なく実体化するには、日本国憲法第二四条の個人の尊厳と両性の本質的平等を現実のものとする具体的施策を実現させていく「毎日毎日の闘い」（前掲「ベアテ証言」）が必要である。

（二〇一五年）

〈コラム〉在日一世女性たちの「生きる力」を読む
——朴沙羅著『家《チベ》の歴史を書く』

本書と出会う直前に読んでいたのが、詩人金時鐘のエッセイ「クレメンタインの歌」だった。一九二九（昭和四）年に釜山で生まれた彼は、日本の植民地から解放された後、南朝鮮だけの単独選挙に反対して追われ（一九四八年済州島四・三事件）、二〇歳で日本に逃れてきた。彼の父は、日本統治下で皇民化が推進される最中でも朝鮮服を着て悠然と町を歩いた人だったが、息子が日本へ逃亡する際は「戻るな」と後押しした。その父が釣り糸を垂れる突堤で幼いひとり息子を膝にのせて歌っていたのが、朝鮮語の「いとしのクレメンタイン」だった。朴《パク》沙羅が記した家族も、済州島・大阪を往来し、かつて圧政を強いた日本で生活するという点で一致する。

全国各地に散在した在日コリアンの集落が、鬼怒川舟運で栄えた茨城県南西部の町にもあった。そこは、県立高校の通学路と寺の境内に繋がる道が交差する角地で、境内で遊ぶ子どもたちには見慣れた風景だった。だがある日、集落の女性たちが甕《かめ》を抱えて長屋から飛び出してきて、甕の中の液体を裏の溝に流しはじめた。闇酒摘発である。警棒を振りかざす警察官と悲鳴をあげて逃げる女性たちの姿が、私の幼児期の記憶として残った。その記憶が、本書第五章に登場する俊子伯母さんの「一人で背負っている歴史」と重なり蘇《よみがえ》った。彼女は、濁酒を造る姉が、軍隊から戻った夫によって、殴る蹴るの暴力を受けて「怖かった」と繰り返し語っている。

著者の「私の家族は、いつ、どうやって、なぜ日本に来たのだろう」「個人の人生を、どうしたら歴史として残せるのだろう」で始まる聞き取り調査の動機は、母方の祖母の口癖「普通の人の話をちゃんと記録しておかないと。それが歴史だから」にあった（「著者に会いたい」『朝日新聞』二〇一八・一〇・二七）。

しかし、「どこまで伯父や伯母の話を聞けば『生活史』を聞いたことになるのか」、「『生活史』とは一体何なのだろうか」と次々疑問が生まれる。そこで、著者は「個人の行為を理解するよりも、過去のある時期に起きた特定の現象と、それを経験することを可能にした条件をできる限り再構成」し、「口述」よりも「史」に重点を置いた「口述史」を目指す。だが、何度も壁にぶつかる。この方法論をめぐって悩む著者の認識の推移や変化が隠さず叙述されているのが本書の魅力である。とくに、第三章の朴貞姫伯母さんと、第五章の俊子伯母さんの、それぞれの語りに真摯《しんし》に向き合った「口述」分析には説得力がある。

伯母さんたちは、東アジア現代史の激動期を生きてきた。だが、彼女たちからは日本の植民地支配、戦後の混乱、四・三事件、朝鮮戦争など、歴史上のできごとは語られない。貞姫伯母さんがミッコ（密航）を語るとき、「（収容所は）おなかいっぱいご飯食べられ・ものすごい面白く・めっちゃええねんところ」で、『大村入国者収容所二十年史』に記された騒擾《そうじょう》事件は語られない。だが、「この結びつかなさこそ歴史的な事実で、武装蜂起《ほうき》した島民が虐殺された四・三事件の深刻さを物語っているのかもしれない」と著者は捉えていく。

その結果、賭博《とばく》に明け暮れた父親との生活や、仕事を次々変えながらも自立をはかってきた伯母さんが「たった一人で持ち続けている」歴史を聞くことこそが生活史を聞くことだと納得し、迷いから放たれていく。

また、四女の俊子伯母さんは、在日コリアンを揶揄《やゆ》した差別語を弟から投げかけられていた。民族差別語がジェンダー差別語に置き換えられ、使用されていたことに著者は驚く。伯母さんが「怖かった」のは、戦争・放火・殺人ではなく身近な暴力であり、「死のうと思うた」理由は読み書きができなかったからだ。自ら夜間中学に通って識字力を獲得し、「生きてきてよかった」と語る俊子伯母さんの歴史もまた「在日一世女性の類型的な体験を見事に物語」っていた。絶望せずに生きてきた個々の歴史が、北東アジアの「生活史」として位置づけられ、貴重である。

（二〇一八年）

第II章

国家が求めた「新しい」母親像

一　戦時体制移行期における母親像の変容
——良妻賢母から新良妻賢母への転換

はじめに

一九三〇年代から四〇年代の総力戦体制の組織過程で、銃後を守る女性に対して強く求められたことの一つに、子女の「家庭教育」を担う母親としての役割があった。ここで強調された母親像は、従来から女性に課せられた子どもを産み育てるという側面だけではなく、兵士および産業労働力の担い手を育成し「お国のため」に役立つ若者を送り出すことを使命として課せられていた。そのため、この母親像は戦時期母親教育の最重要テーマとして全国の社会教育施設（成人教育講座・母の会・母親学級等）、および学校教育（なかでも修身・国語科）を通して講じられるのである（拙編書『沈黙の扉が開かれたとき——昭和一桁世代女性たちの証言』ドメス出版、二〇二一年、第二部・3「戦後民主主義の問い直しのために」一七四〜一九三頁参照のこと）。

本稿では、これまで明らかにされてこなかった文部省主催「母の講座」の設立および展開過程を通して、社会教育の側面から如何にして女性を掌握していったかを史料に沿ってみていき、国家が求めた新しい母親像養成課程の一端を明らかにしていきたい。

＊なお、この論考が書かれた時点（一九九一年）では「母の講座」に本格的に取り組まれた研究はなく、本稿では史料の紹介を行う形で叙述し、論を展開している。（奈良女子大学が『校史関係史料目録』に収めた史料の一端をデジタル化し、公表したのが一九九九年三月である）。

1　「母の講座」の設立

一九二九（昭和四）年七月、文部省は社会教育課を社会教育局に昇格させ、教化総動員運動を展開して婦人層の動員計画を図った。この計画にそって、翌一九三〇年六月には文部省主催の家庭教育講習会（同年夏実施）および家庭教育振興案を作成し、家庭教育振興についての社会教育主事会議が開催された。この一連の準備過程を踏まえて同年一二月二三日に「家庭教育振興ニ関スル件」が文部大臣訓令として出されるとともに同日、大日本連合婦人会（略称「連婦」・一九四二年以降は愛国婦人会・大日本国防婦人会とともに「大日本婦人会」に統合される）が発足し、一九三一年三月六日に正式に発会式をあげた。文部省主導によるこの組織は、「家庭婦人の町村行政単位での網羅を原則として全国的組織網をもち、上からつくられたわが国最初の婦人団体」（千野陽一『近代日本婦人教育史』ドメス出版）であり、「婦人団体ノ普及ヲ奨励シ之ヲシテ家庭教育指導ノ中心機関タラシムルコト」（「家庭教育振興ニ関スル施設上ノ注意事項」文部省通牒）とあるように、家庭教育を押しすすめる諸団体を連合する中央組織としての役割を担うことになる。そのため理事には社会教育局長関屋龍吉をはじめとして文部省督学官堀口きみ子、東京女子医学専門学校校長吉岡弥生らが名を連ねている。そして、一九三一年にはその下部組織として大日本連合母の会が創立され、「連

表1　大正一二年度以降文部省主催成人教育講座概要

（　）内は婦人数

開設年度	委嘱地	開設地	講座 講座科目数	講座 時間数	聴講者 聴講者	聴講者 修了者	講師
大正一二年	一	一	四	一二〇	四二六（──）	二三七（──）	五
大正一三年	六	六	二七	五〇九	四、九四九（──）	二、二〇七（──）	四九
大正一四年	八	八	三四	六七五	二、九五二（──）	二、一七二（──）	四〇
大正一五年	四七	六三	一七四	三、六二八	一二、九六〇（一、一〇〇）	八、四三七（九九六）	三八九
昭和二年	五四	八四	二二四	四、六二四	一七、二八五（二、七四六）	一一、二五三（一、九一六）	五三一
昭和三年	五三	九九	二七二	五、三六九	二一、四四〇（三、五五一）	一三、四八七（二、六〇三）	五九九
昭和四年	五一	一〇二	三二三	四、二五二	一八、三七七（五、一一四）	一二、七五一（三、八三二）	五七五
昭和五年	四六	一〇四	三五九	四、〇二〇	一八、〇四四（四、四四六）	一二、九二九（三、六六九）	五五二
昭和六年	四五	一一七	三二三	四、三二五	二六、四七八（一〇、四八一）	一九、二三〇（七、四六八）	六五〇
昭和七年	四六	一〇八	三八八	三、九五四	二一、五五三（六、九三六）	一四、〇〇六（四、四八三）	六二六
昭和八年	四九	一二三	七二二	三、七一〇	二四、九五八（五、一三八）	一五、九八三（三、三三九）	七六〇
昭和九年	五一	一三一	七五六	三、六三五	二八、〇〇一（八、二五二）	二〇、一〇六（六、〇七七）	七九〇
昭和一〇年	五一	一四二	八三七	三、六四三	三五、六六八（八、〇六一）	一八、〇五〇（五、一九六）	八〇〇
昭和一一年	五〇	一二〇	七九四	三、〇〇五	一九、九七二（七、五五七）	一三、六七八（四、五九七）	八〇〇

文部省社会教育局『成人教育関係講座実施概要』各年度

婦」は、社会教育局と深く結びつきながら家庭教育に関する事業を具体的に展開していくことになる。

文部省は、先にみた婦人の組織化と並行して一九三〇年以降毎年（ただし、現時点での資料探索では一九三七年三月までのみ把握）家庭教育指導者講習会および家庭教育講習会を開催して、「家庭教育振興ニ関スル件」に示された「我カ邦固有ノ美風ヲ振起シテ家庭教育ノ本義ヲ発揚」させることを目的として、婦人教育の中堅指導者および理解者を養成する一方、成人教育講座に「母の品性の向上を図り、時代の進運に伴う的確なる識見を養い以て健良なる母を養成」（文部省「昭和五年度成人教育・母の講座・労務者教育実施概要」）を目的として「母の講座」を開設した（表1）。

この講座は、一九二三（大正一二）年に始まった成人教育講座の聴講者総数に占める婦人の割合が年々増加（表1参照。例えば一九二六年には一一〇〇人で八・五％、一九二八（昭和三）年では三五五一人で一六・五％）したことに対処する一面もあるが、主たるねらいは、「家庭教育振興の一助」（文部省『昭和五年度成人教育・母の講座・労務者教育実施概要』）にあった。そのため家庭教育指導者講習会および家庭教育講習会と「母の講座」は、一九三〇年以降並行して実施され、全国各地において「優良なる中堅者」（文部省「実施概要」）として「非常時における教育の要務」に従事する者の養成と、家庭にあって子女の「心身育成人格滋養」を施す者の養成が図られていった（表1参照）。その具体的な教育内容を開設時の昭和五年度の文部省概要にみるとともに、育児および家庭生活改善を中心に展開しながらも一般成人教育に関して述べられているところの「我国民の思想善導に力を致し、公民教育の徹底を期し、又科学及び産業知識の普及」を目的とした科目が導入されている。それによって「家庭教育振興に関する訓令の趣旨徹底」と、「一般成人の政治思想社会思想に対する的確なる理解を徹底」することが目標とされ、戦時下の家庭教育指導者

表2　家庭教育指導者講習会及家庭教育講習会一覧

開設年度	開設地	会場	会期	講師数	聴講者数
昭和五年	東京市	帝国教育会館	三・三～三・八	一一	三二〇
	大阪市	大阪府立清水谷高等女学校	九・三〇～一〇・四	七	四六〇
	福岡市	九州帝大佛教青年会館	一一・五～一一・八	五	三五〇
昭和六年	岡山市	岡山県女子師範学校	七・一～七・四	五	三二〇
	仙台市	宮城県第一高等女学校	七・二四～七・三〇	六	三九三
昭和七年	札幌市	北海道帝国大学	九・三〇～一〇・三	八	一三〇
	別府市	別府市公会堂	一一・一一～一一・一四	七	四三〇
昭和八年	秋田市	秋田市商工会議所	一〇・一一～一〇・一四	八	一二〇
	徳島市	徳島市千秋閣	一〇・二五～一〇・二九	七	三五〇
昭和九年	長崎市	長崎市公会堂	一〇・二三～一〇・二七	九	一五〇
	奈良市	奈良女子高等師範学校	一一・六～一一・一〇	九	一四〇
昭和一〇年	東京市	文部省	二・一八～二・二二	八	四五〇
	山形市	山形県会議事堂	一〇・二八～一〇・三一	八	三〇〇
	京都市	昭和会館	一一・一八～一一・二一	八	四三〇
	鹿児島市	鹿児島県教育会館	三・三～三・六	六	三〇〇
昭和一一年	金沢市	金沢市公会堂	七・九～七・一三	八	二三〇
	宇都宮市	栃木県教育会	一〇・二七～一〇・三〇	六	二二〇
	松山市	愛媛県立図書館	一二・八～一二・一一	八	二五〇
	横浜市	神奈川会館	二・一七～二・二一	七	四五〇

文部省社会教育局『成人教育関係講座実施概要』第三部家庭教育振興施設。各年度

表3　昭和五年度以降文部省主催「母の講座」概要

開設年度	委嘱先	開設地	講座		聴講者		講師
			科目数	時間数	聴講者	修了者	
昭和五年	四	四	二一	一三二	六三七	四一〇	二一
昭和六年	五	五	二五	二一九	九三二	五五五	二五
昭和七年	八	一〇	五六	三二〇	二、一九二	一、一八二	五六
昭和八年	一〇	一三	八八	四四七	二、六二〇	一、五〇六	八三
昭和九年	一〇	一四	八六	四二六	三、五五八	二、三四四	八六
昭和一〇年	一〇	一五	一〇二	四一六	三、九四三	二、四四一	一〇一
昭和一一年	一〇	一七	一一一	四四四	四、九五四	三、三九六	一一五

文部省社会教育局『成人教育関係講座実施概要』各年次

講習会が全国主要市で本格的に実施されていくことになる（表2）。

本稿では、右の諸施設（表2）のうち文部省社会教育局主催の「母の講座」（表3）の具体的な実例を通して右に述べた国家の婦人動員がどのように展開され、受講者たちはどう受けとめていったのかを明らかにし、総力戦体制づくりに社会教育が果たした役割を考察する。

2　概要および変遷

(1)　母の像の変化──「健良なる母」から「円満なる母性」

先にも述べたとおり「母の講座」は、一九三〇（昭和五）年に成人教育講座の一つとして開設されている。その開設趣旨は、「国運の降替風教の振否は固より学校教育並に社会教育に負うところ大なりと雖《いえども》之が根底をなすものは実に家庭教育たり。蓋し家庭は心身育成人格滋養の苗圃にして其の風尚は直ちに子女の性行を支配す」で始まるが、これは、同年文部大臣訓令として出された「家庭教育振興ニ関スル件」の書き出し文とまったくの同文で、一九三三年度までの四年間は、この開設趣旨文が継続して使われている。このことは、「母の講座」が、大日本連合婦人会創設や家庭教育指導者講習会、家庭教育講習会施設開設などの諸施策とともに、家庭教育振興政策の一環として位置づけられていたことを明白に示しているといえよう。つづけて趣旨文は、「此時に方り家庭教育の本義を発揚し更に文化の進運に適応せる家庭を樹立するは啻に教化を醇厚にする所以なるのみならず又実に社会教育の要訣たり」と述べ、社会教育の一環に家庭教育を位置づけ、その家庭教育は、「固より父母共に其の責に任ずべきものなりと雖之が教育の衝に方る母の教育の尚一層緊切なるもの在るを念《おも》ひ」と「母の講座」を開設したことを明らかにしている。

家庭教育を「父母共に其の責に任ずるべきものなり」と、父母の共同責任として捉えてはいるが、実践段階になると、母の責任が強調され、「母の品性の向上を図り、時代の進運に伴う的確なる識見を養い以て健良なる母を養成」し、その母の感化によって善良なる子女の育成を図ることを課しているのが特徴である。この父母の共同責任を述べた趣旨文が見られるのは一九三〇年度から一九三二年度までの三年間で、一九三三年度の趣旨文では「家庭教育ニ関スル件」の出だし文につづいて「仍《よっ》て家庭教育の本義を闡明《せんめい》（前年までは発揚―筆者）にし、文化の進運に適応せる家庭を樹立するは啻に教化を醇厚ならしむるのみならず又実に社会教育の要訣たり。」と述べ、つづけて「而して家庭教育の根幹をなすものは一に母たるものの人格的感化に在ることを念ひ」と、父母の共同責任を示す言葉はない。ここでは、家庭教育を共同責任として捉えることなく、「一に母たるものの人格的感化に在る」と、その実態に即した表現を用いながら、よりいっそう母の責任を強調しているといえる。

このように、一九三三年度の「母の講座」開設趣旨は、家庭教育の責任者名から「父」の文字をはずした。その結果として「母」による家庭教育が強調されることになり、「母」一人にその責任が課せられていった。さらにそこで求められる母の像も、母の重責を反映して前年までの「健良なる母」という表現から「円満なる母性」という表現に変化してくる。この「母」から「母性」への変化は、これまでの講座科目が「母の修養・子供の教養等家庭教育並家庭生活等に関し最も必要なる事項を選び、特に実生活に適切なる様」とされていたものに対し、一九三三年度では「母の修養、子女の教育養護に須要なるもの乃至《ないし》家庭生活及家庭教育上最も緊要なる事項を選び、且、時局に対する適確なる認識力を啓培《けいばい》するに努めたり」と、時局の変化に対応する講座科目が取り入れられていくことと密接不可分の関係にある。それを趣旨文で見ていくと、「健良なる母」の方は、「母の品性の向上を図り、時代の進運に伴う的確なる識見を養い」とあるのに対し、「円満なる母性」の方は、「時代の進運に即する崇高なる品性と的確なる識見を養い、以て母たるものの素質の向上を図り」と述べ、これまで掲げられなかった「崇高なる品性」と「母たるものの素質の向上」を新たに打ち出し、従来からの「母」の枠を広げようとする国家の意図がみえる。その意図が「母性」という表現を使って示されたとみることができよう。以上の点から一九三三年の「母の講座」は一つの画期を示しているといえる。

では、国家はどのようにして「母」の枠を広げようとしたのか。そこで、一九三四年度以降の「母の講座」開設趣旨および講座科目に関する資料を追いかけてみたい。

(2) 伝統に基づく「家庭生活の拡充」

一つの画期をつくった翌年、一九三四(昭和九)年度の「母の講座」概観では、家庭の風格は「直ちに社会の風教に反映し子女生涯の性行を支配する」として、家庭をこれまでの「子女の性行を支配」するところとしてのみ捉えることから脱皮して「社会の風教に反映し」と社会の教化への影響をもっていることを重視し、なおかつ「子女生涯の性行を支配」するほど重要なものであることを強調する。そのうえで、「円満なる母性の発達と堅実なる家庭を樹立するを以て本旨とし他の教育機関並に婦人団体等と連絡を保ち、之が効果を挙ぐるに努められたきこと」と、「円満なる母性の発達」と「堅実なる家庭」を並列させ、「他の教育機関並婦人団体」とのつながりをもつことによって、より効果的な方法を求めるよう示唆している。

この講座開設趣旨は、前年の漠然とした表現とは異なって、具体性を伴いながら、従来からの「母」の枠を広げようとしている点で、一歩を進めているといえる。また講座科目に関しても、前年(一九三三年)七月に文部省が、外務・陸軍・海軍省と共編で『非常時と国民の覚悟』を学校や教化団体へ配布したことを前提にして「非常時に於ける適正なる時局の認識並国民としての覚悟を得しむる」ために、「国史或は日本精神等」の科目を設けるよう具体的に指示している。さらにこれまでと異なり、「右科目及時間に関しては計画発表前必ず本省に合議の上決定すること」と明記、講師についても同様で、この時期から文部省が事前の合議を重視したことを示している。この点については、同年の六月、文部省が思想局を設置したことからも推測されるとおり、非常時に備えて思想問題が厳しく問われるなかで教化内容についても厳しい点検がなされたと考えられる。一九三三年度の「母の講座」が一つの画期を作ったと捉えるならば、一九三四年度はそれを上回る重要な変化がみられた年として注目される。

一九三五年度は、大筋では前年の内容を引きつぐが、講座沿革をみると、教化内容の基本がより具体的に示されて、総力戦体制下で求められた家庭像および女性像が明らかになってくる。まず「我が国に於ては、教化の最も醇厚に行われ得る場所は実に家庭にある」と家庭教育の重要性を強調、「殊《こと》に我が国は世界に比類のない忠孝一本君民一体の優れた国体を伝え、太古以来教化の中心を家庭に置き祖宗を崇め家を重んずるの美風を興し家庭生活そのものの裡《うち》に絶大なる教育的機能を発揮して来た」と、その国体を支えてきた家庭を高く評価する。国体の賛美と家庭の重視は、この年二月の天皇機関説事件、三月の国体明徴《めいちょう》決議等を反映しており、「忠孝一本君民一体」の国体を継続している我が国において家族制度に基礎をおいた家庭の見直しを提唱している。だが、その見直しは「改めて価値を認める」という範囲のものではなく、「家庭の重要なる教育性に目ざめ」て、「家庭生活の拡充」を期するというように、伝統に基づきながらも、そこに新たな価値をつけ加えていこうとする姿勢および意図をもっていることを伺わせる。そこで、その意図を把握できる限りにおいて沿革文中に探ってみたい。

ここで使用されている「家庭生活の拡充」の言葉は、一九三五年の「講座沿革」が初見で、翌年度の沿革にも引き継がれていく。そして両年度とも「家庭生活の拡充は一家の中心となる戸主並に主婦の自覚に俟《ま》たなければならないことは勿論ではあるが特に直接その衝に当る者は家庭における婦人である」として、そのために「婦人の自覚を促し婦徳の向上に資す」ことが国家にとって緊急の要務であるとしている。ここでは、家族制度の伝統に基づいて「一家の中心となる戸主」に「主婦」を従わせながらも「拡充」の直接の担い手は「婦人」であることを述べて、「戸主」に付属する「主婦」を「婦人」に置き換えている。この置き換えにこそ国家が従来の「主婦」の役割に新たな価値を付加しようとしている意図がよみとれる。

講義科目については、「国民としての覚悟を得しむる」ため、「日本精神又は国史に関する科目を設くる」とする点では前年と変わらないが、「母の修養、子女の教養養育、家庭科学等」と、これまで提示されてはいたが具体項目として取り上げられたことがなかった「家庭科学」がこの年新たに加えられている。総力戦体制下の学校教育で、「皇国民教育」（公民科）と並んで重視された「科学教育」は、国家による国民教化が学校の枠をはずして実施されるなかで、子女の心身育成にあたる母に対しても推奨されることになる。それによって一九三五年度の「母の講座」科目は、大別すると、①「母の修養、子女の教養養育」②「家庭科学」③「日本精神又は国史に関する科目」の三つの分野から構成されることになった。

その実例を同年の広島文理大と名古屋医科大学で実施された科目にみると、広島文理大の場合が「成熟期の心理・小学児童の家庭に於ける教育法・日本文化の進展・家庭理科・母の使命」の五科目を設置し、名古屋医科大学でも「青年期子女の心理と其の導き・日本精神・家庭に於ける科学知識・癌腫《がんしゅ》と結核の話・子供の病気と手当の方法・母と公民」の六科目を置き、先に示した三分野を巧みに組み込んでいることが判る。このように、家庭生活において従来から「母」が担ってきた家事・育児に関わるもの、総力戦体制下の合理性追求に関わるもの、「国民としての覚悟」に関わるものの三つの分野は、各地域（都市・農村・漁村といった）の特色を考慮しながら「母の講座」の科目として展開されていった。それは、従来の「母」を「母性」と捉え、家族制度下の戸主に従属する「主婦」を「婦人」として捉えることと深く関わって、国家が「忠孝一本君民一体」の伝統ある秩序を維持しつつ、総力戦体制のもとに女性をより積極的に編入していく動きとして位置づけることができる。

また講義内容については、一九三〇年度から三二年度の「実生活に適切なる様」、一九三三年度の「日常生活と不離なる問題を扱い」、一九三四年度の「実生活に適切ならしむる様」など、これまでは「適切」さを求める表現だったのに対し、一九三五年度の概要では「実生活に即せしむること」と、「即」の文字を使っており、次年度もそれを引き継いでいく。日中戦争が予測される動きのなかで、「母の講座」の具体的な内容に以前より緊急性を要すると考えられていることがよみとれる。それは、講義方法についてもこの年初めて「詳細なる講義要項の配布に依り講義の徹底を期する」とつけ加えられたことでも裏づけられよう。

これまでみてきたとおり、一九三五年度の「母の講座」は、第一の画期となる一九三三年、その第一の画期を前提に、それを上回る大きな変化があった一九三四年と、その二つの内容を受け継ぎつつ、国家が女性を総力戦体制のもとに積極的に編入していく動きをより具体的に展開している点で、新たな画期を示している。そして、翌年の「母の講座」沿革と開設趣旨を見る限りにおいて一九三五年度の「母の講座」は次年度もそのまま継続されていく。

ただし、一九三七年度以降（昭和一二年四月以降）については、現在のところ「母の講座」の動向を示す文部省および委嘱先（お茶の水女子大学図書館および筑波大学図書館内、旧東京教育大学図書館所蔵庫にあたる）の直接的な資料はみつからず、『教育週報』によって断片的に知られるだけである。（それによると、一九三九［昭和一四］年一月に「東京女高師で「母の講座」開設とある。筆者がみた限りにおいて「母の講座」が『教育週報』の記事として掲載された最後である。）そのため、資料の制約から戦時期の変化まで検討することができなかった。「母の講座」の継続期間の解明も含め今後の課題としたい（この一〇年後に史料がみつかり、講座一覧表を作成し、二〇〇四年の論考「戦時期における母性の国家統合」にまとめる）。

3　各地における展開

表4は、一九三〇（昭和五）年以降一九三六年にいたる七年間にわたる「母の講座」委嘱施設のすべてが網羅されている。初め四カ所で実施され、一九三三年以降は毎年一〇カ所となった（地域によってはこの委嘱施設から枝分かれして数カ所で開設されている）。

この施設配置の特徴は、まず第一に、日本の女子教育（良妻賢母主義教育）の東西の牙城ともいえる東京女子高等師範学校と奈良女子高等師範学校の二校が拠点となり、「母の講座」開設以来一貫して継続されていることである。この二校に一九三四年から広島文理大学が師範学校の一つとして加わっている。

第二には、医科大学および帝国大学の医学部が施設全体の二割を占めており、「母の講座」に医学部関係者が果たした役割が大きかったことを示している。これについては⑵の医科大学での展開でその位置づけをみたい。

第三に、一九三三年以降県や市への委嘱が増え、当初の高等教育施設中心の委嘱形態が大幅に変化し、文

表4　昭和五年以降「母の講座」委嘱先一覧

道府県	昭和五年度	昭和六年度	昭和七年度	昭和八年度	昭和九年度	昭和一〇年度	昭和一一年度
北海道		北海道帝大	北海道帝大	北海道帝大	北海道帝大	北海道帝大	
宮城			東北帝大	宮城県	宮城県	宮城県	宮城県
東京	東京女高師	東京女高師	東京女高師	東京女高師	東京女高師	東京女高師	東京女高師
神奈川				横浜市	横浜市	横浜市	横浜市
新潟			新潟医大	新潟医大			
石川	金沢医大	金沢医大					
山梨				山梨県	山梨県		
愛知			愛知県	名古屋医大	名古屋医大	名古屋医大	名古屋医大
岐阜							岐阜県
奈良	奈良女高師（大阪市にて）	奈良女高師（大阪市にて）	奈良女高師（大阪市にて）	奈良女高師（大阪市にて）	奈良女高師（大阪市にて）	奈良女高師（大阪市にて）	奈良女高師（大阪市にて）
岡山	岡山医大			岡山医大			
広島			広島県		広島文理大	広島文理大	広島文理大
愛媛						愛媛県	
福岡		九州帝大			福岡県	福岡県	福岡県
佐賀							佐賀県
長崎				長崎市		長崎医大	長崎県
熊本			熊本医大		熊本医大		
計	四	五	八	一〇	一〇	一〇	一〇

『成人教育関係講座実施概要』文部省社会教育局刊　各年度

部省の社会教育による国民教化の期待が地方行政（県市町村）に移されていったことを示している。
以下、右に掲げた第一、第二、第三の三つの特徴を、具体的な展開の実例(1)(2)(3)を通して分析を加えていきたい。

(1) 女子高等師範学校での展開

東京女子高等師範学校（以下、東京女高師）では、開設以来左記の講座を掲げて聴講者を募集し、毎年一〇月から一二月の期間（一九三六年度は翌年の一月から二月）に週二回ずつ一日三時間、三科目から四科目の講座を用意して行われた（＊印は「母の講座」の中心的担い手となった倉橋惣三を示す）。

東京女高師「母の講座」科目一覧

一九三〇（昭和五）年度
母の修養　下田　次郎　東京女子高等師範学校教授
子供の教養　＊倉橋　惣三　東京女子高等師範学校教授
子供服　成田　順　東京女子高等師範学校教授

一九三一（昭和六）年度
我が子の徳性教育　下田　次郎　東京女子高等師範学校教授
我が子の思想教育　＊倉橋　惣三　東京女子高等師範学校教授

我が子の科学教育	堀　七蔵	東京女子高等師範学校教授
我が子の趣味教育	菅原　教造	東京女子高等師範学校教授
一九三二（昭和七）年度		
我国今日の経済事情	牧野　輝智	経済学博士
青年学生に関する思想運動の実状	岡田　恒輔	文部省学生部調査課長
我子の青年期	*倉橋　惣三	東京女子高等師範学校教授
国際間の時局問題	内藤　智秀	東京女子高等師範学校教授
一九三三（昭和八）年度		
日本精神	紀平　正美	国民精神文化研究所員
栄養の問題	鈴木梅太郎	東京帝国大学教授
我が子の体育	岩原　拓	学校衛生官
我が子の性格　家庭教育に関する質疑応答	*倉橋　惣三	東京女子高等師範学校教授
あみもの実習	神田　つね	東京女子高等師範学校講師
一九三四（昭和九）年度		
家庭教育総説	*倉橋　惣三	東京女子高等師範学校教授

草假名の話	尾上　八郎	東京女子高等師範学校教授
日常生活の科学	林　太郎	東京女子高等師範学校教授
内外の現代世相	前田　多門	東京市政調査会理事

一九三五（昭和一〇）年度

青年期の家庭教育	下田　次郎	東京女子高等師範学校教授
青年期の心理	＊倉橋　惣三	東京女子高等師範学校教授
現代青年と思想問題	田澤　義鋪	貴族院議員
現代青年と宗教問題	高神　覚昇	智山専門学校教授
現代青年と娯楽	中田　俊造	文部省社会教育官
東亜時局の大勢	松井　等	東京女子高等師範学校講師

一九三六（昭和一一）年度

我が子の家庭教育の基本的諸問題	＊倉橋　惣三	東京女子高等師範学校教授
我が子の生活に即する衣服の知識	成田　順	東京女子高等師範学校教授
我が子の体質に適する栄養の実際	藤本　薫喜	東京女子高等師範学校教授
家計簿の考え方とつけ方	松平　友子	東京女子高等師範学校講師

この講座の一つの特徴は、一九三〇（昭和五）年度に従来からの「母」の役割を踏襲した科目で出発しているが、一九三一年度目から「我が子の思想教育」が入り、一九三二年度の「青年学生に関する思想運動の実状」、一九三五年度の「現代青年と思想問題」と、思想善導と呼ばれた国家の国民教化策を、「母の講座」の科目のなかに繰り返し組み入れているところにある。つまり、子女の育成にあたる母親を通して思想対策の補強を図るために、新しい役割を「母」に課しているのである。それは、「国際間の時局問題」「内外の現代世相」「東亜時局の大勢」で道筋がつけられ、「日本精神」で固められていく。その一方、総力戦体制下で重要な位置をもつ生活科学の分野が、「我が子の科学教育」（一九三一年）、「日常生活の科学」（一九三四年）という科目名で一九三五年以降の「母の講座」全体の流れを先取りする形で組み込まれている。戦時生活を生きるための知恵と技術教育である。

東京女高師の「母の講座」で一貫して講師陣に名を連ねたのが倉橋惣三である（前掲の講座科目一覧に＊の印があるもの）。倉橋は、東京女高師の教授のかたわら、一九三〇年六月四日から一〇日まで開かれた「文部省主催家庭教育講習会」の講師ともなって「家庭教育総説」の講座を担当している。この講習会は、家庭教育振興をはかることを目的として道府県の家庭教育関係者や学校など、家庭教育の指導的地位に立つ層に対して行われたものであり、倉橋は、同年創立した大日本連合婦人会の派遣講師ともなっている。そこで文部省家庭教育局発行『昭和九年度成人教育関係講座実施概要』に掲載の「成人教育講座講義要項」で、彼の考え方の一端をみてみたい。

講義要項　東京女高師教授　倉橋惣三

◇婦性の充実・拡大・向上（文部省

一、現代女子生活の動向
二、婦性に対する消極的態度
三、婦性の本質
四、婦性の極地《ママ》としての母
五、婦性の充実
六、婦性の科学的拡大
七、婦性の社会的拡大
八、婦性の文化的向上
九、婦性の人格的向上
一〇、婦性の国民的向上
一一、婦性の積極的進展

以上一一項目のみの要項ではあるが、そのタイトル「婦性の充実、拡大、向上」は、翌年一九三五年の「母の講座」沿革で掲げられた「家庭生活の拡充」の内容そのものを示している点で注目したい。従来からの「母」の像を一歩押し広げて「婦性」として捉え、その「婦性」の充実と科学的社会的視野の拡大を図って、文化的にも人格的にも向上し、その結果として国民的自覚をもって積極的に家庭内外において銃後の任務を果たし得る「円満なる母性」(一九三三年以降の開設趣旨)が期待されているのである。しかし、倉橋はその「要《かなめ》」は従来からの良妻賢母の「母」にあるとして、それを「婦性の極地《ママ》としての母」という表現でおさえている。

このように倉橋に代表される東京女高師は、「母の講座」の拠点校としてつねに国家的自覚をもって、これまでの家庭の枠を拡げて生活を営むことのできる「婦性」像形成教育の尖兵であると同時に、国家が「忠孝一本君民一体」の国体を前提に総力戦体制を形づくる限り、その国体に伴う「家」を重視した従来の良賢母主義を堅持する役目をも担っていたといえる。この半ば矛盾する二つの役割を合わせもった東京女高師の一九三六年の講座科目は前年までの編成を大幅に変えてしまう(前掲の講座一覧を参照のこと)。この変化は、家族制度を基礎においた旧来の「母」親像と、国家が新たに求めた「婦性」との矛盾のなかで出てきたものとみられ、新しい母親像教育も一直線には進まず紆余曲折があったことを示しているのではないかと思われる。この点については、一九三九年の大日本連合女子青年団が婦人に呼びかけた「女子よ家庭に帰れ」の呼びかけも同様にみることができ、注目される動きである。

しかし、一九三七年七月七日に日中戦争が開始され、同年九月より国民精神総動員運動が展開したことを背景に、一一月に実施された東京女高師の「母の講座」は、「銃後の婦人としての任務の上に力強い日本人を養成する責任をもつ母としての自覚」を促したことを、同年の『教育週報』(一九三七年一一月六日、六五一号)は「銃後婦人へ――母の講座東京女高師で」と見出しをつけて報じている。その講座科目は次の通りである。

一、国民精神総動員に就いて
二、現下の時局と家庭教育の重点
三、わが国現時の財政経済に就いて
四、日本婦人の社会的活動

五、民族精神の発生と其の宗教的性格
六、国民保健問題と其の実際
以上の科目は、基本的には「母の講座」開設から六年目の一九三五年以来の路線を引き継ぐものであるが、以前のものよりも時局の動きに敏感に反応し、即座に対応できる態勢を女性たちに求めていることがみてとれる。

（注）本論考を書いた一九九一年当時では、東京女高師における「母の講座」の資料的裏づけがとれるのは、筆者が調べた限りでは、一九三九（昭和一四）年一月『教育週報』七一三号が最後である。その後の動きについては、今後の課題としたい。

「国民精神総動員に就いて」で国策を理解させ、時局の急激な変化のなかで「家庭教育」の重要性がさらに増したことを述べたうえで、予測される経済の諸問題について解説し、婦人が積極的に銃後の守り役として活躍することを促している。その銃後にとって「国民保健問題」は、戦地への軍医派遣で医師不足になることも含め切実な問題であった。また「民族精神の発生とその宗教的性格」では、「母の講座」でこれまで一貫して使用されてきた「日本精神」ではなく、「民族」の二文字を用い、日中戦争に伴う「日本」から「東亜」への認識の変化を背景に、よりいっそうの民族意識の発揚を図ろうとしていることがよみとれる。それは、後述する吉岡弥生の「新しい良妻賢母」（一九四〇年五月『婦女新聞』二一八三号）の主張にもつながるもので、吉岡の「東洋の一島国」の一個人から「興亜日本」の一国民へという戦時体制下の婦人の位置づけや、「忠孝一本君民一体の優れた国体」（一九三五年「母の講座」沿革）をアジア地域に押し拡げること（植民地の拡大）を目指した国策と重なり合っているといえよう。

奈良女高師の講座は、地元ではなく大阪市内で開催されている（前掲表4）。その特徴は、「国民としての覚悟」を養成する講座科目にみられる。それは国文学に関わるものとして取り上げられ、「国文学に現われたる母」、「文学」、「日本精神に立脚し給う聖徳太子の御女性観」、「国語及び国文学と日本精神」という形で展開されており、文学が国家の国民教化に果たした一例として注目される。

奈良女高師「母の講座」科目一覧

一九三〇（昭和五）年度		
母ノ修養	伊藤　カズ	奈良女子高等師範学校教授
児童ノ心理	本庄　精次	奈良女子高等師範学校教授
家庭教育	小川　正行	奈良女子高等師範学校教授
育児	桑野　久任	奈良女子高等師範学校教授
子供ノ衣服	宍戸　ミヤ	奈良女子高等師範学校教授
子供ノ栄養ト病気	森　四郎吉	日本赤十字社大阪支部医師　医学博士
一九三一（昭和六）年度		
思想問題の梗概とその批判	伊藤　　恵	奈良女子高等師範学校教授
母のために	伊藤　カズ	奈良女子高等師範学校教授
国文学に現われたる母	木枝　増一	奈良女子高等師範学校教授

一九三二（昭和七）年度
倫理学上ノ諸問題（マルキシズムの批判他）　伊藤　恵　奈良女子高等師範学校教授
家庭教育　小川　正行　奈良女子高等師範学校教授
育児　桑野　久任　奈良女子高等師範学校教授

一九三三（昭和八）年度
青年子女に対する家庭の注意　桑野　久任　奈良女子高等師範学校教授
服飾上より見たる輓近《ばんきん》の織物　石澤　吉磨　奈良女子高等師範学校教授
日本精神について　伊藤　恵　奈良女子高等師範学校教授

一九三四（昭和九）年度
文学作品を読む心得　岩城準太朗　奈良女子高等師範学校教授
幼児及青少年の心理について　本庄　精次　奈良女子高等師範学校教授
家庭に於ける医学知識　斎藤精一郎　奈良女子高等師範学校講師

一九三五（昭和一〇）年度
日本精神に立脚し給う聖徳太子の御女性観　伊藤　恵　奈良女子高等師範学校教授

国語及国文学と日本精神　木枝　増一　奈良女子高等師範学校教授
子供の栄養について　桑野　久任　奈良女子高等師範学校教授
人絹織物の洗濯整理法　石澤　吉麿　奈良女子高等師範学校教授
台所改善及物の買方　越智　キヨ　奈良女子高等師範学校教授

一九三六（昭和一一）年度
家庭生活と子女の教育　小川　正行　東京女子高等師範学校教授
食品の栄養と其料理法　波多腰ヤス　東京女子高等師範学校教授
最近の世界状勢　西田與四郎　東京女子高等師範学校教授
英国婦人と家庭生活　小泉　卓蔵　東京女子高等師範学校教授
民法上の婦人の地位　白井　正　大阪外国語学校教授

ちなみに国語が果たした役割については、筆者が一三年ほど関わってきた北海道旭川市の歴史学習会が一九八四年から八五年にかけて行った「教育に関するアンケート調査（対象一〇〇人）」（旭川歴史を学ぶ母の会『私たちの記録Ⅱ―わたくしたちが受けた教育―』）によれば、準戦時期および戦時期の学校教育を受けた人々の多くが、教科のなかでもっとも強い印象を残し、かつもっとも鮮明に記憶に止めているのは修身や国史ではなく国語であったという結果が出ている。ともに、人間の感性に与えた影響力の大きさという点から注目したい。

一方、一九三四年より開設される広島文理大学では、教育・児童心理・国民体力・趣味教養等の科目とともに、「国史」と「日常理科」、「日本文化の進展」と「家庭理科」、「日本の家庭の話」と「母の理科」というように、科学の分野と公民の分野が並行して展開されている。戦争遂行のために必要な徹底した合理精神と、神国・天皇の臣民という不合理性を真理として捉えた公民教育とを同時に展開させながら、「家庭生活の拡大」を目指しているのである。これらは一九四一年四月より始まる国民学校教育の二本の柱ともいえるもので、「母の講座」で先行して行われている。母親から子女への感化をも期待して行われたものと思われる。

(2) 医科大学での展開

次に医科大学（含 各帝国大学医学部）開設の実例を、名古屋医科大学および岡山医科大学の資料（文部省社会教育局『成人教育関係講座実施概要』各年度）を中心にみていきたい。

非常時において健康・医療問題は、家庭で担う割合が大きく、それだけ受講者が期待する度合いにも大きいものがあったと思われる。その結果「母の講座」開設に医科大学の割合が多く、なおかつ他施設においても医学・栄養学に関する比重が大きかったともいえる。そのため、文部省は、「育児及び小児看護の常識・薬の話・家庭人として心得置くべき外科的知識・内科的医学知識・栄養と食品・家庭看護法と救急薬品」など、具体的ですぐに応用が効く講座を設置するよう指導し、医学・栄養の科目を通じて母親たちを教化教育のもとに掌握する。こうして医大は、国家による婦人層掌握を部分的に担うことになったのである。

名古屋医科大学は、一九三二（昭和七）年に、当初愛知県が委嘱を受けて開設したものを翌年から引き継ぐ形で開講している。その講座科目は次の通りである。

名古屋医科大学（愛知県委嘱）「母の講座」科目一覧

一九三三（昭和八）年度		
世界経済と日本経済の現状	宮田喜代蔵	名古屋高等商業学校教授
思想問題と家庭の責任	岩村　通世	名古屋地方裁判所検事正
母となる、母となりて	吉川　　仲	名古屋医科大学教授
民族衛生	勝沼　精蔵	名古屋医科大学教授
児童の精神発達	杉田　直樹	名古屋医科大学教授
国史に見ゆる母性	佐々木隅美	第八高等学校教授
一九三四（昭和九）年度		
内科的救急処置	岡田清三郎	名古屋医科大学教授
主婦の心得べき司法常識	棚木悦太郎	名古屋地方裁判所検事正
皇道精神	高橋　城司	熱田神宮権宮司
外科的救急処置	斎藤　　真	名古屋医科大学教授
家庭衛生	大庭　士郎	名古屋医科大学教授
児童の病的心理と家庭躾方の過誤	杉田　直樹	名古屋医科大学教授
婦人と国防	星　　松尾	陸軍騎兵大佐　名古屋医科大学

		配属将校

一九三五（昭和一〇）年度

青年期子女の心理と其の導き方	杉田　直樹	名古屋医科大学教授
日本精神	堀内　文吉	愛知県昭和塾塾長
家庭における科学常識	出射　栄	名古屋医科大学付属病院嘱託
癌腫と結核の話	桐原　眞一	名古屋医科大学教授
子供の病気と手当の方法	坂本　陽	名古屋医科大学教授
母と公民	友清　辰雄	愛知県社会教育主事

一九三六（昭和一一）年度

家庭に於ける医学常識	勝沼　精蔵	名古屋医科大学教授
「母と子」の心理	杉田　直樹	名古屋医科大学教授
健康の養護と鍛錬	鯉沼　茆吾	名古屋医科大学教授
非常時と国防	長谷川正憲	陸軍歩兵大佐　名古屋医科大学配属将校
日本文化と婦人道徳	渡辺　龍聖	名古屋高等商業学校名誉教授
郷土の偉人と其の母	伊奈森太郎	愛知県教育会主事

以上のように名古屋医科大学の講座は、大学関係者および社会教育関係者だけでなく、地方裁判所検事正、神宮宮司、軍人が、総力戦体制下の国家および地域の中堅的担い手として「母の講座」の講師として名を連ねている。また、科目全体の構成が実用科目と教化科目の二本立てになっており、受講者が日常生活で欲している情報を提供しながら、一方で「日本精神」「皇道精神」の講座を巧みに取り入れていくことで、「国民としての自覚」を養成しようとしている。この点については、次の岡山医科大学の資料に受講者と主催者の捉え方の違いがみられるアンケートが掲載されているので注目したい。

岡山医科大学「母の講座」科目一覧

一九三〇（昭和五）年度

母トナリテノ責務	好本　節	岡山医科大学教授
母トナルマデノ責務	安藤　畫一	岡山医科大学教授
児童心理ト家庭教育	中島　信一	岡山医科大学教授
園児ヨリ見タル家庭教育	岡　　政	

一九三三（昭和八）年度

小児病の常識	好本　節	岡山医科大学教授
婦人病の常識	安藤　畫一	岡山医科大学教授

栄養の常識　　清水　多栄　岡山医科大学教授

婦徳より観たる日本精神　　千輪　清海　岡山医科大学学生主事

＊［受講者アンケート］

岡山医科大学では一九三〇年と三三年のみ設置されている。その科目構成は名古屋医科大学と同様であるが、二回目のほうが、より実用的科目が並んでいる。先に述べたとおり、岡山医科大学では、一九三三年度の講座終了後、講座開講をどこで知ったか、時間帯は何時がよいか等を含め受講者にアンケートをとっている。そのうち左記の結果は、数少ない受講者側の資料として興味深い内容をもっている。

（設問）今後「母の講座」開講の場合は如何なるお話をお望みになりますか。

病気の原因及び手当	三
病気の応急手当	一一
栄養の話	九
精神修養の話	四
一般生理衛生に就いて	一五
母としての日常生活	三
看護の常識	一〇
性病の常識	三
家庭教育指導法	二

婦人病の常識　八
小児病の常識　一〇
児童の心理解剖　五

右の回答をみると、受講者は、医師の戦地派遣で医者不足による医療の低下を背景に、「一般生理衛生に就いて、病気の応急手当、看護の常識、小児病の常識」など、いのちに関わって実生活ですぐに役立つ家庭医学の知識を必要としていることがわかる。それに対し文部省「母の講座」開設主旨は、「精神修養の話、家庭教育指導法」などの教化科目を設定し、婦人層の徹底した国家統合のための教化を図ることであったから、受講者の意識と開設者の意図との間に明確な乖離《かいり》があるのを見出すことができる。この乖離を補正しながら、文部省は、国民教化の意図を貫徹させようとしていたのである。

(3) 地方行政単位での展開（その1　農村部）

次に県および市単位で委嘱を受けた施設で、その動向を一定期間通して把握することができる宮城県と横浜市の二地域についてその特徴をみてみたい。

宮城県での「母の講座」は、まず一九三二（昭和七）年の東北帝国大学（以下、東北帝大）開設がその先《せん》鞭《べん》をつけたことになる。同施設の受講者は一四九人、その九割（一三三人）が「職業ヲ有セザル婦人」で、年齢は二一歳から三〇歳が全体の六割近く（五七％）を占め、学歴も女学校卒業者が八割余り（八二％）と当時の女性としては高学歴にあたる者が多い。これは、先に見た東京女高師、名古屋医科大学に参加した受講者の傾向と変わらない。文部省の「母の講座」が開設当初対象にしていたのは右のような一定の学歴をもった中堅層の女性であったといえる。その講座科目は次の通りである。

東北帝国大学「母の講座」科目一覧

家庭衛生の話	近藤　正二	東北帝国大学教授
民法に於ける母と妻	中川善之助	東北帝国大学教授
郷土の話	阿刀田令造	第二高等学校校長
母の為の児童心理学	大脇　義一	東北帝国大学助教授
教育者としての母と時事問題	広浜　嘉雄	東北帝国大学教授
我家族制度史上の女性の地位	高柳　眞三	東北帝国大学助教授
女性の教養に就いて	山下勝太郎	第一高女校長
青少年男児の母への希望	小平　高明	第一中学校長
家庭に対する希望	河合　絹吉	第二中学校長
婦人の自己認識	雀部　顯宜	第二高女校長
感化教育に就いて	谷川教之助	修養学園長

ここでは講師に東北帝大の教員以外に、高校・高女・中学の校長を配置し、講座科目もこの期に「母の講座」が目指した「健良なる母」の養成を図るものとして、教養科目的色彩をもつものが多く設定されている。

とくに「民法に於ける母と妻」「我家族制度史上の女性の地位」の二つにみられるように、女性の地位をめぐる講座が講義終了後の自由な質問も含めて行われており、東北帝大が、早くから女性に門戸を開いていた（一九一三［大正二］年八月一六日に三人の女子学生に対し入学を認可）こととも関連して注目される。

右の講座開催の翌年から宮城県が文部省から委嘱を受けることになり、仙台市と涌谷町の二つの会場で実施される。仙台市の受講者は七四人で、東北帝大と同様、中等学校卒業者が多いが、農村部の涌谷町《わくやちょう》では高等小学校卒業者が二〇八人中一一〇人と、中等学校卒業者の数（五六人）を大幅に上回っている。会期は、共に一一月九日から一五日までの七日間で午後一時より四時までの三時間を当てている。講座科目は後掲の通りであるが、その講師陣の肩書をみると名古屋医科大学と同様に注目される一つの動きがある。それは、「思想問題」の講座に地方警視（名古屋では地方裁判所検事正）が、「婦人と国防」に陸軍歩兵大佐・陸軍歩兵中佐（名古屋では医科大学配属将校陸軍騎兵大佐）が、さらに「婦人と信仰」に真宗大谷派東北別院輪番（名古屋では熱田神宮権宮司）が講師として教育関係者とともに肩を並べていることである。

東北帝大開設時には、学校教育関係者だけで構成されていたのに対し、農村部での開催に際しては、警察・軍部といった国家の権力機構の一部を担う者と仏教あるいは神道などの宗教関係者からも動員しており、多方面から積極的に婦人の教化を図ろうとしていることが明らかである。ただしこの講師構成は、宮城県の場合も名古屋医科大学の場合も一九三二年と三三年の二年間に見られる傾向で一九三四年以降では、名古屋医科大学で一九三六年に配属将校陸軍歩兵大佐が「非常時と国防」を講じているほかは、警察・軍関係者名は講師陣に現われてこない。

これに関して他地域の動きをみると、山梨県では一九三二年に「母として知るべき思想問題其他」として地方警視が講じ、一九三六年の長崎県では「国防」の講座を佐世保海軍軍需部総務課長で海軍大佐の肩書を持つ軍官僚が担当している。その他の地域では学校教育および社会教育関係者で構成されるのが普通で、宮城県でも一九三五年に神社宮司が三人含まれている以外は他地域と同様で、翌年には宮司の肩書は見えなくなる。それに代わって登場するのは篤農家で、これは、県社会教育課が地域振興の指導方針を打ち出したことと関わっての変化といえよう。

宮城県における「母の講座」科目一覧

一九三三（昭和八）年度

家庭衛生	近藤　正二	東北帝国大学教授
女子教育	山下勝太郎	公立高等女学校校長
思想問題	桂　定治郎	地方警視
家庭園芸	三浦　誠	宮城県農学校教諭
婦人問題	広浜　嘉雄	東北帝国大学教授
国民精神	山村　一誠	第二高等学校講師
教育心理	高野　瀏	東北帝国大学講師
婦人と国防	吉野栄一郎	陸軍歩兵大佐
母性と法律	中川善之助	東北帝国大学教授
婦人と信仰	粟津　勧縁	真宗大谷派東北別院輪番

家庭衛生	田上　命吉	学校衛生技師
女子教育	塩路　敏郎	公立高等女学校校長
家庭園芸	斎藤義一郎	宮城補習学校主事
家庭園芸	稲藤研次郎	宮城県栗原農学校教諭
国民精神	萱場今朝治	師範学校長
婦人と国防	佐藤　清吉	陸軍歩兵中佐
母性と社会	長瀬　道郎	社会教育主事

一九三四（昭和九）年度

女子と母性	広浜　嘉雄	東北帝国大学教授
家庭衛生	近藤　正二	東北帝国大学教授
婦人と国防	山崎　　正	陸軍歩兵中佐
子女の教育と思想問題	中村　義郎	検事
社会教育の意義	長瀬　道郎	社会教育主事
産業と勤労精神	斎藤義一郎	実業補習教育主事
生活の合理化	山合右兵衛	宮城県女子専門学校講師
敬神と日本精神	古川　左京	塩釜神社宮司
母性と国民精神	萱場今朝治	宮城県師範学校長

母性と法律	大森英太郎　宮城県女子専門学校講師
家庭衛生	田上　命吉　学校衛生技師
家庭と子女の教育	長瀬　道郎　社会教育主事
婦人と国防	山崎　　正　陸軍歩兵中佐
国民精神に就て	梁川良右衛門　気仙沼中学校長
社会教育の意義	長瀬　道郎　社会教育主事
産業と勤労精神	斎藤義一郎　実業補習教育主事
家庭道徳と教育	井上国太郎　登米高等女学校
母性と宗教	粟津　勧緑　本願寺東北別院輪番

右にみたとおり、宮城県の「母の講座」は、一九三三年以降は、東北帝大につづいて県が文部省の委嘱を受け、仙台市・涌谷町（一九三三年）、塩釜市・気仙沼町（一九三四年）、角田町・村田町・岩出山町・登米町・石巻市（一九三五年）、増田町・吉岡町・若柳町・志律川町（一九三六年）と一三カ所で開催され、合わせて四二一八人が受講（内修了者は二九七二人で全体の七〇・四％）した。年齢別では、二〇歳未満が三三・六％、二一歳より三〇歳までが二八・六％、三一歳から四〇歳までが一六・七％、四一歳から五〇歳までが一一・九％、五一歳以上が九％となっている。また学歴別では、高等小学校卒業者が一番多く四四％、尋常小学校二三％、補習学校および青年学校修了者が七％で、合わせて七割以上を占め、中等学校卒業以上の者は二五％で三割に満たない。これらは女子高等師範学校や帝国大学等での受講者層（三〇歳から四〇歳

までが五〇%から六〇%を占め、中等学校卒業以上の学歴をもつ者が九〇%）と大きく異なる特徴で、県の社会教育課が「従来未開設の地方のなかよりなるべく多くの地に開催し各地方の婦人に受講する機会を与える」と農村部を中心に開設されたことによる。

そのため、いっきょに五カ所を開設した一九三五（昭和一〇）年以降は、講座科目については「家庭教育、家庭衛生及び生活改善に関するものを主」とすること、講師は「比較的通俗講演に慣れたる人のなかより選定」することの方針を掲げ、受講者の日常生活に則して必要度の高い科目を組み入れながら「母の講座」の定着を図ろうとしている。また、都市部とは異なり受講者の多くが農業をはじめとして何らかの職業に従事（全体の八七%を占め、無職業者は一三%）しているため、講座開設時間を午後にすること、託児施設を準備することなどの配慮がなされている。とくに一九三六年の開設にあたっては、「旧正月の農閑期を利用」し、「各会場共託児所を設け保母を雇ひ託児に間食を給し母の受講に支障なからしめたり」ときめ細かな準備が行われていた。これは、「東北振興或は農村更生上従来顧みざれし婦人の地位の向上を積極的に計るを必要と認む」とした文部省の意図とは異なる県社会教育課の地域活性化への息込みがみられる。

宮城県では「母の講座」が国民教化の一環として行われる（神道・日本精神と日本女性・神祇奉仕と婦人・世界より見たる日本婦人・母の心などの科目）一方で、地域振興および農村更生の課題も担って地域活性化をめざして展開（地方振興と婦人の行くべき途・報徳に於ける分度生活・農村更生と婦人の立場などの科目）されていた。とくに一九三五年度の「家庭衛生」、「生活改善」に加えて、一九三六年度には篤農家二人を講師に迎え、「過去二十カ年予算生活を顧みて」「過去四十年の記帳生活を顧みて」の講座を設置するなど現実の農村生活に密着した講義が行われている。それらは、「満州農業移民団を視察して女性の立場を語る」として、県社会教育主事補による講義がなされていることからもわかるように、総力戦体制下にあって農村女性は、農村活性化の重要な担い手として位置づけられていたのである。それは、「地方振興と婦人の行くべき途」、「農村更生と婦人の立場」という科目が設けられていることからも明白である。

宮城県「母の講座」科目一覧

（宮城県、岩手県など一三カ所で行い、同科目で講師の担い手が変化している。）

一九三五（昭和一〇）年度

教育と婦人	土井　賢志	宮城県社会教育課長
家庭衛生	浅井　富春	宮城県学校衛生技師
生活改善	磐井　たず	宮城県女子専門学校教授
神道	古川　左京	塩釜神社宮司
婦人と選挙	大森英太郎	宮城県女子専門学校講師
日本精神と日本女性	高橋　秀治	角田高等女学校教諭
教育と婦人	土井　賢志	宮城県社会教育課長
家庭衛生	浅井　富春	宮城県学校衛生技師
生活改善	薄田　清	常盤木学園講師
神祇奉仕と婦人	當山　春三	神宮奉斎会宮城本部長

婦人と選挙	佐藤丑治郎	東北帝国大学教授
日本精神と日本女性	沖　やす	宮城県第二高等女学校教諭
教育と婦人	土井　賢志	宮城県社会教育課長
家庭衛生	浅井　富春	宮城県学校衛生技師
生活改善	小野塚マキ	宮城県女子専門学校教授
神祇奉仕と婦人	當山　春三	神宮奉斎会宮城本部長
婦人と選挙	大森英太郎	宮城県女子専門学校講師
日本精神と日本女性	大立目　勇	古川高等女学校教諭
一九三六（昭和一一）年度		
日本精神と女性	水谷　秀雄	宮城県学務部長
地方振興と婦人の行くべき途	斎藤義一郎	宮城県社会教育主事
家庭衛生	浅井　富春	宮城県学校衛生技師
報徳に於ける分度生活	立花　繁男	宮城県立図書館長
満州農業移民団を視察して女性の立場を語る	小野　武雄	宮城県社会教育主事補
世界より見たる日本婦人	田中館秀三	東北帝国大学講師
過去二十カ年予算生活を顧みて	遠藤丈之助	篤農家

母の心	薄田　　清	常盤木学園専攻科講師
日本精神と女性	土井　賢志	宮城県社会教育課長
家庭衛生	浅井　富春	宮城県学校衛生技師
報徳に於ける分度生活	立花　繁男	宮城県立図書館長
満州農業移民団を視察して女性の立場を語る	小野　武雄	宮城県社会教育主事補
世界より見たる日本婦人	田中館秀三	東北帝国大学講師
農村更生と婦人の立場	末永　延寿	宮城県黒川農学校長
過去四十年の記帳生活を顧みて	本田　三七	篤農家
環境と子供	小野　玉枝	宮城女学校教諭

(4) 地方行政単位での展開（その2　都市部）

横浜市の開設は他会場と異なり、「既婚者のみ」という条件をつけて、一九三三（昭和八）年に始められ（左記に掲げた講座科目一覧のとおり）以後毎年開催されている。横浜市のまず第一の特徴は、東京に隣接していることもあって、中央から文部省成人教育局長松尾長造、文部省図書監修官藤岡継平、文部省成人教員課長で社会教育官の水野常吉、東京女高師教授倉橋惣三らが、そして名士婦人として東京女子医専校長吉岡弥生、山田わか、村岡花子などが講師陣に加えられて、予算の裏づけを含め中央と地方行政組織が一体となって進められていることである。とくに「母の講座」の全国の拠点となった東京女高師会場の中心人物である倉橋惣三（講座一覧＊印）が、毎年講座の中核となる「家庭教育」の分野を担当していることは注目されよう。

横浜市「母の講座」科目一覧

一九三三（昭和八）年度

育児及家庭衛生	吉岡　弥生	東京女子医学専門学校校長
家庭教育上に於ける母の任務	＊倉橋　惣三	東京女子高等師範学校教授
近代都市生活と科学	藤村　利常	横浜高等工業学校教授
国史上の女性	藤岡　継平	文部省図書監修官
家庭救急法	高橋　尚三	横浜市技師
割烹	畠山　政吉	篤農家
割烹	池内ヨシエ	横浜市立女子専修学校教諭
時局と女性	和田　正雄	横浜市主事
洗濯とクリーニング理論及実習	山崎　敏一	横浜市立女子専修学校教授
課外講演	水島　藤吉	横浜市主事
特別講演	大西　一郎	横浜市長

見学（聾話《ろうわ》学校、中央市場、森永製菓、ホテル・ニューグランド、八聖殿）
教育映画鑑賞

一九三四（昭和九）年度

特別講演　忠実なる人生　松尾　長造　文部省成人教育局長
家庭に於ける子女の思想指導　市原　分　検事
家庭婦人と宗教　友松　圓諦　慶應義義塾大学教授
学校教育と母　水島　藤吉　横浜市教育課長
栄養に関する理論　原　徹一　栄養研究所技師
栄養に関する実習　佐藤　寿子　栄養研究所技手
国際事情に就いて　芦田　均　法学博士
倫理哲学の問題　和田　正雄　横浜市主事
家庭保健上の諸問題　及能　謙一　横浜市立十全医院長
新興科学と婦人　藤村　利常　横浜高等工業学校教授
家庭教育上の問題　＊倉橋　惣三　東京女子高等師範学校教授
課外講演横浜市の財政　小島岩太郎　横浜市庶務課長
見学（聾話学校、日本ビクター、森永製菓、ホテル・ニューグランド、図書館、震災記念館、サクラ漆器、昭和絹靴下工場）
教育映画鑑賞

一九三五（昭和一〇）年度

現代社会と母の責務	水野　常吉	文部省社会教育官
家庭経済	前田　繁一	
日本精神と婦人	関屋　龍吉	国民精神文化研究所所長
婦人問題	山田　わか	
我が子の躾け方	＊倉橋　惣三	東京女子高等師範学校教授
青少年心理	青木誠四郎	東京帝国大学助教授
国史上の女性	纐纈　準	横浜市教育課長
科学と宗教	児玉　帯刀	東京府立高等学校教授
思想問題	和田　正雄	横浜市主事
栄養理論	原　徹一	栄養研究所主事
家庭医学	庄司　重之	

一九三六（昭和一一）年度

母の任務	松尾　長造	文部省成人教育局長
青年の思想指導と母性	山本　勝市	国民精神文化研究所所員
育児と疾病	及能　謙一	横浜市立十全医院長・医学博士
現代思想の帰結	和田　正雄	横浜市社会教育課長

青年指導の根本問題	青木誠四郎	東京帝国大学文学部助教授
栄養理論	原　徹一	栄養研究所技師・医学博士
栄養料理実習	住田　あや	栄養研究所嘱託
国史と女性	纐纈　準	横浜市教育課長
家庭に於ける情操教育	村岡　花子	東京中央放送局員
課外講演	鵜沢　憲	横浜市助役
家庭教育と娯楽	*倉橋　惣三	東京女子高等師範学校教授
生活計画	山下　信義	新興生活主宰

第二の特徴は、開設初年度の一九三三年三月に「会員相互ノ親睦ヲハカリ且其ノ向上ヲハカル」ことを目的として修了者の「輔導施設」（横浜市役所社会教育課内に事務所を置いた）が、組織されたことである。その規模は『昭和十一年度成人教育関係講座実施概要』（文部省社会教育局発行）掲載の「講座修了者輔導施設」によれば、「会員数約一五〇」と記されている。この会は発足してまもなく一九三四年（三月二六～五月二四日）、三五年（同上）とつづいて横浜市女子青年連合会と共同主催で、横浜復興大博覧会にて売店を経営し、その売上金を「貧困児童救済金並細民街慰問金」に当てるという形で、他の婦人組織と関わりながら動きはじめている様子がみられる。なお、前掲の「実施概要」によれば、「母の講座」から生まれた「横浜市母の会」とは別に、前年まではなかった「各小学校下の母の会」の記述がみえ、一九三六年の段階で、「母の講座」系と「各小学校下」の二系統の「母の会」が誕生していることを示している。この小学校

で組織した「母の会」については、千野陽一が『近代日本婦人教育史』（ドメス出版）のなかで「このころ（一九三九年）から、母の会が文部省による家庭教育振興の中心施設とされてくる」（三一八頁）と指摘しており、一九三六年の文部省および横浜市共催の「母の講座」聴講者募集に、市社会教育課が「各小学校下母の会」を通して「推薦方を依頼」したとの記述は、新しい動きの先触れとしてみることができよう。

第三の特徴は、講座科目一覧にあるようにホテルでの洋食作法の実習も含め、公共施設・企業施設などの見学会・教育映画観賞《ママ》が盛り込まれ講座構成に変化をつけていることである。一九三五・三六年の一覧には記述がないが、概要には、見学会を実施したことの記載があり、毎年継続されていたことがわかる。とくに一九三五年一〇月二二日に実施された見学会では海軍の「追浜航空隊、一等巡洋艦鳥海、横須賀工廠《こうしょう》、記念艦三笠等」を見学、「海国日本の力強さを知ると共に軍人の苦労を推察せり」とある。また教育映画鑑賞については、一九三四年度の「概要」に具体的な作品名が掲載されその一端を知ることができる。それによると、「母の心四巻、海の生命線三巻、あひるの子一巻、大和めぐり一巻」とあって、題名が判明するだけだが、講座科目と関連したものが取り上げられていることが推察できる。

＊［受講者の受け止め方］

以上、三つの特徴を含む横浜市「母の講座」を、受講者はどう受けとめたのだろうか。

開設一年目一九三三年度の「効果について」（「概要」）をみると、「講習員一同」の言葉として「女性として極めて切実なる実生活の知識技能を啓発せられ精神的に若返ることを得たるのみならず、日々の生活に意義を見出すと共に非常時局の認識を明確にし、国民の一員としての自覚を高め、各自の任務に日々楽しく力強く生活し得る様になりたり」と記述されている。二年目では、「日常生活と離すべからざる緊要なる幾多の問題に就き」講師の指導を受け、「家庭教育の根本をなす母としての認識を養い得」たとあり、三年目も同文が記されている。四年目は、科目構成についてもこれまでの「現下の非常時局に対する婦人の認識を明になすべく」の記述が「現下の家庭生活に於ける主婦の重要性を認識せしめ」と変化してくる。そのうえで「日常生活と離すべからざる幾多の問題に就き科学的に基礎づけられたる」所説を聴き、受講者が「各自の家庭生活を顧み家庭の婦人としてかつて触れざりし強き指針を得た」（傍点筆者）ことを記し、それによって「家庭生活上新機軸を産み出すことを得しものと信ず」（傍点筆者）という主催者側の期待が述べられている。

この点について前掲の講座科目一覧をみると、一九三三年・三四年度と、一九三五年・三六年度とでは、講座科目の構成の変化は明瞭で、第一年度目のより実用的な科目から出発して、徐々に「国民としての自覚」を喚起する科目を重視した構成に変えられていたことがみてとれる。女性に対する強化策が国家および国家を支える機構によって巧みに展開された一例といえよう。

おわりに――「新」良妻賢母の養成

一九三六（昭和一一）年度『成人教育関係講座実施概要』には、名古屋医科大学での聴講者感想がわずかではあるが掲載されている。我々がもっとも知りたい受講者の反応として先の「医科大学での展開」で掲げた岡山医科大学の「受講者アンケート」とともに注目したい。その内容は次のとおりである。

諸先生方の母たるものに対しまして誠に御有益なる御話ばかりいとも御熱心にお聞かせ頂きまして誠に有がたう存じます。自分のまだ如何に到らぬ者なるかゞしみじみ感ぜさせられお耻《はずか》しき事のみ胸をつかれる様なる思ひ致しました事幾度か数え切れず、承りし数々御さとし忘れぬ様しっかり胸に納めて母としての務を大いに実行すべく努力致さんと覚悟致しました。然して愚なる子供等を及ぶ限り善良に育て少しでもお国の為めになる子供にしたいと思ふて居ります（傍点筆者）。

右の感想にみられる「覚悟」を決意した母親の姿こそ戦時下で国家が求めた「新しい」母親像であった。それは、一九三八年に文部省督学官並びに大日本婦人会の理事の一人堀口きみ子が、「皇国の母を讃し青年女子に寄す」の一文で「露営の夢に通う将士の母は、憂えず呟《つぶ》やかず、老顔益々明るくにこやかなれし児を皇国に捧げても、ひたすらにただ御役に立った事と喜び、涙一つみせない」（『文部時報』六三二号）と表現した「皇国の母」の像に重なるものといえよう。

この「皇国の母」像は、「単に旧い慣習をくりかえしてゐるのみならば、少しも進歩改善は行われず、かくては（中略）婦人に対してももっと豊富な識見と覚悟を望まずには居られない」と、旧来の良妻賢母の見直しを前提にして形成されている。この論をより社会的に広げて展開しているのが、一九四〇年五月の吉岡弥生（大日本連合婦人会理事、並びに国民精神総動員中央連盟理事）の「新しい良妻賢母」（『婦女新聞』二一八三号）である。吉岡は「今までいふところの良妻賢母には妻として母としての国家的、社会的自覚というようなものは、少しも考えられてゐなかった」として、これからは「一朝事あるときには、命にかえて国家につくす日本の小国民を育てる母」でなければならず、さらに「そこに国家のためという自覚」が必要であることを説く。吉岡弥生は先に示すとおり東京女子医専校長の職とともに、国家による婦人教化の重要な担い手の一人でもあった。

その記事掲載の一カ月後、東京市において第二〇回全国小学校女教員大会が開催され、第一号議案「新東亜建設の女児教育対策」を討議、具体策として打ち出されたのが、「新」良妻賢母の養成である。それはこれまでのように「家庭中心」ではなく、「国家とか東亜を基底」とし「愛児が航軍志願や大陸進出を希望したときに（中略）これを勧めるような母性」像を目指したものだった。そのうえ銃後にあっては、「家庭生活を能率化して外での活動と両立」するようにし、「愛国的活動には努めて参加」するような「国民としての自覚」をもった母親像として、学校教育においても積極的に提示していくのである（『婦女新聞』二〇八七号・『教育週報』七八六号）。

このように、総力戦体制下における新しい母親像は、従来の良妻賢母から「新」良妻賢母への転換によって「家庭」の枠を越えて「国家」意識を自覚した母性の積極的役割を強調するなかで、母親たちが自ら産み育てたその命を「忠孝一本君子一体」という大義のもとにからめとりながら、「国家」に役立つ兵士および労働力の担い手として送り出させることに道をつけたといえよう。

（一九九一年）

参考文献・資料

・千野陽一著『近代日本婦人教育史』ドメス出版 一九七九年。
・文部省文部大臣訓令「家庭教育ニ関スル件」一九三〇年。
・文部省通牒「家庭教育振興ニ関スル施設上ノ注意事項」一九三一年。

・文部省社会教育局『成人教育関係講座実施概要』各年度。
・文部省『時局に関する教育資料 第七輯』一九一六年五月。
・文部省社会教育局『昭和四年度成人教育・労務者教育実施概要』一九三〇年。
・文部省社会教育局『昭和五年度成人教育・母の講座・労務者教育実施概要』一九三一年。
・文部省社会教育局『昭和六年度成人教育・母の講座・労務者教育実施概要』一九三二年。
・文部省社会科教育局『昭和九年度成人教育講座・母の講座・家庭教育振興施設実施概要』一九三五年。
・文部省社会教育局『昭和十年度成人教育講座・母の講座・家庭教育振興施設実施概要』一九三七年。
・文部省『教育週報』七一三号・一九三九年。
・旭川歴史を学ぶ母の会『私たちの記録Ⅱ わたくしたちが受けた教育』一九九〇年。
・文部省社会教育局『昭和十一年度成人教育関係講座実施概要』一九三七年。
・堀口きみ子「皇国の母を讃し成年女子に寄す」(文部省『文部時報』六三二号・一九三八年)。
・吉岡弥生「新しい良妻賢母」(『婦女新聞』二一八三号・一九四〇年)。
・文部省『教育週報』七八六号・一九四〇年。

二　戦時期における母性の国家統合
——文部省「母の講座」を中心に

はじめに

本稿の目的は、文部省「母の講座」の検討を通じて、戦時期における母性の国家統合政策を、その実施過程において分析し、統合の論理の展開を受容者の意識との相互関係のなかで明らかにすることである。

戦時体制への移行期から戦時期の「社会教育」分野における婦人および母性の国家統合に関する従来の研究は、千野陽一や中嶌邦らによって進められてきたが、それらは主に統合政策の分析や国家による母性観の検討を中心にしたものであった。千野の研究は、日本の体制内婦人団体の形成過程および体制による地域婦人層の掌握過程の詳細な実証研究であり、家庭教育講座、母親講座など婦人の教育学習活動をも視野に入れながら、戦時期も含め国家が伝統的な儒教主義的婦人観を有力なイデオロギー的武器にして教育を通じて婦人を体制内に抱え込んできたことを明らかにした(1)。

また、中嶌は、国家と戦争に奉仕する母という国家的母性観成立の背景には、良妻賢母主義の女子教育観念の醸成と徹底化があるとして、母親教育、良妻賢母教育の成立、母性思想の導入、賢母思想の拡大適用の過程の検討を行い、その国家的母性観が戦争の長期化に伴う労働力不足や家族崩壊という状況変化のなかで、

実態と乖離していったことを指摘している。(2)

しかしながら、それらは包括的な統合政策の分析や国家の母性観の検討に止まっており、現実の実施過程にまで立ち入った歴史的分析はまだ十分なされてきたとはいいがたい。したがって、本稿では準戦時期から戦時期をとおして実施された成人教育講座を手がかりに、受講者である母親たちの意識の検討も含め、統合の論理がいかに展開し、いかに母性を戦時体制に包摂しようとしたかを明らかにしたい。

本稿では、文部省が「母性」による国家統合の中心と位置づけて、全国の都市部の教育機関に委嘱(3)して展開した「母の講座」を対象に、右の課題を文部省社会教育局編の各年度『成人教育講座実施概要』と、奈良女子大学『校史関係史料目録二四【成人教育・社会教育】』の受講者感想文資料を含む講座関係書類を使い、国家と受容者の相互関係の検討を試み、社会教育の実施局面において、国家がいかにして母親の意識を統合し、戦時体制のもとへの動員を可能にしていったかを明らかにしていきたい。

検討対象は、奈良女子高等師範学校（以下、奈良女高師）の講座開催時期を、一九三〇～一九三八年実施分を一期、一九四一～一九四三年実施分を二期として、講座の具体的な内容を分析するとともに、一期の準備段階的役割を果たした成人教育婦人講座と、二期講座への転換的役割を果たす成人教育講座も含めて、一九年余の展開を通して検討していく。

なお本稿は、国家が求めた新しい母親像の養成課程を分析した拙稿「戦時体制移行期における母親像の変容」（東京歴史科学研究会・婦人運動史部会『女と戦争—戦争は女の生活をどう変えたか』昭和出版、一九九一年所収）につづくものである。前稿では、社会教育における女性統合の検討をとおして国家が求めた母親像を国体に伴う良妻賢母主義の母と、国民的自覚をもち家庭内外で銃後の任務を果たし得る母という矛盾する二つの側面が求められていたことを指摘した。それを補う本稿は、奈良女子大学『校史関係史料目録二四』のデジタル化による公開（一九九九年）によって可能となったものである。

1 「母の講座」の設立とその意図

(1) 設立経過

一九二九（昭和四）年七月一日、文部省はそれまでの社会教育課を昇格させて社会教育局を新設し(4)、以後婦人層を中心に教化総動員運動を推進していった。東京女子高等師範学校（以下、東京女高師と略記）教授の倉橋惣三(5)が社会教育官に任命されたのは、社会教育局新設と同時であった。

翌三〇年、文部省は婦人教化団体を全国的に組織化する構想を打ち出し、同年一二月二三日には大臣訓令で「家庭教育振興ニ関スル件」（資料2・一八九〜一九〇頁参照）を出して同日、大日本連合婦人会が創立される。一九二九年の成人教育指導者講習会では、社会教育局成人教育課長小尾範治が、女子は男子に比べ社会と切り離され学校教育の不十分さを補う機会がきわめて少ないとの認識を明らかにしており、文部省は「婦人」の教化を急速に具体化する必要に迫られていたことがうかがえる。

この時期の文部省の動きを、文部省社会教育局発行の『社会教育の施設概観』に見ると、文部省が「婦人」教化策として「我が国家制度の美風を振起し、以て健全なる家庭の風向を樹立するは一に家庭教育」と「家庭教育」を重視して「昭和五年一二月文部大臣より家庭教育振興に関する訓令が発せられたのを機会とし、以来本省に於いては家庭教育指導者講習会を開設する外、母の自覚を喚起し其の教養を高むるために母の講座を開設等の施設を講じてゐる」と記している。[6] 実際の動きを、各年度の『文部省成人教育講座・母の講座実施概要』で確認すると、社会教育局は、「家庭教育振興ニ関スル件」が出される九カ月前の一九三〇（昭和五）年三月に「成人教育指導者講習会」を招集し、同年六月四～一〇日にかけては東京一ッ橋の教育会館で家庭教育指導者講習会を開催するなど、実質的な動きを始めていたことが明らかとなる。[7]

後者の家庭教育指導者講習会では、席上、「家庭教育振興案」が作成され、それを議題として社会教育主事会議も併せて行われた。さらに、夏期には全国各地で家庭教育講習会を開催し、東京・大阪では家庭教育展覧会も開いた。

右記の「成人教育指導者講習会」での各講師の講義は、文部省社会教育局が「広く全国の指導者に頒布」することを目的に編集し、『成人教育の実際と理論』として同年一〇月に刊行された。これには先の成人教育課長小尾の「成人教育概説」も含め一〇人の講義が掲載され、穂積重遠の「公民教育殊に政治教育の要諦」をはじめとして「職業と生活」「職業能率」「読み物」「社会体育」「音楽と娯楽」「都市の労務者教育に就いて」「農村労務者教育」などにつづき、倉橋惣三の講演「母の教育」も収められている。

奈良女高師が、文部省の委嘱を受けて全国に先駆けて、大阪府立清水谷高等女学校を会場に「母の講座」を開催したのは、「満州事変」のちょうど一年前の一九三〇年九月一七～一一月一五日であった。一方、東京女高師でも同年一一月四～一二月九日にかけて同校を会場に、開催している。[8] 先述した文部省訓令「家庭教育振興ニ関スル件」が出され、大日本連合婦人会が創立されたのは同年一二月二三日で、「母の講座」の名称で行われた「母の教育」は、二つの女高師を会場に文部大臣訓令を先取りする形で実行されていたことがわかる。

(2) 設立趣旨

次に、「母の講座」の設立趣旨について、講座に中心的に関わった文部省社会教育官倉橋惣三[9]の「成人教育指導者講習会」における講演「母の教育」を通して検討したい。

別表に見るとおり、一九二五(大正一四)年以来、文部省社会教育局は奈良女高師に委嘱して「成人教育婦人講座」を設置していた。また、一般成人教育講座への女性の参加は少数だったが、後述する社会教育課長小尾が述べているように聴講は可能だった。それにも関わらず、「母」と明記した講座を別置した意図は何だったのか。以下、倉橋の講演記録「母の教育」でその点をみよう[10]。

講演内容は「母の教育の特殊性」を述べた部分と、「母の教育の実際」を述べた部分の二つからなるが、まずはじめに講義録の頁に沿って「母の教育の特殊性」について述べた部分をみたい。

「(前略)社会教育の元来の本質から考へまするると、性によつて余り区別したくない(中略)男子に必要なる問題にして女子に不必要なる問題は殆どないと断言して宜い(中略)男子を対象とします講習には婦人は屹度来て宜いのだと断言したいと思ひます。ところが問題を一歩進めまして、其婦人の為めに必要なるいろいろの問題の中で特に母と云ふ意味に於いて成人教育を行ひます場合は、之は一つ独立して考へてい丶問題であるかと思ふのであります。(中略)母としての教養こそ、特に婦人の教育として成人教育に於いて最も重要な問題として取り扱はれるべきものではないかと思ふのであります。(中略)家庭に於ける子供の教養の第一線者として、母を父より重視すべきことは当然のことであります。即ち茲に、特に母の為の成人教育と云ふものが、必ず計画せられ力を尽されなければならぬと信ずるのであります。(中略）申し上げる迄もなく、母は母になりまして始めて母である。（中略）此意味に於きまして、私は母の教育は母其人でなければ出来ない。母になつた人でなければ出来ないと申しますのも、必らずしも過言ではないと信ずるのであります。（中略）私は現に母である人に向かつて母の教育を与へますことが実に徹底的にして効果ある働きであることを確信するのであります（後略）」

ここで倉橋は、１、「成人教育」で扱う問題は男女共通に必要なもので、男女の区別なく参加すべきであること、２、母に対する教育こそ最も重要な問題として取り扱われるべきもので、他の成人教育と分けて独立して行うべきであること、３、現に母である人に母の教養を教育することこそ効果があることの三点を挙げて、独立した教育施設を設置する意義を講習会参加者に明らかにしたのだった。

この成人教育に関する倉橋の考え方は、一九二七（昭和二）年四月に行われた、文部省社会教育課長小尾範治による講演「社会教育概論」[11]の延長線上にあるものであった。小尾は「国家、社会の維持、発展という目的を達する為には国民の教育が第一要件」で、「国家の維持、発展の為必要なる国防能力とか、経済能力」についても、「社会の各個人の教育を普及徹底せしめるより外に方法は無い」と述べて[12]、学校教育を補うものとして、社会教育が差し迫った「最も緊切な問題」となっていることを明らかにしている[13]。

また、小尾は、一九三〇年三月の文部省主催「成人教育指導者講習会」で「成人教育概説」を講演して「公民教育に於いて政治教育は最も必要である、之は男子に対してのみならず女子に対しても必要である、現在選挙権を持つ持たぬと云ふことは大した問題ではない[14]、（中略）どう云ふ義務を国家に対し社会に対し持つて居るかと云ふことを心得て居るには、先づ之を家庭の立場から云ひますれば家庭の子女を教育することが最初の問題である」と、政策立案者として倉橋の論よりも端的にその意図を語っている。

彼の、男女を問わず「政治教育は最も必要」であり「家庭の子女を教育すること」がその出発点になるとの考えの背景には、婦人公民権法獲得運動の動き（同年五月一〇日法案衆議院可決・一三日貴族院未了）もあるが、国策の立案者として国民統合をはかるためには政治教育は欠かせないとの強い認識がある[15]。それは「現在選挙権を持つ持たぬと云ふことは大した問題ではない」と述べたことに表現されているように、これまで「女子」が選挙権もなく「公民」として扱われてこなかったことが、婦人の国家への統合を阻んでいると捉えた結果でもあった。このように、小尾は、文部省官僚として、婦人の国家への統合が遅れているとの認識に立ち、現状打開の要として家庭教育に注目したのである。そこで、国民が国家に対する義務を心得るためには、「母」を国家の考える方向に教化し、「母」を通して子女を教育することがもっとも効果的で早道と捉えたのだ。

この小尾が強調した「家庭の子女を教育する」ために母を教化することこそ、文部省社会教育官倉橋惣三に課せられた任務であった。倉橋が、東京女高師の幼児教育の専門家として女子教育にあたり、付属幼稚園の主事として母親たちを見てきた経験が評価されたものと思われる。その後の倉橋は社会教育官として、準戦時体制期から戦時体制期を、自らの専門知識を活用しなから母性による国民統合の責を担う講演者として全国を歩くことになる。

次に、二つ目の「母の教育の実際[16]」についてみると、倉橋は「指導者講習会」であることを意識して実践上の注意事項を具体的に説いている。そこでは、倉橋の幼児教育者としての実体験から①階層の違いや地域の違いに配慮が必要であること、②教授方法は少人数対象で集中的教育を行うこと、③講座をとおして地域の中心となる人材を養成していくこと、④開催場所としては「母」たちに馴染みの小学校などがよいこと、

⑤「母」たちの生活を考慮した時間設定が必要であること、⑥実際的教育を系統的に且つ定期的に行うことなど、きめ細かで具体的な実践方法を示した。そのうえで、「母」の講座の内容に関してぜひ明らかにしたいことは、「家庭教育の本義と母性の自覚」であり、[17]取り上げたい項目は「子供の健康、子供の心理、家庭教育の実際問題、学校教育の理解、社会的児童愛護施設の理解」など、育児や教育に関する知識の伝達をあげている。

だが、実際には文部省委嘱奈良女高師開催の一九年間の講座題目の一覧表（本稿別表）を作成し、その講義要項資料をみると、後述するように、倉橋が挙げた項目以外に衣食住分野も含めて家庭生活への国策の浸透を図りながらも、文学や国語学も利用した思想教化による婦人の国家統合に重点がおかれていたことが明らかとなる。

そこで注目されるのは、倉橋が講演の最後に述べた「家庭の危機」についてである。[18]彼によれば、家庭の問題は「神代此方のもの」だが、現代の家庭は「人類が恐らく始めて此家庭と云ふものに就いて乱調子になり、家庭と云ふものが実に危機に瀕して居る時代」に遭遇していると捉えている。こうした倉橋の認識の背景には、一九二〇年代の資本主義の発展に伴う階層分化の動きがある。それは、第一次世界大戦以降顕著となった動きで、旧来の「家」制度と一致しない家族が創出されていた。[19]その一つは製造業に従事する労働者家族であり、もう一つは「新中間層」と呼ばれる官公吏・教員・会社員など事務労働を中心とした俸給生活者家族であった。また、労働問題、社会問題の発生とそれに伴う思想問題も起こっており、これに対し文部省は一九二九年七月一日に学生課を学生部に昇格させ思想対策の強化を図った。この日、社会教育局が設置されている。

倉橋は、この状況を「現代生活の趨勢」が「家庭と云ふ問題に及ぼしてくる点になると、可成りデリケートなこと」が多いと表現して「人類の長き歴史の中で初めて打ち当つたやうな問題」であるという認識を示した[20]。さらに、この問題解決のためには「家庭生活家庭教育尊重の再認識」が必要であり、「家庭教育の中心活動としての母と云ふものを対象として教養することを成人教育の一大問題」と断言し、成人教育指導者講習会参加者にその実行を「希望懇請して已まない」と結んで講演を終えている。

では、実際の講座はどのようにして進められていったのだろうか。成人教育講座の展開を継続して見ることができる、文部省委嘱奈良女高師開催の「母の講座」を中心に、開設趣旨、講座題目、講義要旨、担当者報告記事「効果」、受講者感想文などをとおして検討していくこととする。

2 第一期「母の講座」と「婦人」の国家統合

(1) 「成人教育婦人講座」の開始

奈良女高師が、文部省の委嘱を受けて本格的に社会教育と関わり始めたのは一九二五（大正一四）年からである。それは、この年八月に「奈良女子高等師範学校長」名の聴講者募集書類が出され、その文中に「文部省に於ては本年より当大阪市に於て第一着に成人教育婦人講座を開設することに成りました」と書かれていることからも明らかである[21]。

このように、奈良女高師が東京女高師より先に本格的な社会教育を始動させていった理由は、関東大震災（一九二三年）で東京女高師の機能が一時低下したことによる。そのため、一九二五年から一九二九年の五年間の「成人教育婦人講座」は、奈良女高師が先駆的役割を担ったのである。[22] その後、奈良女高師が文部省から委嘱を受けた一九年間の社会教育講座の流れを整理すると以下の四期に区分できる。

1 一九二五（大正一四）年～一九二九年・大阪「成人教育婦人講座」
2 一九三〇（昭和五）年～一九三八年・大阪「Ⅰ期・母の講座」
3 一九三九（昭和一四）年～一九四一年・奈良「成人教育講座」
4 一九四一（昭和一六）年～一九四三年・奈良「Ⅱ期・母の講座」

右記の通り、本稿が検討の対象にしている「母の講座」は、奈良女高師では一九三八（昭和一三）年度、東京女高師では一九三七（昭和一二）年度でひとまず終了している。[23]

その理由は、文部省が「家庭教育指導者講習会」を二種類に分け、各地域の指導者養成と組織化を徹底させ、きめ細かな教化方針を打ち出したためである。[24] それは、文部省の『社会教育施設概観』に「昭和一四年より之が振興の方途に一大系統を樹立し、従来小学校を中心として発達せる『母の会』『母姉会』『婦人会』等の婦人団体の機能を活用して益々家庭教育の振興に努めつつある」と書かれていることからもわかる。

それは、まず第一に、文部省主催の講習会は、道府県の家庭教育事務担当者・女子師範学校・小学校を中心とする優良婦人団体の指導者を対象に実施すること、第二に、道府県委嘱の講習会は、全国府県女子師範学校で道府県内の家庭教育指導者のために開設するものとしたこと、第三に、道府県委嘱家庭教育講座は小学校を中心として発達した優良婦人団体を選び「家風の樹立」「子女の躾」「母の自覚」を喚起するものを課すとしている。組織化が急速に進められ、一九三九年一一月の「母の会・母姉会・婦人会」の数は六三七八団体を数えた。[25]

表　奈良女子高等師範学校開催成人教育婦人講座・母の講座・講義題目一覧　（作成：山村淑子）

年次	講座名	題目
1925（大正14） 治安維持法	成人教育 第1回婦人講座 大阪市立船場小学校	①思想問題とその批判 ②良き児 ③食物の理論とその応用 ④科外・洗濯科学発達
1926 昭和と改元	成人教育 第2回婦人講座 大阪市立船場小学校	①婦人問題 ②生物を器械と見て ③台所の理科 ④家庭看護の主点
1927（昭和2） 金融恐慌	成人教育 第3回婦人講座 大阪市立船場小学校	①銀行一般 ②遺伝 ③家庭園芸 ④歴史の跡
1928 普通選挙 治安維持法（死刑）	成人教育 第4回婦人講座 大阪府立清水谷高女	①思想問題 ②公衆作法に就て ③御大礼について ④国文学作者としての女性 ⑤経済学大意
1929 世界恐慌（10月29日）	成人教育 第5回婦人講座 大阪府立清水谷高女	①我が国体と我が女性 ②近代国独逸史上に於ける祖国思想の発展 ③日本の財政経済の現状 ④衣服の経済 ⑤料理の経済 ⑥家事経済 ⑦明治の短歌概説
1930（昭和5） 文部省訓令 家庭教育振興	母の講座第1回 大阪府立清水谷高女	①母の修養 ②児童の心理 ③家庭教育 ④育児 ⑤子供の衣服 ⑥小児の栄養と病気
1938 A 国家総動員法公布	母の講座第9回 大阪市立高等東女校	①事変下に於ける家庭経済 ②時局と家庭教育 ③国語と国民性 ④食物の経済と料理
B 電力国家管理実現	母の講座第9回 大阪市立高等西華女校	①事変下に於ける家事経済 ②事変下に於ける家庭教育 ③典型的なる日本女性を語る ④物資の消費統制と家庭生活
1939 満蒙開拓青少年義勇軍壮行 朝鮮人氏名→日本式（創氏改名）	成人教育講座 奈良県立桜井高女	①日本精神と婦徳の涵養 ②統制経済下に於ける日用品の家庭科学 ③時局と日本婦人の覚悟 ④日本精神の教養と家庭教育 ⑤家庭工作について ⑥子供の栄養の話
1940（昭和15） 配給切符制 優良多子家庭表彰 婦選獲得同盟解散 大政翼賛会	成人教育講座 奈良県郡山高女	①統制経済下に於ける日用品の家庭科学 ②日本精神と婦徳の涵養 ③日本精神の教養と家庭教育 ④国民学校制の実施について ⑤時局と日本婦人の覚悟 ⑥食物と栄養 ⑦家庭工作について ⑧新体制と生活問題
1941 改正治安維持法 予防拘禁制追加	成人教育講座 奈良県田原本実科高女	①戦時経済と家庭生活の科学化 ②時局講話 ③日本精神 ④家庭工作について ⑤食物と栄養 ⑥国民学校と家庭教育 ⑦大東亜戦争と女性の覚悟

1931 満州事変	母の講座第2回 大阪府立清水谷高女	①思想問題の梗概とその批判 ②母のために ③国文学に現れたる母
1932 満州国建国	母の講座第3回 大阪府立清水谷高女	①倫理学上の諸問題（マルキシズムの批判他） ②家庭教育 ③育児
1933 国際連盟脱退 滝川事件	母の講座第4回 大阪市立精華小学校	①青年子女に対する家庭の注意（身体・精神・性・思想他） ②服飾上より見たる最近の織物 ③日本精神について
1934 文部省思想局設置	母の講座第5回 大阪府立大手前高女	①文学作品を読む心得 ②幼児及少青年の心理について ③家庭に於ける医学知識
1935 （昭和10） 天皇機関説 第一次国体明徴運動	母の講座第6回 大阪府立大手前高女	①日本精神に立脚し給ふ聖徳太子の御女性観 ②国語及国文学と日本精神 ③子供の栄養について ④人絹織物の洗濯整理法 ⑤台所改善及物の買方
1936 2.26事件 日独防共協定	母の講座第7回 大阪市立高等東女校	①家庭生活と子女の教育 ②食品の栄養と其の料理法 ③最近の世界情勢 ④英国婦人と家庭生活 ⑤民法上の婦人の地位
1937 日中戦争 文部省教学局設置	母の講座第8回 大阪市立高等東女校	①日本精神と各国の国民性 ②世界の現勢と支那事変 ③体力の源としての栄養 ④我が国に欠乏せる需要物資の生産及利用転換 ⑤事変と衣服経済 ⑥現下の教育と家庭
1941 12月08日 アジア・太平洋戦争始まる	母の講座 奈良女子高等師範学校	①日本の家の精神と銃後の家生活 ②時局講話 ③国民学校の教育と家庭教育 ④乳幼児栄養と疾病 ⑤新興織物と其の取扱 ⑥銃後の家庭に於ける食品と惣菜料理 ⑦非常時局に処する衣類生活 ⑧家庭工作について
1942 大日本婦人会発会式	母の講座 天理高等女学校	①日本の家の精神と銃後の家生活 ②時局講話 ③国民学校の教育と家庭教育 ④育児の話 ⑤新興織物と其の取扱 ⑥非常時局に処する衣類生活 ⑦戦時下の衣類生活 ⑧戦時下の食物と料理 ⑨家庭工作について ⑩家庭園芸について
1943 10月21日 学徒出陣壮行会	母の講座 奈良女子高等師範校	①時局と婦人 ②軍事講話 ③家庭科学 ④家庭工作 ⑤最近の織物の取扱と廃品の更生

注：一部カタカナをひらがなに旧漢字を常用漢字に統一した。
出典『成人教育実施概要』昭和2、3、4年度・文部省
『成人教育・母の講座実施概要』昭和5、6年度・文部省
『成人教育講座・母の講座実施概要』昭和7、8、9、10年度・文部省
『成人教育関係講座実施概要』昭和11、12年度・文部省
『社会教育の施設概観』昭和15年度・文部省
『成人教育課所管施設概要』昭和15年度・文部省
『奈良女子大学の90年』成人教育・社会教育関係資料大正14～昭和18年度

先に示した四期の講座の最初となる成人教育婦人講座は、一九二五（大正一四）年度から開始された。開設要項には「男子に対して成人教育の必要であると同じことに、女子に対しても此の教育を施すことは極めて緊要であります」と記されている。(26) この講座は、大阪市役所教育部の後援で、別表のとおり市立船場小学校講堂と、府立清水谷高等女学校を会場に五年間にわたり継続実施された。一～二回の聴講対象者は、「中等学校の教育を受ける事の出来なかった成年婦人」とされたが、三回目以降は「年齢一八年以上ノ婦人」となり、募集対象者条件を年齢のみに緩和した。一九二五年の第一回目婦人講座の記録では、「会員ノ非常ナル熱心ニヨリ無事コノ会ヲ終ヘマシタ」と担当者のほっとした気持ちが記されている。

二回目の講座では、「殊ニ会員ガ規定時間外ニ於テ熱心ニ平素ノ疑惑トスル所ヲ質サントスル」者がいたことや、「本会ノ継続開設ヲ望ンダ会員モアリ、終ッタ后本校ニ感謝状ヲ送タモノモアリマシタ」など、講座担当者によって受講者の姿がリアルに記録されている。(27) 翌年の講座開設文では「婦人ノ方々ガ教育ノ必要ヲ感ジ（中略）自覚サレタ反応」と伝え、その第三回講座では「其ノ半数ハ熱心ナル聴講者」であったこと、第四回婦人講座では「何レモ熱心ニシテ緊張セル態度ヲ以テ聴講シ尚ホ次年度開催ヲ期待セリ」と会場の雰囲気と受講者の講座への期待も記した。五年度目には「開期ガ極寒期（中略）タルモ予想ニ反シ昨年度（秋期）ヨリ遥カニ多数」と、講座が好評で受講者も増加したことを報告している。(28)

講座題目については、治安維持法が修正可決された一九二五（大正一四）年の第一回婦人講座は家庭生活の基本や育児に関わる科目も並列されているが、まず「思想問題とその批判」から開始された。いずれも一〇時間の設定で行われた。この流れは第二回目の題目「婦人問題」でも継続され、徹底してマルキシズムを批判しつつ、自由主義や個人主義思想なども外来思想として批判され排除されていった。(29) そのうえで、四回目の「思想問題」とそれにつづく五回目の「我が国体と我が女性」では「国体思想」と日本婦人の使命を説いている。さらに、四回目と五回目には「国文学作者としての女性」と「明治の短歌概説」で、文学を通して古来の日本の女性の生き方と日本文化が「国体思想」とともに語られた。以上の講座題目構成は、次の「母の講座」にも受け継がれていく。ちなみに、この婦人講座と同時期に奈良女高師で開催されていた「男子のみ」の成人教育講座は、その科目名をみると「思想問題ノ概要及批判」の一科目以外は、徹底して実用科目を中心に組まれているのが特徴であった。[30]

(2) 第一期「母の講座」の実施

一九三一（昭和六）年の「母の講座」開設文には、「本校が大正一四年に大阪市に於いてはじめて婦人講座を開催してより茲に七年、回を重ねること已に六回に及び、今回は第七回の講座を引き続き開催する事に成りましたことは、本校の大いに光栄とする所」と書かれており[31]、奈良女高師では「婦人講座」と「母の講座」を連続したものと捉えていたことが判明するとともに、その後の講座題目の編成にも受け継がれていることがみてとれる。

まず、一九三〇年の第一回「開設要旨」は「子ニ及ボス母ノ感化ノ如何ニ大ナルカニ思ヲ致ストキハ、人ノ母タル者其ノ修養ニ努メナケレバナラナイコトヲ痛切ニ感ゼラルデアリマセウ」と、母親の再教育が必要なことを呼びかけ、聴講者を「母又ハ有夫ノ婦人、若クハ熱心ナル特志ノ婦人ニ限ル」とした。そこで用意された講座題目は、子育て中の母たちが実生活で役立つと考えられる「母の修養」「児童の心理」「家庭教育」「育児」「子供の衣服」「小児の栄養と病気」の六科目構成であった。そのため、主催者が予定した定員八〇名を上まわる一三四名が応募してきた。そのうち「子供アルモノ」が一〇二名で、平均年齢は「三四歳八ヶ月」だったと記されており[32]、母を対象とした成人教育講座開催という最初の目的は達せられたといえる。

だが、一九三一年九月に実施された第二回目の講座題目は大きく変化した[33]。それは「思想問題の梗概とその批判」、「母のために」、「国文学に現れたる母」の三科目構成で、講義時間はいずれも一四時間で思想問題が講座の中心におかれた[34]。その講義要旨には「マルクス主義共産主義の梗概と（中略）我が国体の意義を伝へ、今後の我が国婦人の向ふべき方向を示さん」と記載され、奈良女高師教授伊藤恵が、一二八人の受講者に一四時間にわたって、国体の意義と婦人の進むべき道を説いている。この思想教化科目の導入は[35]、以後の講座でも、日本精神の導入や国民性や女性像の提示という形で継続されていった。

ちなみに思想教化が開始された一九三一年の「母の講座」では、奈良女高師（大阪で開催）の講座参加者は一二八人で、年齢層は三一～四〇歳代がもっとも多く四八％、二一～三〇歳代が三二％であった[36]。そのうち「職業ヲ持タザル婦人」が六二人、学校職員が五一人で、中等学校卒業者が七三％を占めている。一方、東京女高師での講座参加者は二六三人で、年齢層は三一～四〇歳代が五二％、四一～五〇歳代が二八％である[37]。そのうち中等学校卒業者が八七％を占め、八九％が「職業ヲ有セザル婦人」であった。

この受講者像は、大阪と東京という地域差はあるが、いずれも「新中間層」と称された人たちであった。この階層は、愛国婦人会の組織の対象にはならず、一九三二年発足の国防婦人会にも組織されにくかった層で、思想局や教学局からは国策に対する反応が鈍いと評され[38]、「インテリ階級の無関心」と批判された層をも含んでいた[39]。だが、その多くの家庭には、良妻賢母教育に基づく性別役割分担を受容し、激変する社会を前にして、自らの家族の将来に漠然とした不安を抱えながら、我が子の教育に心を注ぐ母たちがいた[40]。それゆえ国家は、この母たちの心情を汲みながら、講座を通して国策のもとに教化統合し、各家庭での子に対する母の感化を期待したのだった。[42] ここに文部省「母の講座」の狙いがあったといえよう。それを裏づける史料が前掲の一九三〇年度の奈良女高師「母の講座」開設募集要項文であり、国民統合の要として家庭教育を捉えて母の教化を目指した成人教育課長小尾の講演「成人教育概説」の内容であった。

一九三二年、文部省は前年の「満洲事変」を受け、その開催趣旨に「時勢ノ進運ニ伴ヒ一家教育ノ要務ニ衝ル母ノ品性ノ向上ヲ図リ的確ナル識見ヲ養ヒ以テ円満ナル母性ノ発達ト堅実ナル家庭ヲ樹立スルヲ以テ本旨」として、講座科目も「母ノ修養、子供ノ教養等ヲ中心トシテ家庭教育並ビニ家庭生活等ニ関シ最モ緊要ナル事項ヲ選ビ、特ニ実生活ニ適切ナラシムル様之ヲ講ズルコト」と注文をつけた。[43]

それを別表の講義題目で一覧すると、二回目から六回目までの講座の実態は「実生活ニ適切ナラシムル様」に工夫しながらも、思想問題対策に焦点が当てられていたことが明らかである。例えば、一九三二年の第三回講座では「倫理学上ノ諸問題」で、貞操・家庭の和合・子女の教育等とともに「マルキシズム批判」が行われ、翌年の第四回講座では、「青年子女に対する家庭の注意」で身体と精神や性に関する注意とともに「思想に関する注意」が説かれ、新たに「日本精神について[44]」が加えられたことが注目される。[45]

一九三五年の第六回講座は、二月に衆議院本会議で美濃部達吉の天皇機関説が国体に反すると攻撃され、八月からの国体明徴運動が始動した一〇月二三日から一二月一一日にかけて実施され、「日本精神に立脚し給ふ聖徳太子の御女性観」と「国語及国文学と日本精神」が講じられている。この二つの講義では、主催者が歴史的人物や古典文学の読み方を通して、さらには日本語を見直すことで受講者に日本人としての意識を喚起して統合を図ろうとしていたことがよみとれる。ちなみに文部省は前年に国語審議会を、三六年には日本語学振興委員会を設置している。

一九三六年の文部省委嘱状は「非常時局ノ適正ナル認識並ビニ国民トシテノ覚悟ヲ獲得セシムル為国史又ハ日本精神ニ関スル科目ヲモウクルコト」[46]と時間配分と講師選択に関しても「本省ト合議ノ上決定スルコト」を強調して伝えた。[47]同年度の講座では「最近の世界情勢」が語られている。これが、「母の講座」で世界情勢が語られた初見である。

日中戦争が開始された一九三七年度の委嘱状は、六カ月後の翌年一月に出されている。開戦前の五月、文部省は全国の学校と教化団体に「国体の本義」を配布し、開戦後の八月に政府は「国民精神総動員実施要綱」を決定した。そこで、受講者の「時局認識」と「国民的自覚喚起」を図るため、「日本精神又ハ国民文化ニ関スル科目ヲ設」け講師と受講者の人格的接触を導き、講義要項を配布して講義の徹底を図るよう伝えた。そこで、この第八回講座では「日本精神と各国の国民性」の題目で、一九三八年度の第九回講座では「国語と国民性」及び「典型的なる日本女性を語る」の題目で講義が行われている。いずれも「国民性」が強調されているのが特徴で、日本人としての意識を段階的に国民意識に昇華させようとした意図がよみとれよう。

その一九三八年の開設趣旨は「時局は今や長期戦の大覚悟を要する時になりました」と前置きして、「銃後の婦人たる方々は、(中略)健全なる子女を教養して、忠良なる国民の後継者たらしめることに努めなければなりません。其の責任は洵《まこと》に重いのであります」と呼びかけており、「事変下に於ける家事経済」の講義のなかでも「婦人の覚悟」の言葉が使われた時でもあった。[48]この年の一月一一日、厚生省が設置され、同月三一日には産児制限相談所が閉鎖された。日中戦争を背景に人口増加政策が図られ、婦人団体のかけ声も伴いながら、結婚および出産が奨励されて女性性の国家統合が図られていくことになる。

以上、第一期の「母の講座」の展開をみていくと、まず、思想教化科目で統制を図ったうえで、次に日本精神を注入して日本人としての意識を喚起し、さらに、国民性を強調しながら国民としての自覚を促して、まず、日本国民として母たちの国家統合を図ろうとした過程がみえてくるのである。

3 転換期の婦人講座の特徴と受容

(1) 「成人教育講座」の特徴

一九三九（昭和一四）年～一九四一年の成人教育講座は奈良地域で実施された。講座の名称が変わり、聴講対象者も「一般青年以上の女子」となったが、聴講者の中心は「家庭の主婦」だった[49]。一九三九年の開設要項では、その趣旨を「時局に即応して国民の実力培養、総力発揮に資せんがため」と記しているが、四〇年の趣旨では「興亜の聖業達成のため、愈々《いよいよ》国民の自覚を深め銃後の守を固めるため」と、主催者の目標が前年よりは具体的に示された。この講座は科目の柱の一つに「統制経済下に於ける日用品の家庭科学」をおき[50]、「家庭工作」「新体制と生活問題」「食物と栄養」など戦時下の家庭生活を支える題目がおかれている。

この一九三九年から四〇年にかけての特徴は、「日本精神と婦徳の涵養」「日本精神の教養と家庭教育」「時局と日本婦人の覚悟」の三科目が二年共通の題目として並んで（別表）いることである。これらの講義要旨をみていくと、日本精神と女性のあり方の講座題目では、「感謝報徳」の心をもって生きることを説いて、北条時頼の母、山内一豊の妻、楠木正行《くすのきまさつら》の母、吉田松陰の母など、忠君愛国を説き毅然として崩れない母や妻を模範例として示したことがわかる。[51]また、家庭教育では、「皇道精神を身に体し、祖先の志を継いで国家奏功を旨とする忠良な国民を教養するのが目的」だとして、「皇道精神の育成」のためには「家庭の主婦たる者は堅い信念」をもってその育成に当たることが必要であることが語られている。ここでは、「立身出世のみを期する人物の養成を目的とすべきではなく」、「忠良な国民」を育てることに「意を用いねばならぬ」と説いた。「立身出世」の是非はともかく、そこに内包されている親の子どもの将来へのささやかな希望と、子自身の将来のさまざまな可能性も閉ざされて、国家目的のための生き方を強要されていく様子がみられよう。

一九四〇年の「国民学校制の実施について」では、「忠良なる国民」の養成こそが「国民学校」と「家庭の主婦」の「使命」であると説明されていく。さらに「時局と日本婦人の覚悟」では、「支那事変」以降の世界情勢が話され、講義題目にも「覚悟」の言葉が使われたことは、戦争の長期化で、「家庭の主婦」たちに家族の死を「覚悟」する現実が身近に迫っていることを示したものといえる。[52]

一九四一年の成人教育講座は、右の二回の講座の構成と共通したものをもちながらも、真珠湾攻撃後に開催されているため、同時並行して開催された「母の講座」の内容と共通する特徴をもつこととなった。講座は「戦時経済と家庭生活の科学化」で始まるが、講義要旨をみると、その中心となった題目は「国民学校と家庭教育」であった。[53]そこで、後述する「真実の児童観」が展開される。それは、「時局講話」での「銃後の母の覚悟」や、「日本精神」での『臣民の道』と『国体の本義』の解読などとも繋がって認識されるようにとの配慮がみられる。[54]この講座の最後は「大東亜戦争と女性の覚悟」が説かれて締め括られている。

(2) 受講者の意識

一九四〇年度（実施は一九四一年二月）の講座対象者は「一般青年以上の女子」とされていたが、子を持つ母が大半であった。この参加者に対し「本講座ニ対スル感想及ビ希望ニツキ御包蔵ナク御記述ノ上終講日マデニ御出シ下サイ」と印刷された用紙が配布されている。ここでは、このとき提出された感想文内容（一九点[55]）の検討を通して、受講者の意識をみておきたい。

まず受講者感想文に共通することは、いずれも講座開催に感謝の念を表すとともに、文面全体が教育を受けることができた喜びに満ちていることである。受講者にとっては、文部省の意図はどうあれ、教育を受ける機会をもつことができたこと自体が「深く深く喜んで」「本当に幸福」「此上ない喜び」「大変面白く楽しんで」「誠に嬉しく」「どんなにか幸せ」「身にしみて有り難」いことと受け止められている。感想文中には、自らを「我々教育無き物《ママ》」といい、「私達勉強する機会に恵まれない者」と自己の境遇をさらしながら、学ぶ機会を得た喜びを素直に表現している。

そこで注目したいのは、受講者たちの自己についての表記の仕方である。右記の抜粋部分にも見られるように、感想文のほとんどが「我々」「私達」という横並びの表記で、独立した私は見られない。集団のなかに私をおいていることが特徴である。その「我々」「私達」の居場所は、先にも触れたように、受講者たちが受けてきた良妻賢母教育では家庭とされていた。そのため、感想文には「我々家庭婦人」「一般家庭婦人」「家庭人」「家庭婦女子」と、一様に家庭と結びついた表現が見いだされ、教育の影響が色濃く示されている。一方「時局」とのかかわりでは、「我々銃後婦人」「私たち銃後を守る女性」と表記された。

だが、彼女たちの家庭にいる我が身への自己評価は低く、例えば「平凡なる私」「我々家庭に居りますもの」「我々家庭にのみ働く者」「教育無き物《ママ》」「無意識な家庭生活を営む者」等の自己の存在感の低さを漂わせる表現にそれがみられる。前述した受講者感想文全体に満ちている講座開設への期待度の高さは、それら女性たちの対社会的な自己評価の低さの裏返しといえる。受講者たちは自らの存在を確認するために強い学習意欲を示したのである。感想文の一つはその心情を、「ともすれば時代の進歩におくれ勝ちな家庭婦女子の指導の為今後出来るだけ多く此の様な機会をおあたへ下さる様お願ひ申し上げます」と記している。(56)

女性たちのこのような学習意欲は、女性たち自身が自らの人間としての尊厳を獲得し、自己評価を高めるための手がかりとなるものであった。それゆえ、彼女たちは講師たちの講義に「熱心に」「真摯に」耳を傾け質問し、その内容を理解するため努力した。その結果、「平凡なる私」が、「日本婦人の美徳を表したい」となり、「無意識な家庭生活を営む者」が「新しい生活目標を得たことを感謝致します」と、生きる目標さえ摑んでいく。この生きる目標が天皇制国家のもとに教化統合されていく過程で、「皇国日本に生まれた身の感謝で一杯でございます」「及ばずながらも御神勅のままに活動せんと奮起いたしました」と変化していったことに注目したい。この感想文が書かれた翌年度の「母の講座」は真珠湾攻撃後に開催された。そこで、受講者たちは「主婦の力は国の力(57)」と国家に役立つ者として位置づけられ、つづけて一九四二年六月のミッドウェー海戦敗北後の講座では、「主婦の力は国の底力(58)」とさらに強調された表現で国家に結びつけられていった。国家は「戦没者」の大幅な増加が予測されるなかで「銃後婦人の自覚」を促し、国家への統合強化をはかろうとしていたといえよう。

また、主催者からは講座終了時に毎回修了証書が出されている。その受講者のほぼ全員が講座の継続を希望しており、受講者感想文の末尾には「今後共此の様な講座を度々お開き下さいます様お願ひ申し上げます」と記されている。

この女性たちの教育を受ける機会を得た喜びの気持ちと強い学習意欲の存在は、主催者側に、時局の要請に従って社会教育による婦人の教化を図り、統合・動員してゆくことの有効性と重要性を明確に認識させたといえよう。

(3) 講座の意図と受講者の受け止め方

前述したように、受講者は学ぶ機会を得た喜びを示していたが、他方で、講座題目および講義内容の評価に関しては主催者側意図と受講者側の理解とは必ずしも一致したものではなく、乖離《かいり》がみられた。受講者の理解を検討するために、感想文の内容に目を通していきたい。まず、講座を受講できたことへの感謝に止まるものが一九人中七人である。(59) 次に、配給統制下の生活に密着した身近な題目（栄養・料理・洗濯・家庭工作等）に一九人中六人が関心を示している。これら科目を「くわしく」「具体的に」「時間を多くして分かり易く」指導してくれることを期待する一方、「日常生活上に大切なよい講習会でございました」とか、「生命を保つ上におきましても大切なる御料理とか御洗濯とか各々の方面の事を教えて戴きました事は自分の一生に大きな徳を得られた事」と感謝の言葉が書かれている。

これに対して、文部省が国民統合のための教化題目として考えていた「精神上の講義」に関しては、「程度をさげて実際の例を多く引用してほしい」「時間が短くお話をお急ぎの様に存じました」「新体制と婦人の教養（中略）について一般人に分かり易く」との要望が三人から出されている。感想文を見る限り、生活科目に比して精神的教化題目の講義内容は、抽象的でわかりにくいものであったようだ。

この傾向は、時期は遡《さかのぼ》るが、一九三三年の「聴講生希望講座題材調査」でも見られていた。[60] 栄養科学、家庭に於ける科学知識、洗濯クリーニング、洋裁方法、生理学などの実用的題材のほかに、国文学、和歌俳句学、古典文学などの教養的題材が挙げられて、教化科目の希望は少なかった。

だが一方、同じ講座受講者のなかには文部省の意図を積極的に受け止めた者がいたことも指摘できる。それは九人の感想文に見られた。例えば、「銃後を守る女性の進むべき道を（中略）自覚せざるをえなくなりました」「国民学校の話には家庭教育が大きな部門をうけもつものと感じました」「時局を認識致して（中略）国家のご奉公を致しまして銃後の守りをかたく致して日本婦人の美徳を表したいと思います」「超非常時と存じ乍《なが》ら何不自由なく暮させてもらつてゐます事は皇国日本に生まれた身の感謝で一杯でございます」「婦人の自覚を深めさせて頂き及ばずながらも御神勅のままに活動せんと奮起いたしました」「家庭生活の大精神を御教え戴き新しい生活目標を得たことを感謝致します」などである。これらの文からは受講者である家庭婦人に国家の動きに関心をもたせ、国策に沿う家庭を意識させていたことがよみとれる。

なお、これらの感想文には、「新聞や雑誌で読んだりラジオで聞いたりするだけでは（中略）信念とか自覚等持つ事が出来ませんでした」「ラジオや雑誌でよりも[61]（中略）お聞かせ頂きましたのでハッキリ致しまして有り難く思つて居ります」など、情報源としてのラジオの存在[62]が大きくなっていたことが示される一方、講師たちの肉声による講義が、受講者たちに、国家政策への積極的自覚を促すうえで有効なものであったことがうかがわれる。[63]

4　第二期「母の講座」と「母性」の国家統合

(1)　第二期「母の講座」の開始

文部省社会教育局は、奈良女高師に委嘱した講座をさらにつづけていく。講座題目やその内容は、奈良女高師の講座担当者からの講座の様子や感想文などの報告を参考にしつつ、戦局に併せて教化統合の論理を加えていったと思われる。

一九四一（昭和一六）年度には、「大国民としての実力を啓培し、国民の総力発揮に資する」ものとして第三回「成人教育講座」を設置する一方、「国運の隆昌《りゅうしょう》、風教の振興を期するには、家庭教育特に母たる者の自覚」を促すとして「母の講座」も開催地を大阪から奈良に移して復活開催している。前者は、奈良県田原本実科高等女学校を会場に「一般成年以上の女子」を対象に、後者は奈良女高師内で、「母又は妻、其の他特志の婦人」に対象者を限定している。

この二つの講座(64)では別表（一三四～一三五頁）に見るとおり、国民学校（一九四一年四月から開始）と家庭の連携強化をはかるため、「国民学校と家庭教育」（一九四一年度成人教育講座）と「国民学校の教育と家庭生活」（一九四一年度・四二年度母の講座）の講義を設定し、いずれも奈良女高師教授武田一郎が担当している。その講義の中心が、後述する「真実の児童観―子寶として観る立場より大御寶として観る立場へ」である。

この年一月、「人口政策確立要綱」（資料1　一八五～一八八頁参照）が閣議決定され、「内地人口一億人」を目指して一夫婦五人を目標とする出産奨励が図られる。つづいて二月の帝国議会には婦人団体統合に関する建議案が上程され、六月閣議で「婦人団体統合要綱」が決定した。そのうえで、文部省教学審議会は六月一六日に「社会教育ニ関スル件」を出し、そのなかに「家庭教育ニ関スル要綱」を盛り込み、七月に文部省教学局から『臣民の道』が刊行された。その五カ月後の一二月八日、太平洋戦争が開始される。この一九四一年度の講座は、「母の講座」、成人教育講座の順で、ともに翌年二月に開催されている。では、同時並行して展開した二つの講座はそれぞれ何を狙いとしたのだろうか。

先にも触れたとおり、一九四一年の「母の講座」開設要項には、「国運の隆昌、風教の振興を期するには、家庭教育特に母たる者の自覚に待つ」とともに、「今や大東亜戦争の発展に伴ひ、国民の自覚を促すこと」が切実になり、「家庭の母たる人の識見を深めることが一層必要」と述べられており、復活した「母の講座」の狙いが、「母たる者の自覚を深める」ことにあったことがわかる。[65] また、もう一方の「成人教育講座」開設要項は、時局はますます重大となるなかで「一般成人に対し戦時下国民生活に即応する教養訓練を施し、「大国民としての実力を啓培」して「国民の総力発揮に資する」ことを目的とすると記し、婦人たちに対して、より一般的な形で総力戦体制下の国民的自覚を喚起せしめようとしていた。しかしながら、アジア太平洋戦争開戦後の事態のなかでは、成人教育講座においても、「母の講座」同様、銃後の母として子を産み育てることと、その母に息子（夫）の戦死にも動じない覚悟を促すことが重要な位置を占めていくのである。

では、新たな講座のなかで、母性の国家統合の論理はどのように展開されたのだろうか。

(2) 第二期「母の講座」と統合の論理

一九四一（昭和一六）年度の「母の講座」は、真珠湾攻撃から一カ月を経た翌年一月、文部省社会教育局長から奈良女高師に対して「大日本帝国政府」の文字が印刷された委嘱状が出された。この講座の開設趣旨では、「我が家族制度ノ美風ヲ奉体し（中略）健全有為ナル子女ヲ育成董陶スルタメ家庭教育ノ要請ニ当ル母ノ為ニ母ノ講座ヲ開設ス」と記され、二月七日から二八日までの一〇日間、八科目、三〇時間にわたって講座が開催された。用意された講義題目の構成は、翌年度の講座とほぼ一致し、講義要旨を見る限り、一九四一年度と一九四二年度の「母の講座」は、一部講義題目に変化はあるが、基本的には同内容の講義が行われている。

ただし、一九四二年五月に文部省は「戦時家庭教育指導ニ関スル件」で母の役割を強調、講座開設趣旨にも「家庭教育の徹底」と「家庭教育振興の切実なること」と記した(66)。一〇月に実施された講座科目数も一〇科目と増加されたが期間は六日間に短縮され、受講者は一日五時間計三〇時間の講義を受けている。主催者側の必死さが伝わってこよう。

別表（一三四～一三五頁参照）の通り、右の二回の講座では、①「日本の家の精神と銃後の家生活」、②「時局講話」、③「国民学校の教育と家庭教育」の三科目を中心に構成されている。文部省の国民教化の意図からすれば、①②③が国家統合政策に関わる中心科目であった。あとの⑤⑥⑦⑧は、戦時経済統制下の医療・衣・食・住生活を補う各家庭での具体的方策を指導する科目である。ここでは、戦時再編成を形づくる①②③の内容に注目して主催者の統合の論理展開をみていきたい。

①の「日本の家の精神と銃後の家生活」は、奈良女高師校長日田権一[67]、②の「時局講話」は、同校教授の西田與四郎、③の「国民学校の教育と家庭教育」は、同校教授武田一郎が担当した。以下、この①②③[68]を通してみえてくる主催者側（文部省）の母たちの「覚悟」を説得する論理を整理してみよう。

日田の講義は「我が国に於ける国と家」から始まる。そこでは「我が国に於ける家族制度の本義と祖孫相続」と「家の精神」を述べた後、「家に於ける主婦の地位と責務」と「銃後に於ける家生活」において、主婦の役割の重要性を強調し「主婦の力は国の力」と表現している。次に、西田が「大東亜戦争の勃発と現況」から始めて、「大東亜戦争の目的」と「米英の東亜侵略と対日敵性発揮」で戦争の正当性を述べ、「大東亜共栄圏の確立」のためには「銃後の母の覚悟」が必要と説いた。

さらに、右の二つの講義を前提にして、武田は「国民学校の児童を観る」において、国民学校の重点と「小学校時代との相違」を示し、学校と家庭の関係を「家庭の延長としての学校と、学校の延長としての家庭」として、相互の協力の重要性を語っている。そのうえで、受講者である母たちに対し「真実の児童観」が必要であることを説いた。武田はこの「真実の児童観」を「子寶として観る立場より大御寶として観る立場へ」と表現し、この「真実の児童観」に立って、「国民学校」と「家庭」が相互協力しあいながら「皇民錬成」を図り「大御寶」を育てていくことこそ「母性愛」であるとしている[69]。

いま、右の三つの講義の論理展開を改めて整理すると、まず、「皇国日本」は共通祖先で構成され、かつ「家族制度」の「家」を基礎にしていると説き、皇国と「家」を繋ぐ。次に、「家」の精神を説いて、「家」生活で必要な「主婦の責務」を語り、主婦を「銃後」の「家」の守り役として位置づける。そのうえで、戦争目的と戦争の正当性を述べ、その理想追求のためには「銃後の母の覚悟」が必要と説いた。そのうえで母にとって重要なことは、学校と相互協力して立派な「皇国民」を育てることであり、この使命を担って子を産み育むことこそ「母性愛」であるとする。そこでは、我が子を「家」の「子寶」として観る立場ではなく、「皇国日本」の「大御寶」として観る立場に立たなければならないことが強調される。[70] ここに、「母の講座」において、産み育てる性としての「母性」を戦時体制に統合してゆく論理が完成されていったのである。

また、「母の講座」と同様、真珠湾攻撃後の一九四二年二月に実施された四一年度の成人教育講座では、奈良中部六五連隊陸軍中佐原田貞三郎が「大東亜戦争と女性の覚悟」の講義を担当している。軍人講師として、「銃後の母の覚悟」とともに、「真実の児童観」で展開された論理を裏づける実際的な講義がなされたことは疑いないであろう。

さらに、同年四月二日には、大本営海軍報道部課長平出英夫大佐が、東京の日比谷公会堂で「戦争と女性」の講演を行い、全国にラジオ中継されている。その講演内容は、三日後の『読売新聞』に「良き母あれば戦争は勝つ」の見出しで速記記事として掲載された。[71] 記事内容は真珠湾攻撃の「九軍神」の母で、[72] なかでも一大尉の母の話に中心がおかれている。その母は、「ハワイの上空に散った」一人息子を「お国のために捧げるためにあすこまで大きくしたのです（中略）その子供が最後に天皇陛下に生命を捧げて亡くなってくれた」と涙も見せずに感謝されたと紹介した。平出はこの母を「さすがに日本の母である」と讃え、講演の最後を「国民を強くするのは母である」と結んでいる。第二期「母の講座」で説かれた「真実の児童観――子寶から大御寶へ――」の実践例といえるものが、ラジオ放送を通じて全国の母に紹介されたことになる。この翌月、文部省は「戦時家庭教育指導要項」（通称「家の本義」）を決定発表した。

一九二五年の婦人講座「良き児」（講師・奈良女高師教授桑野久任）では「如何にして良き児を挙ぐべき

か・如何にして良き児に育つべきか」で「たね・育ち」の問題が説かれていた[73]。その婦人講座から第一期の「母の講座」、それにつづく成人教育講座と、第二期の「母の講座」と展開されていく過程で、「たね・育ち」の問題は、皇国の「大御寶」育成に収斂《しゅうれん》されていく。そして、アジア太平洋戦争が激化するなかで「戦没者」が増え[74]、現実に「覚悟」を強いられた母が次々に誕生する。社会教育課長小尾範治と社会教育官倉橋惣三が推進した、「母の講座」による母たちの国家統合は、アジア太平洋戦争という戦時体制の進展のなかで、「皇国」のためにわが子を差し出す状況に耐えうる母を育成することへと帰着していったといえる。

ところで、受講者は奈良女高師教授の武田一郎らの講座をどのように受け止めたのだろうか。前述したように武田の講義は一九四一年度の成人教育講座でも行われており、講座修了時に出された受講者感想文をわずかだが見ることができる。ここでは、一九四一年度の受講者感想文（五点）をとおして[75]、受講者の受けとめ方を、一九四〇年度の感想文と比較しながらみておきたい。左記に示す抜粋が講座内容に関わる感想部分である（感想文中a～eの符号は筆者）。

a　とくに原田貞三郎中佐のお話等涙が出てきて仕方ございませんでした　本当に中佐のお話下さいました様に立派な女性にならうと存じました

b　お話をおきゝして益々日本女性としての覚悟をかたく致しました

c　皇民道に付いて御教示預り□□□皇位皇孫御歴代之天皇肇用《ママ》建国大偉業の事柄良妻賢母母之方の御手本になる様子も承り日本女性たる者は良妻賢母之母にならなければならないと思います　子供を教育する上には母の心掛が大切であると思いました

d　よき日本人となる様一身を我が子に捧げる強い覚悟を致しました

e　現代は統制経済で私達はこれに不へいをいわず感謝の気持ちを持って進もうと思いました　私達はいくら不需《ママ》致しましても第一義に兵隊さんに十分に働いてくださる様に□願い頂きましたらうれしいと思ひました

この一九四一年度の感想文を一覧すると、前年度のものと大きく違っている点がいくつかある。そのひとつは、受講者が自ら目標とする女性像を「立派な女性」「日本女性」「良妻賢母之母」と具体的に表現していることである。これらは、国家によって提示された模範的女性像へ適応する姿勢を示したものといえよう。そこには、前年度の感想文で、自己の目標と存在感を持ち得なかった婦人たちの一定の変化とみることもできる。また、前年度の感想文では一九人中一人だけにしか見られなかった覚悟の文字が五人中二人にみられることも前年度と異なる点である。この間の講座内容の違いによる変化の一端がうかがえよう。

ここで右の感想文から見えてくる受講者像を整理すると、「日本女性としての覚悟をかたく」して、「良妻賢母之母」になり、その「母の心掛」をもって「よき日本人となる様一身を我が子に捧げる強い覚悟」をもって子供を教育し、「不へいをいわず」、「いくら不需《ママ》」しても「第一義に兵隊さん」と考え、「立派な女性」として「皇民道」に沿おうとする皇国の母の姿である。

以上の感想文を見る限り、一九四一年度分には一九四〇年度感想文にみられた「私」意識の弱さは表現されておらず、(76)皇国の母としての生き方を受容していく様子が見られよう。また、主催者の意図と受講者の受けとめた方との乖離も目立たず、一部ではあるが主催者の論理に真面目に同意を示したもの（感想文d）もあり、再編された統合の論理の一定の浸透があったとみることはできよう。

おわりに

以上、文部省主催の一九年間の成人教育講座の展開を通して、「母の講座」が国家統合に果たした役割を検討してきた。それを整理してみると、まず準備段階的役割を果たした成人教育婦人講座を経て、「母の再教育」の場として一九三〇年に第一期「母の講座」が始められている。この講座では一九三一～三四年の間は思想教化が重視される一方、日本精神についても触れられていく。そして、一九三五～三八年には日本精神の教化と時局論に基づく国民意識の発揚や皇国翼賛的女性像の浸透が図られた。つづく一九三九～四一年の成人教育講座は転換期的位置を占め、日本精神と「家」概念ならびに皇国翼賛的女性像が語られるとともに、「銃後日本婦人の覚悟」が提示されている。総力戦体制下の一九四一～四三年の第二期「母の講座」では、「家」精神と皇民教育が時局論とともに説かれ、「銃後の母の覚悟」が提示されていった。以上整理してみると、一九四〇年度と一九四一年度の感想文に表現された受講者意識の違いは、受容した講座の時期的変化を反映しているといえよう。

このように、「母の講座」の実施過程の資料をたどってみると、国家は新中間層の婦人の統合を視野におきながら、その時々の情勢に対応しつつ、受講者の希望も取り入れながら、講座内容を構成していったことは明らかである。準戦時期に開催された第一期「母の講座」では、育児・教育・家事に関する題目を用意するとともに、国家が期待する女性像が提示されて婦人の国家統合が図られていき、第二期「母の講座」では、戦況の進展を背景に逼迫した統制下の衣食住に関する科学的な知識と技術が伝えられる一方、「人口政策確立要綱」を踏まえた教化科目で、女性の産む性を国家のもとに統合し、さらに、産まれた子も「大御寶」として国家のもとに統合していくための論理が展開されて、二重の意味での母性の統合が図られていったといえよう[77]。

国家の家庭生活への介入の視点を、生活改善運動の分析を踏まえて明らかにした小山静子は、一九三〇年度開催の文部省主催「母の講座」（四カ所）の講座科目名を列記して「イデオロギー教化というよりは、むしろ具体的な育児・教育に対する知識・技術の伝達が行われていた。」と「母の講座」を位置づけている[78]。確かにそういえる側面もあるが、一九三一年度以降の第一期「母の講座」の講義内容をその講義要項でたどってみると、年々教化科目の比重が重くなっていること、第二期「母の講座」では、子どもの生命を国家に差し出す論理が展開されて、母性の統合が図られていったことに本稿では改めて注目したい。

なお、幼児教育者として「育ての心」を説く一方、「母の講座」推進役として「母性」による教化統合に深く関わった倉橋の位置づけについては継続して追いかけていきたい。

（二〇〇四年）

注

（1）千野陽一『近代日本婦人教育史』ドメス出版、一九七九年。
（2）中嶌邦「国家的母性—戦争下の女性観」女性学研究会編『女のイメージ』講座女性学Ⅰ　勁草書房、一九八四年。
（3）「北海道帝大、東北帝大、東京女高師、横浜市、新潟医大、金沢医大、山梨県、愛知県と名古屋医大、岐阜県、奈良女高師、岡山医大、広島県と広島文理大、愛媛県、九州帝大と福岡県、佐賀県、長崎市と長崎医大と長崎県、熊本医大」（「昭和五年度以降母の講座委嘱先一覧」）（文部省『昭和一一年度成人教育関係講座実施概要』一九三六年）。
（4）一九四二年一一月に文部省の戦時体制下の機構改革により廃止される（伊ヶ崎暁生・松島栄一編『日本教育史年表』三省堂、一九九〇年　一二四頁）。

（5）生年一八八二年。一九一〇年に東京女子高等師範学校講師として「児童心理学」を担当。一九一七年同校教授として付属幼稚園主事を兼務した（「倉橋惣三年譜」四六八頁、四七〇頁、森上史朗『子どもに生きた人・倉橋惣三――その生涯・思想・保育・教育』フレーベル館、一九九三年）。
（6）文部省『昭和一五年社会教育の施設概要』一九四〇年、一七頁による。
（7）「家庭教育施設・家庭教育沿革」文部省『昭和一五年成人教育課所管施設概要』一九四〇年、八八頁。
（8）この年二つの女子高等師範学校以外に金沢医大と岡山医大で「母の講座」が開催されている（前掲（3）、文部省「昭和五年以降母の講座委嘱先一覧」）。
（9）なお、このころ倉橋は、一九二八年から「昭和天皇皇后」の進講役を務め、同年に「乳幼児精神発達」を、一九三四年～三六年にかけては「児童教育問題」を連続して進講。三六年には主著『育ての心』刀江書院、を出版。一九三七年～四〇年にかけて皇太子の「お遊び相手」として東宮御所や那須御用邸に「出仕」。前掲（5）「倉橋惣三年譜」四七三～四七四頁。
（10）文部省社会教育局編『成人教育の実際と理論』寶文館、一九三〇年、三七二～三七九頁。
（11）『社会教育講習会講義録』第一巻所収、義済會、一九三七年。
（12）同右　一五頁。
（13）同右　二九頁。
（14）小尾範治「成人教育概説」前掲『成人教育の実際と理論』四七頁。
（15）拙稿「戦時体制移行期における母親像の変容」では、国民統合の推進過程の検討でこの考え方に触れた。それは一九三〇年代半ば以降、アジア太平洋戦争期の「新良妻賢母主義」の考え方に受け継がれていくもので、大日本婦人連合会理事堀口きみ子を初めとして、東京女子医専校長吉岡弥生らによって説かれたその主張は、これまでの「良妻賢母主義」から脱皮して、婦人も国家的、社会的自覚をもたなければならないと主張されたのだった。
（16）「母の教育の実際」『社会教育講習会講義録』三八〇～三九四頁。
（17）同右　三九四頁。
（18）同右　三九五頁。
（19）依田精一「日本ファシズムと家族制度」『思想の科学』七巻一四号・一九八二年。佐々木淳之介編『家族と国家』

吉川弘文館、二〇〇二年所収、一四六～一七五頁。
(20) 前掲書「母の教育の実際」三九五頁。
(21) 奈良女子大学図書館蔵「校史関係史料目録」二四（成人教育・社会教育（以下、「目録」と略記）14「大正一四年度成年婦人講座書類」一一頁。
(22) 大正一四年四月九日付で「文部省小尾範治」署名の講座開催委嘱状あり（同右 一〇頁）。
(23) 東京女高師の「母の講座」に関しては、「銃後婦人へ、母の講座東京女高師での見出しと、開催期間一九三七年一一月五日～一九三八年一月一〇日の記録（『教育週報』第六五一号 一九三七年一一月）が最後である。千野陽一「前掲書」ではこの講座題目を並べ、日中戦争開始で講習科目も戦時色が濃厚になっていると述べている。
(24) 一九三九年、文部省は道府県で指導の任に当たる者を対象に、女子部と男子部とに分けて、家庭教育指導者講習会の宿泊研修を行っている（「成人教育課所管施設概要」九〇頁）。
(25)「施設概観」一七～一八頁。
(26)「目録」14「大正一四年成年婦人講座書類」一二頁。
(27)「目録」16「大正一五年成人教育講座書類」八頁。
(28) 文部省昭和二年度、昭和三年度、昭和四年度「成人教育講座実施概要」応募九二名・一一五名・一三三名と増加。
(29)「目録」16「大正一五年成人教育講座書類」一～二頁。
(30) 一九二六年「一公民科イ親子・親族・戸籍・相続、ロ思想問題ノ概要及批判、ハ数学科・実用数学」（「目録」19「昭和三年成人教育講習書類」三～四頁）、一九二七年「一、法制雑話・二、電気学・三、支那事情」（「目録」20「昭和四年成人教育講座書類」九～一一頁）。
(31)「目録」26「昭和六年成人教育講座書類」八頁。
(32)「目録」25「昭和五年成人教育講座書類」五頁。
(33)「目録」26「昭和六年成人教育講座書類」九頁 同年七月一日に文部省内に学生思想問題委員会が設置されている。
(34) 一九三一年の東京女高師「母の講座」講義題目は、「我が子の特性教育」下田次郎、「我が子の思想教育」倉橋惣三、「我が子の科学教育」堀七藏、「我が子の趣味教育」菅原敬造の四科目で、二六三人が受講（文部省『昭和六年度成人教育・母の講座・労務者教育実施概要』）一九三二年、一四三～一四四頁。

（35）一九三一年八月二三日、文部省は危険思想根絶・日本精神文化闡明《せんめい》のため、国民精神文化研究所を設置した（『日本教育史年表』一三〇頁）。
（36）「目録」26「昭和六年成人教育講座書類」五頁。
（37）『昭和六年度実施概要』一九三一年、一四四頁。
（38）教学局企画部長阿原謙蔵「学生思想問題」内閣情報部『思想戦講習会講義速記』第三貼一九三八年、二三九頁。
（39）同右　二四二頁〜二四四頁。
（40）国防婦人会による勤労婦人の組織化進展で「当局による婦人層把握の対象は急速に拡大し、あとは、自由主義的傾向をもつ都市中産婦人層――都市インテリ婦人層をのこすだけになってきた」（千野「前掲書」二九八頁）。
（41）「女性が育児に専念することをよしとする考え方は、〝良妻賢母思想とつながって、中産階級に浸透していった」（『女性学事典』岩波書店、二〇〇二年、四三七頁）、「消費・再生産の場へと純化している家庭にとっての主要な関心事は、子どもを生み育てることになっており、そこには専業主婦として子育てや子どもの教育に専念できる母親が存在していた」（小山静子『子どもたちの近代』吉川弘文館、二〇〇二年、一五九頁）。
（42）思想「転向」の動機としては「家庭愛に因るもの」が比較的多数」であり「転向するに至る根本は親子兄弟の愛情のためにする之は日本の家族制度の特徴」（荻野富士夫『思想検事』岩波新書、二〇〇〇年、六五頁、六六頁）。
（43）「目録」28「昭和七年成人教育母の講座書類」四頁。
（44）「目録」31「昭和八年母の講座書類」二頁。
（45）一九三四年「皇太子殿下御誕生に際し本邦児童及び母性に対する教化」の聖旨徹底を図る（文部省社会教育局『昭和一五年成人教育課所管施設概要』一九四〇年、九〇頁）。
（46）「目録」補5「昭和一一年母の講座に関する書類」二頁。
（47）「目録」39「昭和一二年母の講座書類」三頁。
（48）「目録」43「昭和一三年母の講座ニ関スル書類」九頁。
（49）一九三九年題目「日本精神の教養と家庭教育」要旨に「家庭の主婦たる者は堅い信念を有することを必要とする」「目録」46「昭和一四年成人教育講座」二頁。
（50）「目録」49「昭和一五年成人教育講座」一〜二頁。

(51) 同右　一〜二頁。
(52) 同右　一〜二頁。
(53) 「目録」50「昭和一六年成人教育講座」五頁。
(54) 同右　五頁。
(55) 「目録」49「昭和一五年成人教育講座」三〜一三頁。
(56) 同右　一三頁。
(57) 「目録」50「昭和一六年成人教育母の講座」一二頁。
(58) 「目録」53「昭和一七年母の講座関係書類」一頁。
(59) 「目録」49「昭和一五年成人教育講座」三〜一三頁。
(60) 「目録」31「昭和八年母の講座書類」五頁。
(61) 一九三三年の八月六日から九月一日には大阪中央放送局が、倉橋を含めた五人の講師の「両親再教育」講座を放送している（大阪中央放送局編『両親教育』一九三三年）。
(62) 日本のラジオ放送は一九二五年に開始され、三年後には受信契約が五〇万を突破する勢いで都市部の家庭を中心に普及していった。一九三八年の「母の講座」聴講者募集要項には「ラジオヲ以テ放送御誘ヲナセリ」とある（日本放送協会『放送五〇年史』資料編、「校史目録」43「昭和一三年母ノ講座ニ関スル書類」五頁）。
(63) 一九三七年八月二四日ニ閣議決定された「國民精神総動員指導方針・実施要綱」の実施方法に「ラヂオの利用を図る」が明記されている。（『日本婦人問題資料集成』第八巻思潮上、ドメス出版、一九七六年、六三八頁）。
(64) 「目録」50「昭和一六年成人教育講座」一〜六頁、「昭和一六年母の講座」一〇〜一三頁。
(65) 同右「母の講座」一二頁。
(66) 「目録」53「昭和一七年母の講座関係書類」一頁。
(67) 日田権一は奈良県国民精神総動員奈良県実行委員会委員に名を連ねている（文部省『道府県国民精神総動員実施状況』一九三九年、六〇六頁）。
(68) ①②③「校史目録」50「昭和一六年母の講座」一二頁、53「昭和一七年母の講座」一頁。
(69) 「『子寶』といふのがどうかすると自分の私有物観念になって、子供は国の寶だといふことを忘」れる（穂積重遠

『結婚訓』中央公論社、一九四一年、一八一〜一八二頁)。

(70)「家ニ於ケル子女ハ単ニ家ノ子女トシテノミナラズ実ニ皇国ノ後継トシテコレヲ育成スベキ所以ヲ自覚セシム」(文部省社会教育局『戦時家庭教育指導要項』家庭教育指導叢書第一輯、一九四二年、四頁)。

(71)『読売新聞』五六版 昭和一七年四月五日、二頁。

(72) 同年七月に愛護会が『九軍神とその母』を、九月には清閑寺建による『軍神を生んだ母』が刊行されている。

(73)「目録」14「大正一四年成年婦人講座書類」一四頁。

(74) たとえば「アジア太平洋戦争でもっとも多くの戦没者を出した地域はフィリピンである。(中略)六一万三六〇〇という大兵力の中の四九万八六〇〇、実に八一%の戦没者を出している」(藤原彰『餓死した英霊たち』青木書店、二〇〇一年、一〇三頁)等の指摘を参照。

(75)「目録」50「昭和一六年成人教育講座」七〜九頁。

(76)「日本においては、もともと「全体」における「個」の意識は(中略)薄弱だった」(依田「前掲書」一五二頁)。

(77)「日本人トシテ生ヲ享ケタルコトノ喜ビト矜トヲ体得セシメ以テ幼少ノ間ニ自ラ尽忠報国ノ信念ヲ固メシム」(文部省教育局『戦時家庭教育指導要項』一九四二年、六頁)。

(78) 小山静子『家庭の生成と女性の国民化』勁草書房、一九九九年、二一六〜二四七頁。

三　性別役割分担にみる戦時体制下の子育て
――文部省「母の講座」を中心として

はじめに

本稿の課題は、戦時体制下の国家政策と、昭和期の子育ての担い手の変化と抱えた問題を明らかにすることである。

子育てに関する最近の研究は、政府の人口政策や幼児虐待問題とも関連して出産と育児に関心が集中しており、人口学・幼児教育学・心理学・社会学などを中心にさまざまな研究成果が生まれている。一方、歴史分野でも女性性と出産・育児に関わる研究が進められつつあるが、まだ十分とはいい難く、児童福祉法の対象となる一八歳までを視野に入れた子育ての歴史的分析は、二〇〇六年現在、教育史分野でも僅少である。

今回、現代の子育て関係の文字資料にあたった結果、「子育て」という言葉自体が歴史的なものであることに気づかされた。書誌検索では、一九二二（大正一一）年に教育学者吉田熊次による『子供を良く育てる法』があるが、近代以後において一般的に用いられるのは一九七〇年代以降である。その間は科学的に乳幼児を育てる意味合いで「育児」が用いられており、七〇年代の人権思想の高まりを背景に、子を主体とした「子育て」の表現に変化してきたと思われる。今後、前近代を含めた検討が必要となろう。

その現代の子育ては、個々の家庭の経済状態と父母が育てられた時代のありようが色濃く反映されており[1]、家族史の一面をもつ一方、その家庭を取り巻く政治、社会の状況も反映して社会生活史的な側面ももっている。実際、現代の子育ての実態はあまりにも多様で捉えにくく、これまでの研究分析の多くが、出生率など母と子に関わる統計やアンケート調査を中心に用いてきた理由もここにあったといえる。近年ジェンダー視点[2]が加えられるなかで、父親の存在が注目されつつあるが[3]、その子育ての実態を歴史的に把握したものはいまだ皆無に近い。

そこで本稿では、一九三〇~六〇年代初頭の子育てを、家庭教育での父と母の関係を軸に、性別役割分担による矛盾と変化に着目しながらみていきたい。

1 「母の講座」にみる国家の子育ての論理

一九三〇(昭和五)年以降の子育ての歴史を検討するにあたって、まずはじめに、戦時体制下で国家が意図した子育ての論理の展開を、文部省主催の「母の講座」に関連した二本の拙稿論稿(一九九二年、二〇〇四年)を通してたどってみたい。

「母の講座」は、「満州事変」の前年にあたる一九三〇年に文部省の施策として開始された。その指針となったのは文部大臣訓令「家庭教育振興ニ関スル件」(資料2 一八九~一九〇頁参照)である。それは「今日動《やや》モスレバ放縦ニ流レ詭激《きげき》ニ傾カントスル風潮」の認識に立ち、「学校教育ノ勃興ト共ニ学校ニ一任シ家庭ハ其ノ責ニ典《よ》ラザルガ如キ情勢ヲ馴致《じゅんち》セリ[4]」と、家庭教育の担い手に警告を発していた。同年の「母の講座」開設主旨は、その家庭教育の担い手を「固《もと》より父母共に其の責に任ずべきものなり」（傍点筆者、以下同じ）と記して両親にその責任があることを明言している。[5] その根拠は、「我が国は古来より教化の中心を家庭に置き、良く祖宗を崇め、家を重ずるの美風を興し、父母躬ら家庭教育に力を致したので、麗しき家族制度と世界に比類なき忠孝一本の国風が顕現した（中略）[6]」との認識にあった。そのうえで、「満州事変」に向かう軍事戦略拡大を前に「教育の衝に方《あた》る母の教育の尚一層緊切なるもの在る」と、性別役割分担を確固たるものとして家庭教育の実質的担い手としての母の教育に本格的に乗り出したのである。それは、国家が母を教育することで、学校教育と結び子女への影響力拡大を図り、最終的には「皇民錬成」を掲げた国民学校との連携に繋げていくねらいがあった。

この母を重視した講座開設は、「現に母である人に母の教養を教育することこそ効果がある[7]」と考えていた社会教育官の東京女子高等師範学校教授倉橋惣三の提言によるものだった。第一回「母の講座」開催年の八月、すでに五年におよぶ婦人講座の経験をもつ奈良女子高等師範学校（以下、奈良女高師）の案内文は「古来『斯《こ》ノ母ニシテ斯ノ子アリ』トハ誰人モ言フ所デアリマシテ子ニ及ボス母ノ感化ノ如何ニ大ナルカ」と記して聴講者を募った。では、聴講対象者として想定された母はどのような人たちだったのか。

都市部の「母の講座」の受講者の多くは、自らを「我々家庭婦人・一般家庭婦人」と名乗る俸給生活者の妻たちで、高等女学校で良妻賢母教育を受けた人が七～九割を占め、当時思想局や教学局からは「国策に対する反応が鈍い」と評された新中間層に属していた。[8] その母たちに共通する特徴は、①我が子の教育に強い関心をもっていたこと。[9] ②家庭に在る我が身への評価を「我々家庭にのみ働く者・教育無き物《ママ》無意識な家庭生活を営む者」と記しており、自尊心が低いこと。[10] ③社会的緊張の増大を背景にして我が子の将来と家族のこれからの生活に漠然とした不安を抱いていたことである。[11]そのため、「母の講座」の聴講理由はまず「我が子のため」であるが、同時に女性たちが、時代の進展に遅れまいとして強い学習意欲を示していることに気づかされる。以後、文部省「母の講座」は、右の受講者意識と国家統合を目的とした開設者の意図との乖《かい》離《り》を、補正しつつ、国家目的への貢献を「生き甲斐」に繋がるものとして提示し、展開されていく。

この「母の講座」の委嘱先には、女高師（お茶の水・奈良）と帝国大学（北海道・東北・九州）の他に広島文理大学と医科大学（金沢・岡山・新潟・熊本・名古屋・長崎）が六校も含まれているのが特色である。[12]医科大学が含まれた背景には軍部の戦線拡大に伴う医師不足問題があった。そこで、小児看護など家庭でできる応急手当の知識普及と総力戦の員数確保を目的とする人的資源確保・乳幼児死亡率低下・国民体力増強など、家庭の協力を必要とする国家的緊急課題の徹底を図るための題目が導入された。

一九三〇年の第一回講座は「母の修養・児童の心理・家庭教育・育児・子どもの衣服・小児の栄養と病気[13]」と、子育ての実践的な題目に限定したため受講者から好評を得た。そこで文部省は、「満州事変」後の第二回講座以降は「思想問題の梗概とその批判」など、青少年の交友関係や読書指導も含めた「マルキシズム批判」など思想問題を取り上げて、国家の意図を鮮明に打ち出した講座を展開した。そのため、内容は一挙に青年期の子育てにまで広がっていった。[14]やがて、戦時色が強まるなかで一九三三年度の開設趣旨[15]は、家庭教育の担い手とその役割を大きく変化させた。

第一に、開設以来継続して記されていた「家庭教育は固より父母共に其の責に任ずべきものなり」の一文が記されず家庭教育から「父」が消えたこと。第二に、「家庭教育の根幹をなすものは一に母たるもの、人格的感化に在る」と、家庭教育における母の責任が強められたこと。第三に、「家庭の風格は社会の風教に反映し、子女生涯の性行を支配するものなり」と、家庭教育が社会的にも影響を与え且つ子どもの生涯までも決定すると強調されたこと。第四に、「円満なる母性の涵養《かんよう》」が期待されたことで、この母性は、後に「真実の児童観」として説かれる国家の子育ての論理の中核に組み込まれていく。子を産み育てること自体が国家に統合されていく兆しをここにみることができる。このように家庭教育の担い手から「父」を外し「一に母」とした一九三三年は、講座題目に「日本精神ニツイテ」が出現したことと相まって、「母の講座」の転換点といえるだろう。

次いで翌年の開設趣旨は、子育て中の母の責任をいっそう強めて「一家教育の要務に衝《あた》る母の品性の向上を図り的確なる識見を養ひ以て円満なる母性の発達と堅実なる家庭を樹立するを以て本旨」[16]と述べ、母に家庭教育の全責任を担わせ、さらに「堅実なる家庭を樹立」するものとして位置づけた。将来、「父」不在の家庭経営の責任をもつことが期待されていたのである。さらに、文部省の『昭和十年度母の講座実施概要』に掲載された沿革では、近年「稍《やや》もすれば、我が国家族制度の長所美点を忘れ往々にして国民生活上忌むべき事象を発見するは甚だ遺憾とする所」と、一九三四〜三五年の都市新中間層家庭の消費志向や家族の動向の変化に警鐘を鳴らしつつ、「国民斉《ひと》しく家庭の重要なる教育性に目ざめ家庭生活の拡充を期」すべきとした[17]。ここで国家は「家」制度をイデオロギーとして掲げつつも、総力戦遂行には新体制の確立を緊急課題としており、文部省はそれを「家庭生活の拡充」と表現したのである。そして、「家庭生活の拡充は一家の中心となる戸主並びに主婦の自覚に俟《ま》たなければならない」と、家庭教育の要を担う母を「戸主」と同等に並べ、責任の重い「主婦」としての「自覚」を求めたのだった[18]。

後述する「両親教育」が『主婦之友』に連載されるのは、この一九三五年からである。俸給生活者家庭での性別役割分担を説く児玉九十が、子育ての実際の担い手である母に「家庭内に関する限りは、奥様が一家の指導者」と、「主婦」としての自覚を求めたが、国家が「家庭生活の拡充」で母に求めた「主婦」としての自覚は、児玉が述べた「家庭内」の枠を越えるものを意図していたことに注目しておきたい。一九三七年に始まった日中戦争以降の「母の講座」では、統一した子育ての目標を前面に掲げて「家庭生活の拡充」を具体化していく。

　やがて、日中全面戦争が展開した翌年となる一九三八年になると、「銃後の婦人たる方々は、益々一家の家政を経済的に掌理《しょうり》して国富を蓄積し、健全なる子女を教養して、忠良なる国民の後継者たらしめることに努め[19]」なければならないと記され、「銃後の婦人」に一家の家計運営能力と、我が子を「忠良なる国民」として育てることを強く求めた。この国家が掲げた子育ての目標は、次に述べる「真実の児童観」の前提となるもので、国民学校の指導統制下におかれた母と子は太平洋戦争開戦以降、さらなる国家への奉仕を求められていく。そこにこそ「家庭の拡充」の狙いがあったといえる。では、国家が求めた子育ての論理は如何なるものであったか、それを一九四二～四三年に開催された「母の講座」にみていきたい。

　第二期「母の講座」は、真珠湾攻撃後の一九四二（昭和一七）年一月に奈良女高師を会場として開催され、「真実の児童観」が提示された。それは、同校校長日田権一による「日本の家の精神と銃後の家生活」の講義と同校教授西田與四郎の「時局講話」の後を受けて、同校教授武田一郎によって「国民学校の教育と家庭教育」で説かれたものである[20]。まず日田が、「皇国日本」は共通祖先で構成され、家族制度の「家」を基礎にしていると述べ、その皇国と「家」を繋ぐ。次に「家」の精神を述べて、「家」生活で必要な「主婦の責務」を説き「主婦」を「銃後の家」の守り役として位置づけ、その役割の重要性を強調して「主婦の力は国の力」、「主婦の力は国の底力」と表現した。次に西田が、「大東亜戦争」の目的と戦争の正当性を示して、「大東亜共栄圏」の確立のためには「銃後の母の覚悟」が必要と述べた。それを受けた武田が、「皇民錬成」を図る「国民学校」と以前の小学校の違いを示し、母の役割は、「国民学校」と相互協力して立派な「皇国民」を育てることで[21]、その使命を担って子を産み育むことこそ「母性愛」であると述べ、その子育ては、我が子を「家」の「子寶」として観る立場ではなく、「皇国日本」の「大御寶」として観る立場に立たなければならない、それが「真実の児童観」であると説いた。

右の国家の子育ての論理は、家庭教育の一方の担い手である父を徴兵・徴用で母子から切り離し、もう一方その母に銃後の家庭の責務を戸主に代わる「主婦」として担わせるとともに、「忠良なる国民」の育成という統一した子育ての目標を提示した。それは、母が産み育てた子の生命を「大御寶」として「皇国」のために差し出させることを目的としていた[22]。「母の講座」はその状況に耐えうる母を育成することへと帰結していったといえる。一九四二年に奈良女高師が、大阪の天理高等女学校で開催した「母の講座」では、時局講話のしめくくりに「銃後の母の覚悟」が説かれたのだった。

2　『両親教育』にみる子育ての担い手

ところで、現実の家庭生活や育児の場では、前章でみた国家の子育ての論理がそのまま受容されるものではない。ここでは戦時期の俸給生活者の家庭を中心に幅広く読まれた民間家庭教育書『両親教育』を手がかりに、都市の新中間層家庭における子育てと、その担い手のあり方についてみていきたい。

一九三二（昭和七）年八月六日から九月一日にかけて、大阪中央放送局が、東京女高師の倉橋惣三による「両親再教育」講座を放送し、子育てに悩む母親たちに評判をよんだ。その四年後の一九三六年一一月、主婦之友社から『両親教育』が出版されている。著者は明星学苑《めいせいがくえん》を創立した児玉九十《こだまくじゅう》（一八八八〜一九八九年）である。この『両親教育』は、当時発行部数一〇〇万を超える『主婦之友』誌上に前年から連載されていたもので、出版されると一九三六年から四〇年にかけて一六版を重ね[23]、誌上連載も「続両親教育」としてつづけられていた。それをまとめたものが『教育者としての母——続両親教育』（以下、『続両親教育』と略記[24]）で、一九三九年二月に刊行され、これもまた翌年五月には一五版を数えている。前者では、家庭教育をめぐる父母の関係を含めた論が展開されているが、後者は、日中戦争以降の戦時体制が進行し、既婚男性の召集も増加するなかで書かれており、父の「名誉の戦死」も想定し「子供の教育は母独りの責任」として実践的項目が並べられている[25]。ここでは前者を軸に担い手である父母の位置づけに関わる変化を追うこととする。

『両親教育』初版本の巻末で、著者は当時の社会状況を「左傾思想が幾分下火になったかと思ふ端から、今度は右傾思想の跳梁《ちょうりょう》となり、労働問題、農村問題、何れも解決に至らず」と捉え[26]つつ、「とにかく我々は、この愛する日本帝国を美しい国に作り上げなければなりません」と現実を回避した言葉をならべている[27]。そのうえで「次代を担ふべき少年少女は、先づ独創心と自発心を養成することが急務」で、「次の国民を養育する直接の責任者たる親御様方」は、「一人残らず有用な人物たらんことを希ひつつ家庭教育に当たつて頂きたい[28]」と締めくくっている。これだけみれば「全国民の総動員を必要[29]」とする戦時国家の国策に沿った家庭教育論であり、『主婦之友』誌上で母親たちの支持を得た理由がそこにあったとは言いがたい。では本書が支持された理由は何か。

以下、目次に沿って項目を通してみると「親の有り難さを知らぬ子供・家庭で何を教えたらよいか・実行力のある人間を作れ・自ら工夫する習慣を養え・我が子を成功させる道・子供はなぜ親の思通りにならぬか・何のために子供を学校へ入れるか・子供はなぜ親から離反するか・失意の我が子を如何に導くべきか・人に好かれる人間を作れ・思春期の子供を如何に導くべきか・子供の叱《しか》り方と褒め方・意志の強い子を作れ・休暇中の子供を如何に導くべきか・愛児に経済教育を施す方法・異性に就いての正しい教育法・片親の子供は何《ど》う育てたらよいか・これからの日本では何《ど》んな人物が役に立つか」とある。

以上の項目とその内容から明らかになるのは、まず第一に、当時の都市型家族の子育ての担い手が抱えていた不安や悩みを配列し、簡潔に説かれていることである。[30] 第二に、「学問がなくても我が子に対する至誠（まごころ）」をもってすれば、立派な先生になることができると母を励ましていること。第三に、「恐るべき危険思想は、手の教育を忘れて、頭の教育に走りすぎた時必然的に起こつてきたものである」[31] と、治安維持法下の思想弾圧に我が子が巻き込まれることを恐れている親たちの不安を煽《あお》り、両親に家庭教育への関心を促していたこと。第四に、「男尊女卑の弊風」に対して「互尊互敬」の「男女対等論」を提示し、子育てを夫婦の問題として捉えて、女性の立場に一定の理解を示した叙述がみられることである。これは、「家」重視の良妻賢母教育を受けた女性たちには新鮮なものであり、広く読者の共感を得た理由もそこにあると思われる。ちなみに本書には「天地開闢《かいびゃく》以来の日本人の道徳」という表現はあるが、「家族制度・家・良妻賢母」の記述はみられない。では父母の子育てのあり方はどう記されているか。

まず、「異性に就いての正しい教育法」で児玉は、「異性に対する正しい教育の主眼は、男尊女卑の弊風を根本的に建て直すこと」で、それには「男女が、お互いに尊敬し合ふ、互尊互敬の精神を根本」とすることが必要という。[32]日常生活で「父が先に立って母を軽んじたら、どうしてその子が、母を尊敬することができませう。母を尊敬しない子供が立派な人間になれる道理はない」と、家庭での父母の関係を子の躾と関連させて捉え、その見直しを求めている。

さらに「思春期の子供を如何に導くべきか」では性道徳も含め家庭における「男尊女卑の弊風」の原因として①「婦道ばかりがやかましく説かれてゐて、夫道は殆ど説かれてゐない」こと、②「日本の男子は、中学をでても、大学を出ても、良人たるの道は何も教えられてゐない」ことの二点をあげて、「我が愛児へ、悪良人学の見本を実演してみせてゐる」と、父親の反省を求めている。[33]この「互尊互敬」を説く児玉の姿勢は、家庭像に新しい変化を求めていた女性読者の支持を受けた。それは、都市部に増加しつつあった俸給生活者の家庭生活[34]を背景に、主婦と呼ばれた女性たちの自意識や我が子の教育への関心とその将来に漂う不安の高まりとも合致し、読者の心をつかんだと思われる。それは先に述べた文部省「母の講座」の受講者の想いにも重なるものであった。

だが、児玉の「男尊女卑の弊風」に対する「互尊互敬」の考え方は、「天地開闢以来の日本人の道徳」と一体化していく。すなわち、「男尊女卑」は「支那文化の影響」と捉えて、「日本人本来の考へではありません」と、「西洋流」の「女尊男卑」とともに排斥したうえで、「夫唱婦和の夫婦道は天地開闢以来の日本人の道徳」と「夫唱婦和」を提唱するにいたる。[35]つまり「互尊互敬」の「男女対等論」は、「我々の先祖」の文化と「日本人の道徳」に帰結されていくのである。

そのうえで児玉は、右の「日本人の道徳」を守るためには「良人には良人としての修養が要り、妻には妻の修養が要る」と、家庭での「互尊互敬」に基づく男女の役割について、「妻は良人と共に進め〝良人は妻の手を曳いて進め〟、足弱な妻をおいてきぼりにして、良人だけが、ドシドシ先に進んで行ってしまうのは、まことに不人情」で、「学問の貼《てん》では、良人に遥かに及ばずとも、（中略）家庭内に関する限りは、奥様が一家の指導者となって、御主人もまたこれに従ふようになつてこそ、初めて家庭に平和がある」と述べる。[36]この夫と妻の関係は、妻は夫に導かれるもの、すなわち庇護し庇護されるという関係であって対等な関係ではない。ここに児玉が説く「互尊互敬」による「男女対等論」の矛盾と限界がみえる。彼が『両親教育』で提示した父母の関係は、子どもの養育のために「互尊互敬」による「家庭平和」を維持することであったのだ。[37]

以上のように児玉の子育て論の特徴は、家庭教育の管理者である父が母を庇護尊重し、子どもの養育の実際をその母に委ねることであって、父自らが日常生活全般で子育てに関わるものではない。にもかかわらず女性読者が「互尊互敬」に共感をもって購読したところに、当時の女性たちの閉塞感の一端をみることができよう。彼女たちの多くは「家」制度のもとで個の尊厳を奪われ、妻・母として生きることのみ求められていたのであった。

さらに、戦時体制遂行の最中に書かれた『続両親教育』では、「良人は外で働き、家庭の運営に於いては主婦が中心になるのが最も適切便利」と、「便利」の表現を用いて性別による父母の役割分担を理にかなって都合がよいと断定していく。[38]これによって児玉の「互尊互敬」に基づく性別役割分担は、国家が「母の講座」を通して求めた戦時体制遂行下の性別役割分担と歩を合わせることになる。銃後の母に家庭教育の目標を提示し、家庭運営の責任を託したことは、結果として母たちに生き甲斐を感じさせることにもなったのである。

ところで、これまでみてきた俸給生活者家庭の子育て中の夫婦にとって最大の危機は、伴侶を失うことである。「片親の子供は何《ど》う育てたらよいか」では、父の場合と、母の場合とで、子の養育への対応の違いをみせる。そこでも児玉の「互尊互敬」の「男女対等論」は性別役割分担の子育て論としての限界を明らかにすることになる。以下にその違いをみたい。

まず、一家を支える経済力を一身で担うのは当然とされていた父の場合、①働かなければならないから、家庭教育に専心することはできず、②生活の心配がないとしても行き届かぬ点が多いとし、「母なき家庭、主婦なき家庭は、もはや家庭とは申されない」とされる。これは、性別役割分担による家庭の崩壊であると捉える。そこで、事態解決のためには、主婦と母との二つの役割を担う女性を新たに得て「家庭再建」が必要と、「お子様のための再婚」を勧める。[39]

では、母の場合はどうか。まず、①父母の働きを一身でする場合と、②もっぱら家政や家庭教育に専心できる場合との二つの場合が考えられている。それまで経済的自立を否定されて、父よりも遥かに悪い条件で働きながら子育てをする母に、母の留守中子どもは「しっかりした方に託すこと」と記されるだけである。母が存在すれば家庭は成り立つと考える児玉は、その母に新たな家庭の再建を勧めることはない。家庭運営と子育ての全責任を背負う母に求めたものは「母性愛の力」[40]で困難を乗り切ることであった。

以上、児玉が一九三五〜三六年に『両親教育』で画いた母子家庭像は、文部省主催の「母の講座」で求められた銃後の母子像と重なり、一九三八年四月の国家総動員法成立以降一致する時を迎える。一九三九年刊の『続両親教育』は、戦時の子育てに対応した家庭教育書で、①俸給生活者の父母たちが子育てに求めていた独立独行の人間形成に寄り添って、②出征兵士を持つ家庭や父の「名誉の戦死」も想定し、③家庭内に相談相手をもたない母たちが遭遇する実践的項目を提示した。児玉はそれを「錬成による人物教育の充実徹底(41)」と称して「子供の虚栄心、嫉妬心の矯正・礼儀作法・早熟の子の導き方・友達の問題・不良化防止・謙虚・競争心・喧嘩・体位向上・生《な》さぬ仲の子供・意志薄弱・神経衰弱・公徳心・素直な子・忍耐強い子・利己心・同情心・乱暴な子と穏和し過ぎる子」などにまとめ、軍人親子の話も挿入して「立派な人物」の育成を助言した。

そこで児玉が重視したのは、忍耐心をもち、中庸・穏和で素直な人間に育てることである(42)。そのうえで彼は子供を「第二の日本国民」として「立派に」育て上げることを母たちに説いた(43)。戦時期に俸給生活者の家庭のために書かれた多くの読者を得ていた民間の家庭教育書が、「母の講座」でみた国家の統合の論理のもとに見事に包摂されていくさまをみることができよう。一九四一年、児玉九十は大政翼賛会中央協力会議議員になり、一九四三年には全国私立学校恩給財団理事長となっている。

3 敗戦後の子育て実態
――『未亡人世帯実態調査』にみる母と子

これまで戦時体制下の新中間層の子育ての動向をみてきたが、敗戦後、その状況は大きく変化した。とくに戦争・戦災・病気・事故によって働き手である父を失った俸給生活者の家族は、いかにして明日からの生活を成り立たせていくかという新たな課題に直面せざるを得なかった。ここでは戦後間もない時期の子育ての状況を、「母の講座」が展開されていた大阪での母子家庭の実態調査にみていきたい。

一九四六（昭和二一）年七月から翌年三月にいたるまでの帝国議会衆議院では、敗戦後の社会状態に関わって子どもたちが置かれている現状報告を踏まえ、活発な討議が行われていた。その内容をみると、浮浪児・戦災孤児・引き揚げ孤児・乳児栄養不良・餓死・親子心中など、子どもに関わる生活問題が議事として頻繁に取り上げられ、「戦災地と非戦災地とを問わず、児童の問題の状況は変わりはない(44)」と各地の現場を視察してきた議員が共通して認識していたことは注目されよう。

それらの問題の一つとして性別役割分担の矛盾を一身に背負った母子家庭の状況を『社会事業調査資料Ⅰ・未亡人世帯調査』によってみることにする。(45)この調査は、一九四八年一二月に実施された。調査対象地域は大阪市郊外の住宅地で東住吉区内の二つの小学校区域である。それは先の「母の講座」聴講者の居住地域とも重なる地域でもある。

調査対象者としては、一万七九五三世帯のなかから「二五歳～四五歳以下の者」という規準を満たした「未亡人」三三七人を抽出している。そのうち、戦争によって夫を失った「未亡人」は一三三人で全体の四割を占めた。(46)その「戦争未亡人」の年齢層は三〇～三九歳が七割近くを占めるのに対し、病気・事故による「普通未亡人」の年齢層は四〇～四五歳が五割余りと、両者の年齢層に明確な違いがみられる。とくに、「戦争未亡人」では乳幼児や学齢期の子どもを抱えた世帯が多く、不安定な生活を強いられた母子世帯の子育てが、社会的にも重要な問題になっていたことがうかがわれる。

「未亡人」全体の内訳は、三三七人中の三一二人が世帯主で、抱えた家族員数は「一人～四人」二五七人、「五人～七人」二九人で、一人平均二人余の家族を抱えていたことになる。(47)その彼女たちの学歴は、中退者も含めると約五割が女学校以上の学歴で、当時の女性としては高学歴の者が多い。(48)それは大阪市郊外の住宅地の特徴で、亡夫の職業も「官公吏・教員・事務員・店員」など俸給生活者だった者が一四三人で、全体の四・二割を占めていたことでも裏づけられる。この報告書は、「亡夫が俸給、賃金生活者であった場合は、未亡人のほとんどは働く職業を求めて生活戦線にたちむかわねばならなかった[49]」と記し、前章の『両親教育』でみた性別役割分担に基づく家庭の妻が、稼得労働の担い手である夫を失ったときの妻子の生活の厳しさを裏書きしている。子どもを抱えた妻にとって、自ら働いて生活を支えることは不可避であった。その状況は、これまで父一人が担っていた部分も母が担うことになり、生きにくさを抱えつつも、生きるために性別役割分担の壁を乗り越える新しい変化を生みだしていたとみることもできる。では、子どもを抱えた「未亡人」家庭の実態はどのようなものであったのか。

調査対象三三七人の「未亡人」のうち、子をもつ者が二九一人で、子どもの総数は七一〇人である。その四人に一人（二・四割）が学齢前の子を抱えていた。公的保育所や託児所などの施設が身近になかった当時の母たちにとって、①乳幼児がいる場合は外で働けない、②学齢期の子がいると家計に占める教育費の負担が大きい、という二つの問題を抱えていた。とくに、子どもの教育に熱心な中間層の俸給生活者の暮らしを営んでいた妻たちにとって、我が子に十分な教育を受けさせられない状態は不本意だったに違いない[50]。この母たちが、子との生活を維持するために差し迫って必要だったことは、①住居の確保と②生活費の確保であった。

まず、①の住居については「持家」はわずか一割で、全体の五・二割を占めたのが「一軒家の借家」住まいであった。公的保護を受けた者は一割にも満たず、住居の確保が容易なものではなかった実態がみえよう[51]。

次に②の生活費の確保をみると、「未亡人」三三七人のうち職業に就いたのは二七五人（八・二割）である。職業を人数順からみると「家庭内職」が八六人でもっとも多い。次いで「商店経営・事務員・店員・家政婦・雑役婦・家事使用人・工員・官公吏・接客婦・教員・自由業・露天商・物品取次業・社会施設従業員」となる。[52]「家庭内職」が多い理由は、①子育て中の母が求職しても職が得にくいこと、②託児所・保育所など利用できる施設が少なかったことのほかに、「子どもは母がみるもの」の意識が強かったことなどが推測される。そこで、子どもの養育状況をみると、子をもつ母のうち「一緒におります」が二六四人（七・八割）で、この数値は、持家や一軒家の借家など住居の安定度に対応している。一方、「ひるまだけ保育所、託児所に預けております」と回答した母は四人だけである。それに対し、「子供は他に預けております」八人、「子供は他にやってしまいました」五人、「一緒にいる子と、他に預けている子と、やってしまった子とがいます」一〇人と、母親から切り離されざるを得なくなってしまった子の実態もみられ、[53]背後に①安定した住居がない、②住居が狭い、③子供の数が多い、④収入が少ない、などの厳しい生活状況がうかがわれる。ちなみに、家計の収支状況はプラスは二八世帯、ゼロは二〇二世帯（全体の六割）で、マイナスは八六世帯、不明が二〇世帯である。このうち七〇世帯は赤字を積み重ねて将来借金で身動きできない状況が予測され、緊急に公的な支援を必要としていた。児玉が説いた抽象的な「母性愛の力」では展望が見出せない母子家庭の、脆弱《ぜいじゃく》な実態がみてとれよう。

4　高度経済成長期の子育て
——『児童福祉白書』にみる家庭と子育て

右に戦時期および敗戦直後の子育てとその担い手についてみてきたが、それは、戦後復興とともに大きく変容していく。以下、戦後復興を経た時期における子育てをめぐる状況を、『児童福祉白書』[54]（以下、『白書』と略す）を手がかりにみていきたい。

高度経済成長期に入った日本の児童福祉の実態について『白書』は、一九六二（昭和三七）年秋の国際児童福祉連合総会に参加した日本の児童福祉団体代表の帰国報告に基づいて、「最近における児童の非行事犯・情緒障害や神経症・自殺その他による死傷の激増・婦人労働の進出傾向に伴う保育努力の欠如・母性愛の喪失・年間一七〇～一八〇万件と推計される人工妊娠中絶・精薄児・心身障害児や奇形児の増加現象からみて、わが国の児童は、いまや天国は愚か危機的段階におかれている」との認識を示していた。なかでも、①「経済成長」が結果として児童の福祉を「阻害しつつある」こと、②従来の施策が「心理学的、個別的観点に（中略）片より過ぎ」て、児童をとりまいている家庭とか社会環境に対する配慮が乏しく、児童をもつ家庭に対する施策が欠如していたことを「まさに由々しい問題の提起」と捉えていた。[55]では、政府の子どもをもつ家庭への施策は、どのように進められようとしていたのか。

政府はその現状を、「初期資本制社会における典型的な家庭像」は「第二次大戦以後に急激に崩れ去り、現在は新らたなる家庭像の再建途上にある」と認識したうえで、「新しい時代の児童観と家庭づくりに対応し、過去の家族制度の再検討から、新家庭制度の土台を社会的に保障する施策を強力に推進」しようとするものであった[56]。そのため政府は、戦後の家庭の変容に対応する形で、児童問題研究所の創設や、全国的な家庭児童の調査など「行政の科学化」を進めていった。また、それと並行して新婚家庭対策、妊娠中毒症対策強化、三歳児に対する精密検査、心身障害児対策、国立子どもの国や児童館・母子休養ホームの新設などの施策を実施していく。その特徴は、児童福祉だけでなく「母性政策」を含めて実施していたことにある[57]。『白書』はこれらを「背後の家庭や地域社会」を捉えた施策で「児童対策の輝かしい夜明けを感じさせる[58]」ものと評価している。とくに「母性政策」については「これまでの母性の多くは、自らの子どもの育成に社会人として教育訓練する心構えが欠けていたことは否めない」と指摘して、家庭の子育てを政府の児童福祉施策に結びつける方向を示していった。

それは一方で、高度経済成長に伴う共働き夫婦の保育所つくり運動や、人権意識の高まりによるさまざまな障害をもつ子どもの養育を保障する運動と結び[59]ながら、戦後の新しい子育て施策を生み出す可能性を含んでいた。しかし、実際に政府が進めた子育ての施策は、多くの問題点をもつもので、それは、厚生省の戦後家族の変容と、子どもの養育についての誤った認識に基づいていた。その認識は、戦後の家族および子の養育状況を「新民法によって外部的に強制的にしかも急激に夫婦中心という近代合理的個人主義的方向に変わったためにここに家族解体という一種の社会病理現象が起」こり、「児童の幸福を左右するいろいろな問題が起つた[60]」と捉え、「戦争後は、大家族から小家族にかわり同一家族内で児童をみられるおとなが、ほとんどいないという傾向」や「夫婦共稼ぎ、しうととの別居、家事使用人の不足など」を、「保育の欠如」とみなしていた[61]。すなわち「日本国憲法」で両性の平等が宣言され、「新民法」によって不十分ながらも「家」

制度が否定されて、新たな家族形態を模索しつつあった戦後家族の状況は、「家族解体」や「病理現象」として把握されていたのである。

こうした政府の認識は、戦後まもなく性別役割分担論の枠を崩しつつあった母子家庭や共働き家庭の子育ての現状を直視することを阻むことになった。そのため、子どもの養育を社会的に支える施策の充実を困難にし、子育てに対する母の責任を強調する傾向を強めたといえよう。

その後、一九五〇年代を通じ、働く女性の増加に伴って、子育ての状況も大きく変化した。だが、厚生省の施策では、育児に対する責任を母性に結びつけ、社会的な保育の充実や父と母の平等な関係を実体化させる姿勢はみられないままであった。それは、一九五五年の経済審議会雇用部会の「婦人よ、家庭に帰れ」の提言に示されるように、企業社会に対応した新たな性別役割分担論として装いを整えてゆく過程でもあった。[62]同時に、母性に「自らの子どもの育成」の責任を結びつける政府の姿勢は、「次代の担い手である児童の育成」を強調し、「新しい日本人意識を培養」することを求めるものへと変化していったのである。[63]ここに、形を替えて家庭やその子育てを、企業の利益や国家の「人づくり」[64]に結びつける論理が新たに形成されていくのをみることができよう。

おわりに

本稿の課題は、家庭教育での父と母の関係を軸に、性別役割分担による子育ての変化と矛盾をみることだった。「母の講座」では、その展開過程を通して国家の子育ての論理をみた。それは、準戦時体制過程で家庭教育の担い手である父母の位置づけを変え、戦時体制下では「家」イデオロギー[65]で補完しながら、父を徴兵・徴用で家庭から切り離し、銃後の母に「戸主」不在の「家」の「主婦」として家庭教育と家庭生活の全責任を背負わせていく。[66]その母に国家は「忠良なる国民」の育成を提示し、育てた子の生命を国家に捧げさせる論理を「真実の児童観」で示した。一方、民間の家庭教育書『両親教育』にみた俸給生活者家庭の子育ての目標は「独立独行の人格形成」であったが、それは戦時体制遂行過程で国にも役立つ立派な国民の形成と把握されて、しだいに国家の統合の論理に包摂されていく。その父と母の関係は「互尊互敬」による役割分担と説かれたが、その性別役割分担は、戦時体制下で稼得者が存在するかぎりにおいて「適切便利」と表現されたのだった。

次にこの俸給生活者家庭の危機の実態を敗戦後一年目の母子家庭調査にみた。そこでは困難を抱えながらも性別役割分担の壁を乗り越える可能性もみられたが、母子家庭に共通の脆弱な実態は、核家族の子育てにとって社会的な支援が絶対必要条件であることを示唆していた。だが、政府は戦後の家族に現れた変化[67]を新しい家族像として積極的には捉えなかった。そのため母子家庭を社会的に支える施策の充実はなされないまま、企業の「婦人よ、家庭に帰れ」と結び、労働時間延長や労働内容の過重により父を家庭から切り離し、母の養育の責任を改めて強調した。新たな装いで高度経済成長期の性別役割分担の維持を図ろうとしたのである。

（二〇〇七年）

注

（1）『家族』（上下 朝日ソノラマ、一九八八年）。岩村暢子『現代家族の誕生』勁草書房、二〇〇五年。

（2）比較家族史学会監修、田端安子・上野千鶴子・服藤早苗編『ジェンダーと女性』（早稲田大学出版部、一九九七年）。落合恵美子『近代家族とフェミニズム』勁草書房、一九八九年。

（3）渡辺秀樹他編「現代家族の構造と変容」東京大学出版会、二〇〇四年。父親の視点がある。

（4）文部省社会教育局『成人教育課所管施設概要』一九三〇年、八八～八九頁。なお、「放縦」「詭激《きげき》」などの表現は労働運動や社会主義の潮流を指す。

（5）文部省『昭和五年度　成人教育・母の講座・労務者教育実施概要』一九三一年、一三一頁。

（6）前掲『成人教育課所管施設概要』八八頁。

（7）倉橋惣三「母の教育」文部省社会教育局編『成人教育の実践と理論』寶文館、一九三〇年、三七二～三七九頁。

（8）教学局企画部長阿原謙蔵「学生思想問題」内閣情報部『思想戦講習会講義速記』第三貼、一九三八年、二四二～二四四頁。

（9）小山静子「子どもたちの近代」吉川弘文館、二〇〇二年、一五九頁。

（10）「成人教育講座　昭和一五年」奈良女子大学図書館蔵『校史関係史料目録』（以下、『目録』と略）。

（11）拙稿「戦時期における母性の国家統合」総合女性史研究会『総合女性史研究』第二一号所収、二〇〇四年、三九頁。

（12）拙稿「戦時体制移行期における母親像の変容」東京歴史科学研究会婦人運動史部会『女と戦争』昭和出版、一九九一年、二一三頁。文部省社会教育局刊。各年度『成人教育関係講座実施概要』。

（13）前掲『昭和五年度　成人教育・母の講座・労務者教育実施概要』一九三一年、一三四～一三五頁。

（14）文部省『昭和六年度　成人教育・母の講座・労務者教育実施概要』一九三二年、一五〇頁。同『昭和七年度成人教育講座・母の講座・家庭教育実施概要』一九三三年、一五九頁。

（15）文部省『昭和八年度　成人教育講座・母の講座・家庭教育振興施設』七七頁。

（16）文部省『昭和九年度　成人教育講座・母の講座・家庭教育振興施設』一九三五年、一七一頁。

（17）文部省『昭和一〇年度　成人教育関係講座・母の講座・家庭教育振興施設実施概要』一九三六年、二四一頁。

（18）文部省『昭和一一年度　成人教育関係講座実施概要』二三三頁。

（19）「母の講座開催趣旨」「母の講座関係書類　昭和一三年」『目録』二四～四三頁。

（20）「成人教育講座　昭和一六年」（『目録』二四～五〇）一二頁。「母の講座関係書類　昭和一七年」『目録』二四～五三頁。
(21) 寺崎昌男他『総力戦体制と教育』東京大学出版会、一九八七年、二八二～三〇〇頁。
(22)「親を子を或は夫を国に捧げた…軍国の母」軍事保護院他『軍国の母の姿』一九四一年、一頁。
(23)『両親教育』が連載されていた『主婦之友』の一九三四年の発行部数は一〇〇万部を超えている。戦後「PTAに合致」と一九四八年に改訂版刊行。
(24) 児玉九十『教育者としての母――続両親教育』主婦之友社、一九三九年。
(25) 前掲『続両親教育』一一四～五頁。
(26) 前掲『両親教育』三〇三頁。
(27) 同右、七三頁。
(28) 同右、三一六頁。
(29) 同右、一四五頁。
(30) 同右、三七頁。
(31) 同右、四七頁。
(32) 同右、二六九頁。
(33) 同右、二六九～七五頁。
(34) 家族団欒図挿絵父・母・女児・男児二八〇頁。
(35) 同右、二七〇～二七六頁。前掲の『続両親教育』では、「子どもの教育は母の責任」と明確に記し、家庭の運営についても「婦唱夫和」への転換も必要と述べ、「家庭教育に関する限りは良人が妻に内助するのが父たり良人たる道」と戦時体制の進行を背景に父母の位置づけに変化をみせている。二一七～二一八頁。
(36) 同右、二七五～二七八頁。
(37) 同右、二八一～二八二頁。
(38) 前掲『続両親教育』二一七頁。
(39) 前掲『両親教育』二九一～二九二頁。
(40) 同右、二九四頁。

(41) 前掲『続両親教育』自序三頁。
(42) 同右、一四六、二四三、二四九〜二五〇頁。
(43) 同右、一四八頁。
(44) 『帝国議会衆議院会議録』一九四六年七月〜四七年三月。
(45) 大阪社会事業学校『未亡人世帯実態調査』(一九四九年四月)。
(46) 同右『未亡人世帯実態調査』二〜三頁。第一表二〇頁。戦死と戦災死の別は不明である。一九四九年厚生省調査の「未亡人」は「一八七万人、その三分の一近くが戦争未亡人であったといわれる」比較家族史学会『事典家族』弘文堂、一九九六年、五二九〜五三〇頁。
(47) 同右、四頁。
(48) 同右、「第四表」二三頁。
(49) 同右、九頁。「第七表」二五頁。
(50) 同右、五〜六頁。第三表二二頁。
(51) 同右、七〜八頁。第五表二四頁。母子寮のピークは一九五九年の六五二カ所。
(52) 同右、二七〜三〇頁。第九表〜一二頁。
(53) 同右、「第六表」二四頁。「第一三表」三一頁。
(54) 厚生省児童局編『児童福祉白書』一九六三年。
(55) 同右、二頁。
(56) 同右、三頁。
(57) 同右、一五〜一六頁。また、桜井絹江『母性保護運動史』ドメス出版、一九八七年。鈴木尚子編『資料　戦後母性の行方』ドメス出版、一九八五年参照。
(58) 前掲『児童福祉白書』一六頁。
(59) 『母親運動十年のあゆみ』(日本母親大会十年史編纂委員会、一九六六年)。
(60) 「家族問題調査会調査報告」(一九五一〜五二年実施)『白書』五五〜六頁。
(61) 前掲『児童福祉白書』五六〜七頁。

(62) 落合恵美子『二一世紀家族へ』有斐閣選書、一九九四年。
(63) 前掲『児童福祉白書』一六頁。
(64) 一九六二年八月一一日、池田首相が第四一国会で「人づくり」を強調。
(65) 早川紀代『近代天皇制と国民国家』青木書店、二〇〇五年参照。
(66) 鶴見和子・牧瀬菊枝『母たちの戦争体験』麦秋社、一九七九年。
(67) 山田昌弘『迷走する家族』有斐閣、二〇〇五年参照。

〈資料1〉人口政策確立要綱

人口政策確立要綱の決定

我が國人口現象の最近の趨勢は特に東亜共榮圏建設の歴史的大使命に鑑みて根本的且つ永續的なる人口政策確立を必要とすること久しく識者の要望するところであつたが、昭和十六年一月二十二日の閣議は遂に待望の人口政策確立要綱を決定するに到つた。決定要綱竝に之に關する厚生大臣談話を掲ぐれば次の如くである。

人口政策確立要綱（昭和一六、一、二二　閣議決定）

第一　趣　旨

東亜共榮圏を建設して其の悠久にして健全なる發展を圖るは皇國の使命なり、之が達成の爲には人口政策を確立して我國人口の急激にして且つ永續的な發展增殖と其の資質の飛躍的なる向上とを圖ると共に東亜に於ける指導力を確保する爲其の配置を適正にすること特に喫緊の要務なり

第二　目　標

右の趣旨に基き我國の人口政策は内地人人口に就きては左の目標を達成することを旨とし當り昭和三十五年總人口一億を目標とす、外地人人口に就きては別途之を定む

一、人口の永遠の發展性を確保すること

二、增殖力及資質に於て他國を凌駕《りょうが》するものとすること

三、高度國防國家に於ける兵力及勞力の必要を確保すること

四、東亜諸民族に對する指導力を確保する爲其の適正なる配置をなすこと

第三　右の目標を達成する爲採るべき方策は左の精神を確立することを旨とし之を基本として計畫す

一、永遠に發展すべき民族たることを自覺すること

二、個人を基礎とする世界觀を排して家と民族とを基礎とする世界觀の確立、徹底を圖ること

三、東亜共榮圏の確立、發展の指導者たるの矜恃《きょうじ》と責務

とを自覺すること

四、皇國の使命達成は内地人人口の量的及質的の飛躍的發展を基本條件とするの認識を徹底すること

第四　人口增加の方策

人口の增加は永遠の發展を確保する爲出生の增加を基調とするものとし併せて死亡の減少を圖るものとす

一、出生增加の方策

出生の增加は今後の十年間に婚姻年齡を現在に比し概ね三年早むると共に一夫婦の出生數平均五兒に達することを目標として計畫す

之が爲採るべき方策概ね左の如し

（イ）人口增殖の基本的前提として不健全なる思想の排除に努むると共に健全なる家族制度の維持強化を圖ること

（ロ）國體又は公營の機關等をして積極的に結婚の紹介、斡旋、指導をなさしむること

（ハ）結婚費用の徹底的輕減を圖ると共に、婚資貸付制度を創設すること

（ニ）現行學校制度の改革に就きては特に人口政策との關係を考慮すること

（ホ）高等女學校及女子青年學校等に於ては母性の國家的使命を認識せしめ保育及保健の知識、技術に關する教育を強化徹底して健全なる母性の育成に努むることを旨とすること

（ヘ）女子の被傭者としての就業に就きては二十歳を超ゆる者の就業を可成抑制する方針を採ると共に婚姻を阻害するが如き雇傭及就業條件を緩和又は改善せしむる如く措置すること

（ト）扶養家族多き者の負擔を輕減すると共に獨身者の負擔を加重する等租稅政策に就き人口政策との關係を考慮すること

（チ）家族の醫療費、教育費其の他の扶養費の負擔輕減を目的とする家族手當制度を確立すること

之が爲家族負擔調整金庫制度（假稱）の創設等を考慮すること

（リ）多子家族に對し物資の優先配給、表彰、其の他各種の適切なる優遇の方法を講ずること

（ヌ）姙産婦乳幼兒等の保護に關する制度を樹立し産院及乳兒院の擴充、出産用衛生資材の配給確保、其他之に必要なる諸方策を講ずること

（ル）避妊、墮胎等の人爲的産兒制限を禁止防遏《ぼうあつ》すると共に、花柳病の絶滅を期すること

二、死亡減少の方策

死亡減少の方策は當面の目標を乳幼兒死亡率の改善と結核の豫防とに置き一般死亡率を現在に比し二十年間に概ね三割五分低下することを目標として計畫す此の目的達成の爲採るべき方策概ね次の如し

（イ）保健所を中心とする保健指導網を確立すること

（ロ）乳幼兒死亡率低下の中心目標を下痢腸炎、肺炎及先天性弱質に依る死亡の減少に置き、之が爲都市農村を通じ母性及乳幼兒の保護指導を目的とする保健婦を置くと共に保育所の設置、農村隣保施設の擴充、乳幼兒必需品の確保、育兒知識の普及を圖り併せて乳幼兒死亡低下の運動を行ふこと

（ハ）結核の早期發見に努め産業衛生竝に學校衛生の改善、豫防竝に早期治療に關する指導保護の強化、療養施設の擴充等をなすと共に各廳連絡調整の機構を整備して結核對策の確立徹底を期すること

（ニ）健康保險制度を擴充強化して之を全國民に及ぼすと共に醫療給付の外豫防に必要なる諸般の給付をなさしむること

（ホ）環境衛生施設の改善、特に庶民住宅の改善を圖ること

（ヘ）過勞の防止を圖る爲國民生活を刷新して充分なる休養を採り得る如くすること

（ト）國民榮養の改善を圖る爲榮養知識の普及徹底を圖ると共に、榮養食の普及、團體給食の擴充をなすこと

（チ）醫育機關竝に醫療及豫防施設の擴充をなすと共に醫育を刷新し豫防醫學の研究及普及を圖ること

第五　資質增强の方策

資質の增强は國防及勤勞に必要なる精神的及肉體的の素質の增强を目標として計畫す

（イ）國土計畫の遂行により人口の構成及分布の合理化を圖ること、特に大都市を疎開し人口の分散を圖ること

之が爲工場、學校等は極力之を地方に分散せしむる如く措置するものとす

（ロ）農村が最も優秀なる兵力及勞力の供給源たる現狀に鑑み、内地農業人口の一定數の維持を圖ると共に日

満支を通じ内地人人口の四割は之を農業に確保する如く措置すること
（ハ）學校に於ける青少年の精神的及肉體的錬成を圖ることを目的として、教科の刷新を行ひ訓錬を強化し、教育及訓錬方法を改革すると共に體育施設の擴充をなすこと
（ニ）都市人口激增の現狀に鑑み特に都市に於ける青少年の心身の錬成を強化して之をして優秀なる兵力及勞力の供給源たらしむること
（ホ）青年男子の心身鍛練の爲一定期間義務的に特別の團體訓錬を受けしむる制度を創設すること
（ヘ）各種厚生體育施設を大量に增加すると共に健全簡素なる國民生活様式を確保すること
（ト）優生思想の普及を圖り、國民優生法の強化徹底を期すること

第六　資料の整備

一、人口動態及靜態に關する統計を整備改善すること
二、國民體力法の適用範圍を擴張し其の内容を充實すると共に其の他の體力及保健に關する資料を整備充實すること

第七　機構の整備

一、人口問題に關する統計、調査、研究の機構を整備充實すること
二、人口政策の企畫、促進及實施の機構を整備充實すること

〈資料2〉 家庭教育振興に関する文部大臣訓令・文部次官通牒

家庭教育振興ニ関スル件

国運ノ隆替風教ノ振否ハ固ヨリ学校教育竝社会教育ニ負フ所大ナリト雖之カ根帯ヲナスモノハ実ニ家庭教育タリ蓋シ家庭ハ心身育成人格涵養ノ苗圃ニシテ其ノ風尚ハ直チニ子女ノ性向ヲ支配ス維新以来教育益々興リ文運弥々隆ナルヲ致セリト雖今日動モスレハ放縦ニ流レ詭激ニ傾カントスル風アルハ家庭教育ノ不振之カ重要原因ヲナスモノニシテ国民ノ深ク省慮スヘキ所ナリ顧ルニ往時我カ国民ハ概ネ家風ノ顕揚ヲ旨トシテ家訓ヲ敷キ家庭ハ実ニ修養ノ道場タルノ観ヲ呈セリ然ルニ学校教育ノ勃興ト共ニ世上一般教育ヲ以テ学校ニ一任シ家庭ハ其ノ責ニ与ラサルカ如キ情勢ヲ馴致セリ現事ニ於テ屢々忌ムヘキ事相ヲ見ル洵ニ故ナキニアラサルナリ此ノ時ニ方リ我カ邦固有ノ美風ヲ振起シテ家庭教育ノ本義ヲ発揚シ更ニ文化ノ進運ニ適応シテ家庭生活ノ改善ヲ図ルハ啻ニ教化ヲ醇厚ニスル所以ナルノミナラス又実ニ国運ヲ伸張スルノ要訣タルヲ疑ハス

家庭教育ハ固ヨリ父母共ニ其ノ責ニ任スヘキモノナリト雖特ニ婦人ノ責任重且大ナルモノアリ従ツテ斯教育ノ振興ハ先ツ婦人団体ノ奮励ヲ促シ之ヲ通シテ一般婦人ノ自覚ヲ喚起スルヲ主眼トス之カ実際的施設ニ関シテハ別ニ示ス所アルヘキモ地方長官ハ右ノ趣旨ヲ体シ今後一層斯教育ノ振興ヲ図リ各種教育施設ト相俟チ我カ国民教育ヲ大成スルニ於テ万遺憾ナキヲ期スヘシ

昭和五年十二月二十三日

家庭教育振興ニ関スル施設上ノ注意事項

（文部次官通牒）

今般家庭教育振興ニ関シ文部大臣ヨリ訓令アリタルトコロ右ハ家庭教育ノ本旨ヲ明カニスルト共ニ其ノ普及充実ヲ図ルノ趣旨ニ有之カ策励方ニ就テハ教育教化ニ関係アル諸機関竝諸団体特ニ婦人団体ノ活動ヲ促ス要アリ其ノ実際施

設ニ至リテハ地方ノ実情ニ稽ヘ左記事項留意ノ上適切ナル御措置相成度此段依命通牒ス

記

一、教育機関ノ活動ニ就テハ学校ニ於ケル保護者会、父兄会、母姉会竝同窓会等ヲ中心トシテ家庭教育ノ指導ニ関シ夫々適切ナル具体的方法ヲ講セシムルコト

二、社会教化ニ関係アル諸団体ヲシテ家庭教育振興ニ関スル施設ヲ講セシムルコト

三、婦人団体ノ普及ヲ奨励シ之ヲシテ家庭教育指導ノ中心機関タラシムルコト

尚婦人団体ノ設置及活動ニ関シテハ左ノ事項御留意相成度

(一)婦人団体ノ設置

婦人団体（母ノ会、婦人会、主婦会、母姉会竝同窓会等）ハ土地ノ情況ヲ参酌シ市町村又ハ部落ヲ単位トシ若ハ学校ヲ中心トシテ之ヲ設置シ必要ニ応シ連合会ヲ組織スルコト

(二)団体ノ事業

イ　婦人ノ智徳ヲ涵養スルト共ニ公共生活ニ必須ナル教養ヲ与フルコト

ロ　家庭ニ於ケル子女ノ看護教養等ニ就テ実際ノ指導ヲ施スコト

ハ　家庭生活ノ改善趣味ノ向上ヲ期スルト共ニ良風美俗ノ維持発達ヲ図ルコト

ニ　教育教化竝社会事業等ニ関係アル諸機関ト密接ナル連繫ヲ保チ家庭教育ノ振興に努ムルコト

昭和五年十二月二十三日

〈コラム〉戦時期の女性と家族

これまで社会教育の側面から検討されてきた戦時体制下の女性の国家統合に関する研究の多くは、女性たちが如何にして国家のもとに組織化され、動員されていったかを基軸に進められてきた。その結果、愛国婦人会・国防婦人会をはじめとして、数々の女性団体の組織化過程とその活動状況が当事者からの聞き取りも含めて明らかにされ、その研究の深化は、女性たち自身も戦争を担っていた側面があったことを浮きぼりにした。

しかし、女性団体の組織化と並行して実施された母性教育・家庭教育の具体的内容や受講者の意識部分にまで迫った分析はきわめて少なく、さらに戦時期日本の女性政策を他国の政策と比較検討したものや、政策立案者が抱えた問題に言及する試みは未だ少ない。

筆者が継続して検討対象としてきた文部省「母の講座（一九三〇〜三八年・一九四一〜四三年実施）」の研究（拙稿「戦時体制移行期における母親像の変容」『女と戦争』所収、昭和出版、一九九一年。拙稿「戦時期における母性の国家統合」『総合女性史研究』所収、総合女性史研究会、二〇〇四年）を踏まえ、大会テーマ「家族の絆」を意識しつつ、戦時期の家族の変容と女性の位置の変化をたどった。そこで新たに二つの側面からの検討を加えている。

その一つ目は、第一次世界大戦以降の欧米の女性政策と日本の戦時期に行われた女性政策との比較であり、二つ目は、国家が把握していた戦時期家族の実態と国家の対応である。以上の二つに関連する資料を検討する過程で、戦後における家族の変容も視野に入れた。

本報告が分析対象とした家族は、第一次世界大戦前後の一九一〇年代～二〇年代に現出した新中間層と呼ばれる俸給生活者家族である。妻たちの多くが高等女学校で良妻賢母教育を受け、自らを「一般家庭婦人」・「我々家庭にのみ働く者」・「無意識な家庭生活を営む者」と記して、子どもの教育に強い関心をもちながら、その子どもたちの将来に漠然とした不安を抱えて生活を営んでいた。

この階層は、治安維持法施行前後の一九二〇年代後半～三〇年代にかけて、国家政策の執行者たちからは体制への反応が鈍い層と認識されていた。そのため、国民教化を担う文部省の政策立案者は、「新中間層を如何にしたら国家に統合できるか」の課題を抱えて教化策を錬ることになる。

そこで、一九二九（昭和四）年に新設された社会教育局は、婦人組織の統合と並行して新中間層の女性たちを対象にした母性教育と家庭教育を実施し、教化統合をはかろうとした。その際参考にされたのが、第一次世界大戦で総力戦を経験した欧米参戦国の女性政策であった。

日本政府は、大戦半ばから未経験の総力戦に関する資料収集を積極的に行っており、文部省も国民教化に関わる論文や新聞雑誌記事・写真など、多岐にわたる教育資料を欧米に役人を派遣して収集している。そのなかには参戦国の具体的女性政策の効力を示唆する資料も含まれ参考にされた。その結果、文部省の政策立案者は、従来の良妻賢母教育の女性像では総力戦を戦えないとの認識に立ち、国家社会に対する義務を心得た新しい女性像の育成を急ぐことになる。

一九三〇年、文部省主催「母の講座」が開講し、受講者の大部分を占める新中間層の妻たちに新しい女性像・母親像が提示された。具体的には国家の人口増加策や統制経済への協力とともに、時局を踏まえた家庭生活の自立化を促し、家事全般で自前と工夫を推奨した。また、従来父親が担っていた子女への人格的感化を母親にも求め、思想善導をはじめ皇民教育を担う学校との連携による家庭教育を重視している。

だが、その基軸は伝統的「家」規範におかれていたため、総力戦遂行過程では、現実の政治・経済・軍事的状況に伴う女性政策と「家」規範との間に矛盾を抱えた。この矛盾を孕んだ戦時期家族の実態を国家はどのように把握していたのか。帝国議会会議録に体制側が掌握した戦時下の家族の実態を探った。

帝国議会会議録の頁を繰り、各委員会の質疑応答をみると、戦時期家族の変容に関わって、失業問題・母子心中・出生率低下・私生児・未婚者問題・乳児栄養問題・婦人労働問題・農村婦人問題・思想問題・性犯罪・徴用・女子動員・学徒勤労動員・国民精神昂揚・空襲・学童疎開・少年非行・復員兵問題などが提示されており、「家」規範との矛盾を抱えた女性政策の変化も垣間見える。とくに戦争末期には農村の疲弊、勤労婦人の過労、出生率の減少、少年非行の増加、動員・疎開・空襲による家族離散と崩壊など、家庭生活を維持することが困難となった国民生活の破滅的状況が、各委員会報告の範囲内ではあるが把握されている。

しかしながら、史料を見る限り、国家は国民生活における家庭の機能低下に対して有効な対応策を示せず、各委員会の質疑応答の記録には、日本民族の伝統と文化ともに「家族制度」と「家」が頻出する。とくに本土空襲が本格化し家族離散が急激に進んだ時期の家族の実態は離散から崩壊に進んでいた。それにもかかわらず、政府の対応はイデオロギーとしての「家族制度」と「家」を連呼して無策を繕っている。国家は統治不全に陥り、国民生活に対する責務を放棄して、その責務を「家」の「主婦」に課していった様子がよみとれる。

ところで以上にみてきた戦時期の成人教育関連資料や帝国議会会議録においては、家族と繋がる「絆」の文字は見いだせない。右にみたように戦時期に家族との関わりで頻出する語は「家族制度」と「家」である。この二語は日本民族の伝統と文化に関わって表現されているのが特徴である。では、「絆」はいつから現れるのだろうか。

そこで国会図書館の「所蔵書誌検索」を試みると、初見は丹羽文雄の『この絆』(改造社、一九三六年)、次いで『人間の絆』(三笠書房『サマセット・モーム選集』第一巻中巻・一九五一年)が検出され、後者の訳本が一九六〇年代から七〇年代に数社から出版されている。その前後に内外の文学作品の題名が並び、直接家族の実態に連なる「絆」の表現は一九八〇年前後からである。

その例をあげると、児童養護施設での一〇人の少年少女たちの軌跡を記した一九七九年の『絆なき魂の放浪』(和田ミトリ、人間の科学社)に始まって、一九八四年の『乳幼児の発育と母と子の絆』(『発達』別冊、ミネルヴァ書房)がつづき、以後、一九九六年の『介護の三二八五日』、一九九七年の『非行をつくらない子どもの育て方』、一九九八年の『少女売春供述調書』、二〇〇一年の『裁かれる家族』、二〇〇三年の『変わる家族変わらない絆』、二〇〇五年の看護専門職の人生を記した『家族の支えと絆』等々、その多くが子育てや家族介護で派生する問題解決の糸口を「家族の絆」や「親子の絆」に求めている様子がみてとれる。このように国会図書館の「所蔵書誌検索」結果を見る限り、家族に関わる「絆」の表現は歴史的には新しく、一九七〇年代以降の家族の実態や状況を反映した用語といえよう。

現在、政府の少子化対策を受けて、これまで男女共同参画社会を掲げてきた各自治体の多くが、ジェンダーバッシングに抗うことなく、女性政策の基軸を出産奨励、育児援助、結婚奨励などに切り替えている。その具体案のなかには、既設の育児教室・子育てグループの強化にはじまり、「公設見合場」設置や独身男女を探し訪問する「公設仲人」の委嘱など、最近では個人生活への介入にも近い方策が実施されている。

その際使われている言葉は「地域の絆」で、そこに「子どもを産まないと国が滅ぶ」と「国」が重ねられて、女性性と家族を国家に奉仕させる図が描かれていく。

この現代家族については、社会学分野を中心に興味深い先行研究が数多く行われている。先の「家族の絆」や「親子の絆」の出現時期の検証も含め、現代家族の変化に史的分析で迫る女性史の研究が求められている。

（二〇〇七年）

第III章

原発と女性たちの暮らし

はじめに
――いのちと暮らしの安全性を問う

二〇一一（平成二三）年三月一一日の東日本大震災につづいた福島第一原子力発電所の事故は、福島県民のみならず、日本列島に住む多くの人々に、「広島・長崎・ビキニ」の記憶を甦《よみがえ》らせ、見えない放射線の恐怖とともに生活全般にわたり未曾有の被害をもたらした。

日本における原子力発電所（以下、原発と略）建設は一九五四（昭和二九）年四月に締結された「日米原子力協定」に依拠する。それはビキニ事件の翌月だった。

その二年後の『経済白書』は、「今後は原子力の平和利用とオートメーション」と記し、電気業界は家庭電化製品を「三種の神器」と宣伝して消費者の購買力を煽った。一九七四年、田中内閣は原子力エネルギーに転換。「電源三法」を成立させ、電源開発促進税を電気料金として徴収する仕組みを作り、原発建設を推進した。

戦後、分割統合されて地域独占権をもつ九電力（沖縄返還後一〇社）は、二〇一一年二月時点で五四基の原発を設置した。震災直前まで稼働していた原発は三六基。津軽海峡から静岡にいたる沿岸部の原発は「東北電力東通《ひがしどおり》　一基・女川《おながわ》　三基、東京電力福島第一　六基・福島第二　四基、日本原電東海　一基・東海第二　一基、中部電力・浜岡　五基」の二二基で、そのうち「東京電力福島八基、東北電力女川二基、日本

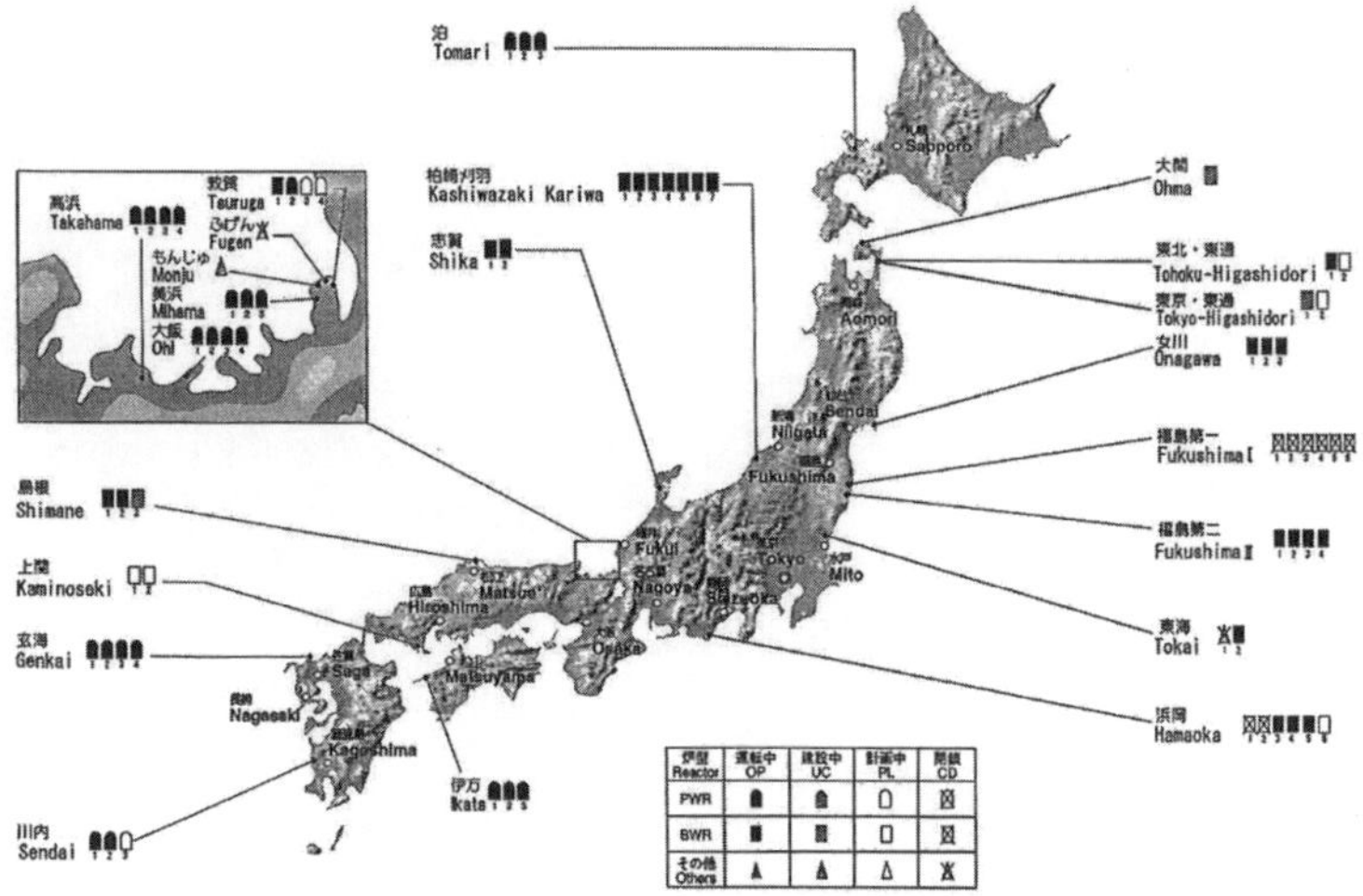

日本の原子力発電所の運転・建設状況・JAIF 一般社団法人日本原子力産業協会
2014 年 5 月 27 日

原電東海第二　一基」の一一基が緊急停止した。

　二カ月後の五月には、菅《かん》内閣が中部電力に対し浜岡原発五基の全原子炉の運転を停止するよう要請。翌年五月五日には唯一稼働していた「北電・泊《とまり》三基」が定期検査で停止した。同日の『日本経済新聞』は「一九七〇年以来四二年ぶりに全原発が止まる事態となった」と報じたが、産業界など原発推進派が喧伝《けんでん》してきた電力不足によるパニックは起こらなかった。「原発がなくとも大丈夫」という認識が、説得力をもって一般の消費者に浸透していった。

　地球規模で世界中を震撼《しんかん》させたマグニチュード九・〇を記録した東日本大震災は、大津波と福島原発事故をともない、「三・一一」と銘記されて、原子力エネルギーに依拠した日本の高度経済成長の歪みを「いのちとくらしの安全性」の視点から改めて捉え直すことを私たちに課しているように思う。


（二〇一八年）

福島県およびその近隣県における空間線量率マップ

（2013年11月19日時点　事故32カ月後）

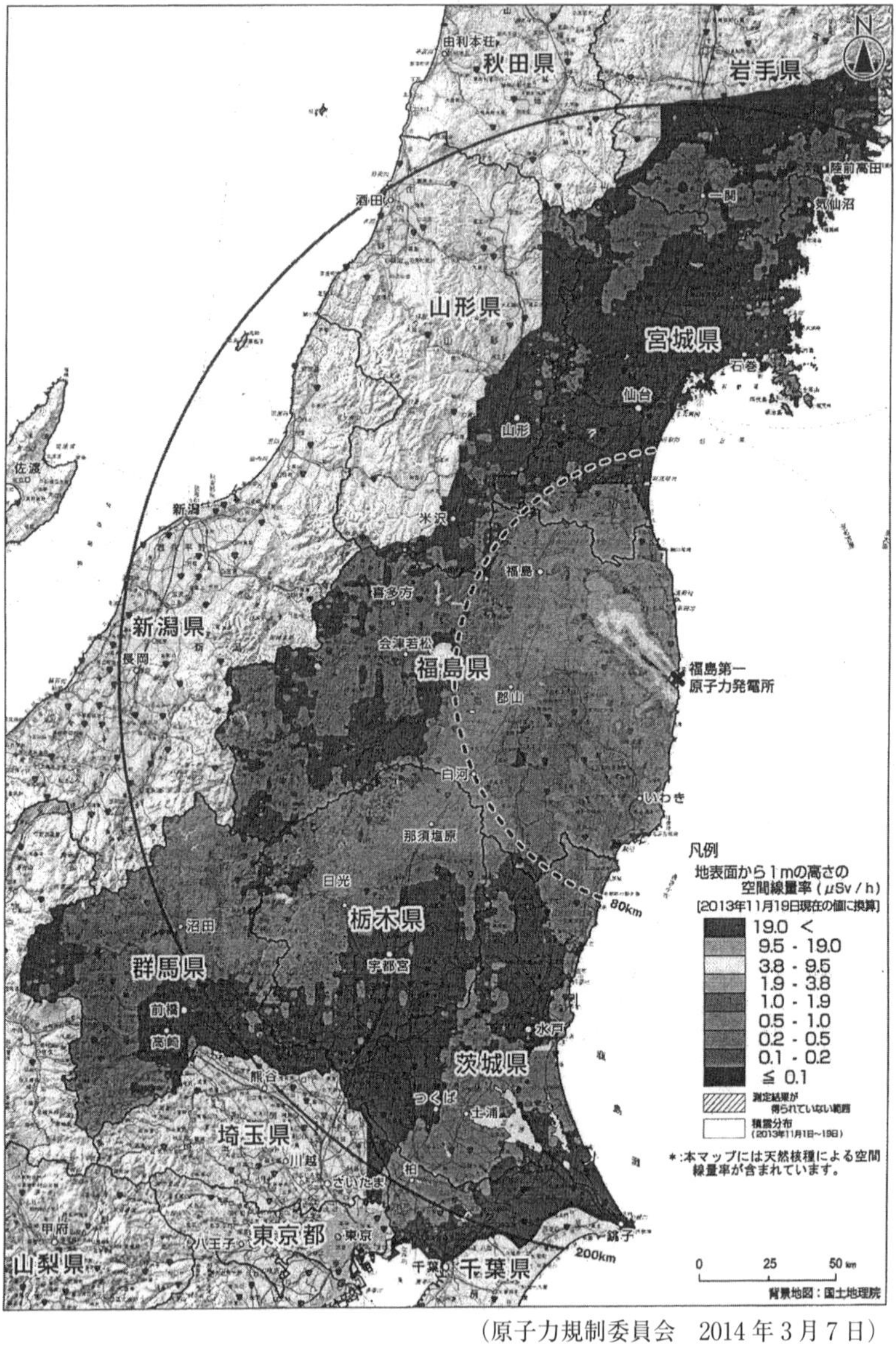

（原子力規制委員会　2014年3月7日）

一　原発事故でふるさとを追われ、奪われた人々

はじめに

福島県双葉郡の浪江町・双葉町・大熊町・楢葉《ならは》町・広野町は、太平洋側沿岸部に位置する山林が多い農村地域である。一九六〇年代以降「国策民営」の原発建設用地とされ、東京電力は双葉町と大熊町に福島第一原発六基を設置し（一九七一～一九七九年）、さらに楢葉町と富岡町に福島第二原発四基を設置（一九八二～一九八七年）した（『東京電力三十年史』）。

原発を受け入れた自治体には、電源立地地域対策交付金と固定資産税が付加（二〇年間で総額八九三億円）されたが、拡大した財政を維持するために新たな原発の誘致を行うという悪循環が生まれた。その結果、福島双葉郡に一〇基、新潟県柏崎市に七基、福井県（敦賀・美浜・高浜・大飯《おおい》）に一三基が林立。通称「原発銀座」と呼ばれることになる。いずれの自治体も、住民に対し「原発は安全」と伝えつづけて受け入れ、東京や大阪など大都市用に電力が送られていた。

その「安全神話」が「三・一一」を契機に突如崩壊する。大震災の翌日、津波で冷却用電源を失った福島第一原発一号機で水素爆発が起こり、三号機、二号機と立てつづけに爆発。一六万四八六五人がふるさとを追われることになった（福島県ＨＰ・二〇一二年五月調査）。

事故から三年目の五月（二九〜三〇日）、私はいわき市で被害者支援を行うグループの協力を得て、双葉郡の現状を見てまわった。随所にモニタリングポスト（放射線量測定器）が設置され、住民が避難して人手が入らぬ田畑にフレキシブルコンテナーバッグ（通称フレコンバッグ。汚染表土を入れる）が山積みされていた（二〇一六年二月二〇日の『毎日新聞』によれば、福島県内約一一万四七〇〇カ所に約九一五万五〇〇〇袋にのぼる）。この地に生き、四〇年近く原発反対運動を重ねてきた人々や、突然ふるさとを追われ仮設住宅で生活する女性たちの事故直後の戸惑いや、その後の生活の現状に耳を傾けた。

1　楢葉町の原発建設反対運動

楢葉といわき市に挟まれた広野町《ひろのまち》の太平洋沿岸部には東京電力の火力発電所が建設されている（一九八〇―二〇一三年六基）。ちなみに火力発電所には、原発労働者の積算放射線量が既定水準を越えないように作業現場から切り離すことと、運転技術水準を保持する場所としての役割もある。楢葉の原発反対運動の歴史はこの広野町の火力発電所誘致に端を発する。反対運動の中心になった早川篤雄は、戦時下の一九三九年に生まれている。元高校の国語教員で一九七七年から浄土宗宝鏡寺三〇代目住職として檀家一〇〇軒ほどを抱える。障害者福祉に関わる妻 早川千枝子（一九四二年生）は、避難後一時帰宅した際に描いた、コスモスの絵手紙が評判になり、その頒布資金などで原発裁判と障害者支援の医療活動を支援している（二〇一四年五月三〇日、宝鏡寺境内での早川談）。

公害問題から原発学習へ

一九七一（昭和四六）年三月二六日、東京電力福島第一原発一号機が営業運転を開始する。その夜、早川は隣接地広野の「町議会」で、東京電力火力発電所の誘致を決議したことを知る。一九七二年二月、三〇人余りで「公害から楢葉町を守る町民の会」を結成。当初は原発よりも火力発電の大気汚染のほうが心配で、火力発電に伴う公害問題の学習を開始し、「ついでに」原発の勉強もした。その結果、「原発の方こそ将来大変な問題になる」ことにみなが気づいた（『楢葉町史』第三巻 近現代資料）。学習によるこの気づきが、その後の行動を決めることになった。

そこで、署名を集め、住民参加の「原発公聴会」を開くよう国に要請。一九七三年九月、福島市で全国初の住民参加型公聴会が二日にわたり開かれたが、原発推進派の論調に押し切られてしまう。翌年、国は公聴会を終えたことを前提に東京電力に福島第二原発一号炉建設を許可した。

その翌年、通産大臣中曽根康弘は、国会答弁で「原発が公害を生み出す可能性」があることを示唆したのだった（第72回国会・衆議院・商工委員会議録第35号昭和49年5月15日）。「公害から楢葉町を守る町民の会」の学習活動の着眼点は正しかった。以後、早川たちは日本科学者会議の専門家とともに原発の基礎知識を継続して学んでいく。

裁判・安全性を問う

一九七五（昭和五〇）年一月七日、「原発・火発反対福島県連絡会」の住民四〇四名が原告になり、「福島第二原発原子炉設置許可処分取消請求」を福島地方裁判所に提訴した。その四年後の一九七九年には米国でスリーマイル島原発事故が、一一年後の一九八六年には旧ソ連でチェルノブイリ原発事故が発生している。提訴から九年後の第一審判決は請求棄却。一九九〇（平成二）年の仙台高裁、一九九二年の最高裁も訴えを退けた（澤正宏編『福島原発設置反対運動裁判資料』第7巻 二〇一二年）が、運動は止めなかった。

提訴棄却から一九年目の二〇一一年に福島第一原子力発電所の爆発事故は起きた。爆発事故の二カ月後の五月八日付『東京新聞』は、右の裁判を取り上げ、「牙むく原発・司法も責任・福島第二訴訟」の見出しで、早川の「住民が最も大切だと訴えた危険性には耳を貸さなかった」という無念な思いを伝えた継続記事である。二〇一五（平成二七）年一一月一〇日付では、「（事故直後の避難先で）あんたのいったとおりになったな、と町の人にいわれました。（中略）私たちの心配は現実となり、当時、声を上げた人も上げなかった人も被害を受けた。これは戦争と同じです」という言葉を早川から引き出している。一九七二年以降、火力発電所の大気汚染公害と原子力発電の「安全性」を問いつづけ、事故後も福島原発訴訟裁判をたたかう早川の「生きにくさ」を生きる姿勢を伝えた。

2 仮設住宅・楢葉町民の声を聴く

「三・一一」以前の楢葉町は、人口約七〇〇〇人余りの農業を生業《なりわい》とした森林と海がある自然豊かな地域であったが、一方、福島第二原発が設置された原発の町でもある（注・二〇一八年六月一四日、東京電力小早川社長・震災時津波をかぶった全四基の廃炉を表明）。

震災当日楢葉の海岸に押し寄せた津波は一〇・五メートルで一二五戸が浸水した。町は、一四日に起きた福島第一原発三号機の水素爆発後の二一日に放射線の内部被曝による甲状腺ガンを防ぐためにヨウ素剤を配布。全世帯の緊急避難が準備された九月三〇日の人口は七五六五人。県内に六四七〇人（そのうちいわき市に五七三七人・会津美里町に二六九人）、県外に一〇九五人（茨城・東京・埼玉・千葉）が避難した（福島県ＨＰ）。いわき市内の仮設住宅（楢葉町民二四〇世帯）の集会室で話をしてくださった町民一人ひとりの思いが込められた声に耳を傾けた。口火を切ったのは七六歳の男性だった。

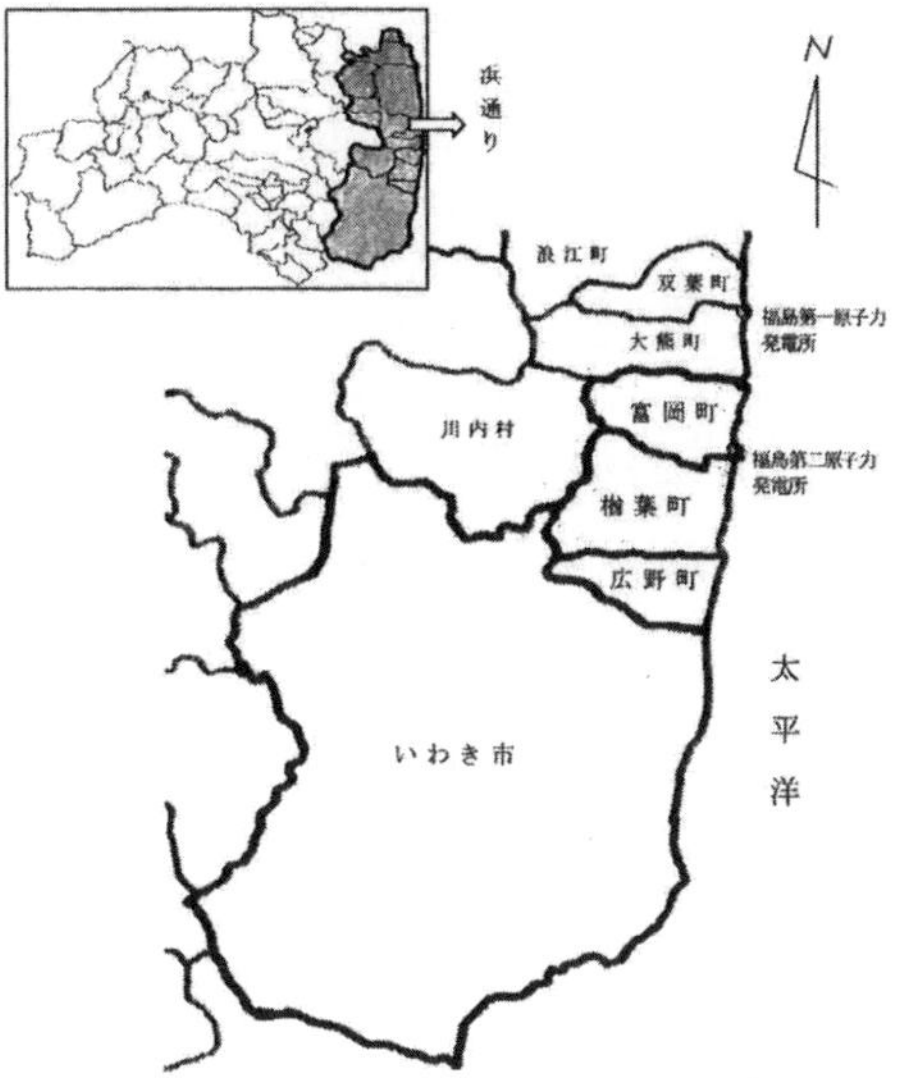

福島県浜通りの位置関係

①「安全神話」を信じ四〇年を過ごした。以前は農閑期に出稼ぎに出かけていたが、原発ができて都会並みの雇用単価で雇用が生まれた。今回の事故はどんでん返し（傍点筆者）の体験だった。原発事故の避難で家族の形が変わった。家族は離散し、狭い仮設に馴染めずノイローゼになりやすい（同席者から、うつや自殺者も出ている、の声がかけられる）。放射線被害については見えるものではないので不信感をもつ。若い世代が避難先から戻らない（ちなみに二〇一〇年の国勢調査では二世代同居率は全国六位の地域）。国会議員も訪れるが体験せぬと我々の苦しみがわからない。

②　安全だ、安全だ、と言われて信じていた。早川さんの旦那さんが一生懸命原発反対をやっていた。今考えると、原発はないほうがいい。震災後八回も転々と移動した。夫が早く亡くなって、一人で娘を育て結婚させ、孫もいる。家も建てた。そのため家のローン返済が残っている。地震で崩れた瓦屋根のぐし（棟）を修理した。帰町は近所の人たちが戻れるかどうかで決めたい。不安が大きい。

③　長男が原発労働者だから今は言いたいことが言えないが、今回の事故は他人事では終わらない。これまでは大きく広い家に大家族がともに住み、野菜も自給自足だった。今は萎《しな》びた野菜にお金を出して買う生活に変化した。仮設の四畳半三部屋に五人は無理。事故後、家族が二分され、一人ひとりがストレスを抱えている。災害対策の法律が一〇年前のもので、爆発後の現状に対応できていない。

④（早川千枝子）震災前から精神障害施設（通所施設利用者は約八〇名ほど）で働いている。園生の避難では、一二人を車四台に分乗させ、通常は車で一時間のいわき市に四時間かかった。水もガソリンも薬もなく、いわき市に着くと、頼りにしていた医師や看護師はいなくなっていた。避難は二～三日と思っていたので、十分な薬の用意がなかったため、三日後に園生の一人が亡くなった。体育館や仮設住宅型グループホームを転々とした。

⑤　農家で育ち、嫁ぎ先の住宅も広かった。仮設住宅は息が詰まる。三年経過した今、除染（原発建設業者ゼネコンが受注）がしっかりされていない。汚染された土を削った後にまた放射能汚染された楢葉の土を持ってくる。当初はきれいにやっていたが今では除染する人・説明者・印をもらいに来る人がその都度違う。頼りにしていた長男夫婦は、子どもが小さいので県内には住めない。復興住宅に入るには年金で家賃を払うことになる。不安だ。

⑥震災時、国勢調査の研修で東京にいた。電気会館で、毛布と段ボールとバナナが支給されたが、四日いた小学校の食事はお握り二個が一日分だった。糖尿病なのでインスリンが不足。帰郷したときには低血糖になっていたため三五日間入院した。幼い子どもがいるため息子夫婦も別居しており、家族はバラバラ。もとの隣近所八軒のうち七軒は戻れないことがわかっている。隣人がいない場所には住めない。復興住宅の家賃が支払えない。震災までは自給自足ができたが、今はできない。何でも買わなければならない生活になった。まったく先行きが見えない。

⑦自宅がある場所には、フレコンバッグ（放射能で汚染された表土を入れた袋）が山積みになっている。わたしは土木の仕事に従事して三〇年。継続して水の様子を見てきた。下川内西山地区では、以前、家庭廃液や洗剤汚染が問題になった。今は放射性物質の除染水が木戸川渓谷に流れている。その水が木戸ダムに溜められ楢葉住民の飲料水に。この水は飲めない。だから元の住所には帰れない。町長は水は大丈夫と言っているが、水資源には気をつけないといけない。戻るのは余りにも早い判断だと思う。

⑧地震で七〇坪（建坪）の屋根瓦がずり落ちる音が耳に残る。原発事故で安全な水と飼料がなく、飼っていた牛三頭を逃がした。町の規則だったが情けなかった。近くに親戚はない。一週間飲まず食わずで、期限が切れたパンも食べた。その後公民館四カ所を移動。息子は子どもが小さいので県外にいる。娘は狭いところに四人で住んでいる。私は血圧が高く一人で楢葉には戻れない。原発がなければいいと思う。

⑨（早川千枝子）着の身着のままの原発避難では、浜通りの六号線は津波で危なかった。広野の高速道路には、午後一一時に県外ナンバーがつづいた。東京電力の関係者とその親戚は逃げた。一二日の午前九時頃、防災無線は「避難しなさい」といったが、明確に原発事故を伝えていない。原発の水圧が下がっていると聞

いた夫が、避難準備をする。配布されていた避難袋に次々と必要品を入れた。一四〇〇人が体育館に入る。電話とメールは一四日に通じた。以前から町民には避難袋も配布され、一部だが避難訓練をしていた。だが、町民の多くは「原発は安全」と聞き、疑問ももたず、それを信用していたから事故が起こることを考えていなかったと思う。

四〇年前の一九七一年、過疎地域に経済的安定をもたらすと期待し建設された原発によって、地域の人々が大切にしていた生活すべてを奪われたことの衝撃が、次々と語られたのだった。

3 「フレコンバッグ」に埋もれた田畑

広野町　いわき市からバスで、広野町に入る。車窓から見える田畑は、ゼネコンの作業服を着た下請け会社の作業員がクレーンを使って放射性廃棄物（表土・草木）を詰めた黒いフレコンバッグ（主材料はポリエチレン織布。一メートル四方で、重さは一〜一・五トンになる。耐用期間は三〜五年）を田畑一面に積み重ねていた。広野は第一原発から三〇㎞圏内、第二原発から一〇㎞圏内にあり、東京電力の火力発電所がある。この発電所は福島第二原発一号機が稼働する二年前に運転を開始している。「三・一一」の津波により、タービン建屋が浸水し、原発を動かす電源を失ったため、一・三・五号機が運転不可能になり、二・四号機も運転を停止している（当時は五基）。

町の人口は五一七八人。世帯数は一七三三世帯だったが、事故後は放射線被害を避けるため家族が分散。子どもたちはいわき市に避難したが、転校先でいじめが発生したため広野の校舎を除染し、子どもたちは一時間かけて通学している。事故の翌年、東京電力は町民に対し「戻らなければ一人当り一〇万円の生活費を打ち切る」と伝えてきた。だが、子どもがいる町民の多くが「廃棄物がある町には戻れない」と、帰宅希望の回答は六五％だった。

富岡町　ＪＲ富岡駅前に立つ。駅舎は流され、津波被害が起きたそのままの状態で、歪んだフェンスには海藻が貼り付いていた。駅前に設置されたモニタリングポストの数値は「〇・三八六七Sv（シーベルト）」。津波で流されてきた小舟と車が埋もれている草むらの測定値は「一・一六Sv」。道路沿いにはゴミ袋が無造作に置かれ、周辺の田畑はフレコンバッグで埋め尽くされている。震災前の町の人口は一万五九六〇人。主な生業は農業で、原発の町でもある。第二原発も一五メートルの津波で浸水し緊急停止して危うく事故を免れた。地震と津波と原発事故の複合災害で町民は三分割され避難。第一原発に近く放射線量が高いので六割の町民が戻らないと答えている。富岡町の崩れた家に残る時計は「三・一一」の二時四六分で止まっていた。

おわりに

バスで夜ノ森に向かう。桜並木で有名な道を進むと「立ち入り禁止区域」の柵が見えてきた。柵の前に防護服を着た警備員が立つ。バスを降りて桜並木の下を歩いてみる。放射線は五感で察知できない。富岡町立富岡第二中学校のモニタリングポストの数値を見る。「〇・九六三Sv」の数値が瞬く間に「一・〇〇一Sv」に変わる。一般人の年間許容量は一ミリシーベルト以下で、この地に子どもたちの学舎を置くわけにはいかない。「安全神話」を信じたことで「安全性」を問わなかった人々が、その後悔の思いを、今後日々の行動や判断にどのように活かしていくのか。「三・一一」以降の課題である。

（二〇一八年）

参考文献

・東京電力株式会社『東京電力三十年史』一九八三年。
・政野淳子『四大公害病』中公新書、二〇一三年。
・楢葉町史編纂委員会『楢葉町史・第三巻（近代・現代　資料）』楢葉町、一九八五年。
・『第七十二回国会衆議院商工委員会議録　第三十五号・昭和四十九年五月十五日』。
・澤政宏編『福島原発反対運動裁判資料』第7巻　クロスカルチャー出版、二〇一二年。
・早川篤雄「福島原発公害被害者訴訟の意義と脱原発の闘い」（第二回「原発と人権」全国研究交流集会「脱原発分科会」実行委員会編著『「3・11フクシマ」の地から原発のない社会を！　原発公害反対闘争の最前線から』花伝社、二〇一四年。
・早川篤雄他「原発被害者の子どもに対するいじめについての声明」はらっぱ編集部『はらっぱ』大阪・子ども情報研究センター、二〇一七年。
・安齋育郎他編『しあわせになるための「福島差別」論』かもがわ出版、二〇一八年。
・福島県「県内各市町村住民基本台帳人口・世帯数」福島県ＨＰ。
・増田寛也編著『地方消滅』中公新書、二〇一四年。
・早川紀代・江刺昭子編『原爆と原発、その先　女性たちの非核の実践と思想』御茶の水書房、二〇一六年。

二　原発事故から九年

――奪われた地域と暮らしを取り戻すたたかい

はじめに

――被爆写真公開と原子力発電装置図

敗戦から七年目の夏。私は病床にあった父から頼まれ、書店に『アサヒグラフ』を受け取りに行った。B4サイズ全二六頁の冊子である。顔馴染みのおばさんが迎えてくれ、その日は丁寧にハトロン紙に包んで渡してくれた。いつもとは違う。帰り道気になって、醸造会社の高い板塀の日陰の礎石に座り包みを開いた。表紙をめくった瞬間、全身が焼けただれた被爆者の写真が目に入った。おばさんが丁寧に包んだわけを理解した。

しばらく、私は言葉数が少なくなり、食欲もなくなった。娘を心配した母が父に話したのだろう。後日、「戦争は人間が起こす。だから人間の叡智《えいち》で起こさないようにすることもできるんだよ」という父の言葉に私は救われた。

一九五二（昭和二七）年八月六日号の『アサヒグラフ』のタイトルは「原爆被害の初公開」である。広島の平和大橋と女性を配した表紙を繰ると、「終戦詔書」から抜粋した「頻《しきり》ニ無辜《むこ》ヲ殺傷シ」を見出しに付けて、被爆者三人の画像を掲載。写真公開の理由を「日本人は不幸にして世界史上、最初の原爆の犠牲者となった。だが、果たして何人の日本人が、その残虐を知っているであろうか。（中略）これは偏《ひとえ》に占領期間中、あらゆる被害の残虐を伝える報道と写真が厳重に検閲され、公表を禁じられていたからに他ならぬ」と編集発行人伊澤紀《いざわただす》（飯沢匡・劇作家）は伝えた。

まず「原爆犠牲都市第一号」として、広島に原子爆弾が投下された一九四五年八月六日八時一五分を示す時計と莫蓙《ござ》の上に横たわる被爆女性の画像が見開きで掲載されていた。つづく八月九日の「長崎・原爆犠牲都市第二号」では、キノコ雲と倒壊した浦上天主堂の写真と長崎市内の惨状が公開されている。最初に私の目に入った女性の、必死に生きようと痛みに耐えている姿は、当時七歳だった私の脳裏に「戦争」と結びついて焼き付けられた。

次に私の記憶に残ったのは原子力発電装置図（『アサヒグラフ』15頁）だった。それは、理論物理学者中村誠太郎による「分裂する原子核」の核分裂の解説とともに掲載された「パイル型原子力発電装置図」である。この原子力発電装置図と被爆者の画像とを同時に見たことが、その後の私の認識を形づくることになる。原子爆弾と同じ原理を応用した原子力発電は、原子兵器と同様に大きな爆発力と破壊力を併せもつという認識である。ここで注目されることは、右記解説者中村が「増殖式原子炉（パイル）による発電方法」を「原子力の平和的用途」の一つとして位置づけていたことである。

一九五三年一二月八日（日米開戦記念日）、米大統領アイゼンハワーは、国連総会で「平和のための原子力」の演説を行う。これを機に「原子力の平和利用」が被爆国日本社会のみならず世界中を席巻《せっけん》。一九五五年一一月には原子力平和利用博覧会が東京で開催され、同月一四日には「日米原子力協定」を締結、翌一二月一九日に原子力基本法、原子力委員会設置法が公布され、一九五六年一月原子力委員会の第一回会合が開かれている。

戦後一一年目の一九五六年七月に出された『経済白書』は、「もはや『戦後』ではない。復興は終わった」とし、今後の経済成長を支える日本のエネルギー政策の中心を原子力発電と位置づけている。

1　被曝漁船八五六隻と原水禁署名　三二八三万七八七六筆

だが、米国は一方で核兵器の能力を高める目的から南太平洋上で水爆実験を重ねていた。一九四六（昭和二一）年～一九五八年にいたる一二年間で六七回の実験を実施。なかでも一九五四年三月一日～五月一四日間では、ビキニ環礁での水爆実験を六回行い、その総核威力は広島に投下された原爆の約三二〇〇倍で、米国の科学者の予想を超えていた。その一九五四年三月一日に起きた第三の被曝事件がビキニ事件である。マグロ漁船第五福竜丸が三月一四日に焼津港に帰港。三月一六日付『読売新聞』は乗組員が被曝したことを報道した。

二〇一一（平成二三）年五月以降、高知を拠点にビキニ事件を追う太平洋核被災支援センター事務局長山下正寿《まさとし》の調査によって、日米政府の政治決断で隠された事実が明らかにされていった。その調査によれば、九二二隻におよぶ日本船舶がビキニ環礁で被曝していたことが判明。そのうち八五六隻は漁船で、第五福竜丸乗組員のみならず、多数の漁船とその乗組員が被曝していたことが明らかにされる。二〇一三年に公開された米国国立公文書館資料調査では、五五六隻の乗組員の病理検査資料が発見され、被曝の実態が裏づけられたのだった（二〇一五年水産庁開示文書によれば、被曝船舶数は一四二三隻・漁獲物廃棄船は九九二隻）。

戦時下の広島・長崎につづく第三の被曝事件を契機に、当時、施政権がアメリカにあった沖縄以外の全国各地で自然発生的に「原水爆禁止」の署名運動が展開。一九五四年八月には原水爆禁止署名運動全国協議会（世話人総数三一〇名）も結成されて集約作業が行われ、三宅泰雄他監修『ビキニ水爆被災資料集』（東京大学出版会、一九七六年）によると、一九五五年八月四日時点での全国集約数は三一八三万七八七六筆だった（五二一頁）。本書二一五〜二一七頁の表は全都道府県で展開された署名活動および署名数を抜粋したもので

1955 年 5 月原水爆禁止署名運動
『ビキニ水爆被災資料集』東京大学出版会
1976 年・P547

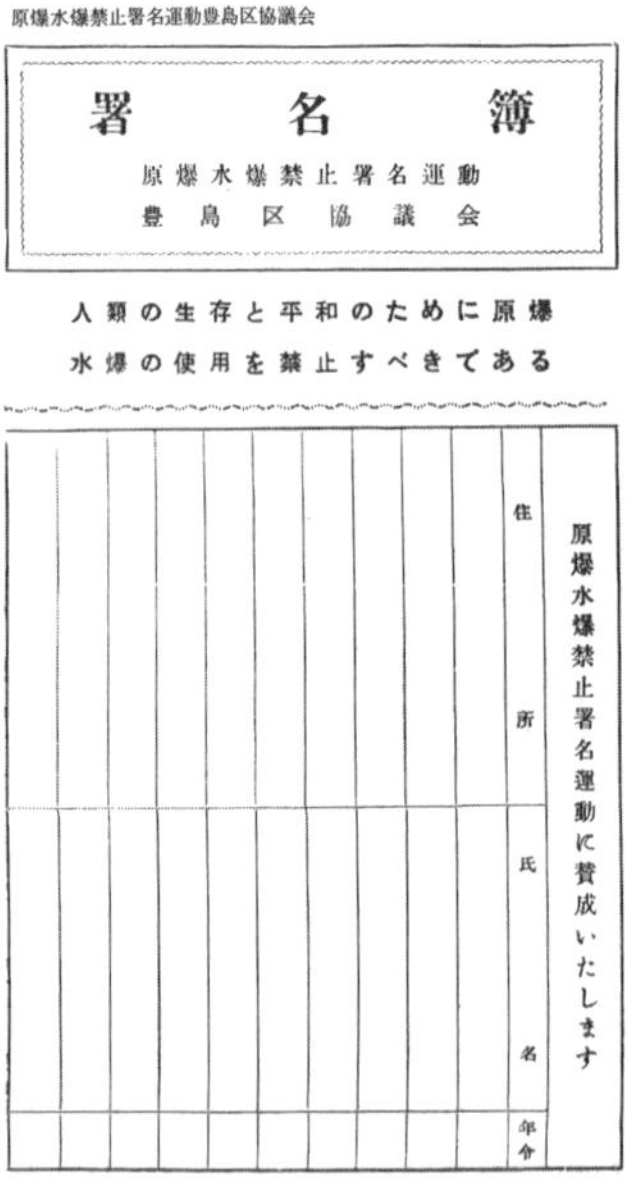
原爆水爆禁止署名運動豊島区協議会

署　名　簿
原爆水爆禁止署名運動
豊島区協議会

人類の生存と平和のために原爆水爆の使用を禁止すべきである

原爆水爆禁止署名運動に賛成いたします

住所
氏名
年令

署名簿
三宅泰雄、檜山義夫、草野信男監修
『ビキニ水爆被災資料集』東京大学出版会
第五福竜丸平和協会編集
1976 年・P540

ビキニ事件を契機とする原水爆禁止運動と女性
原水爆禁止署名運動全国協議会集計

（1955年8月4日現在署名数）

全　国　総　数	31,837,876
原水爆禁止署名	30,404,980
ウィーン・アピール署名	1,432,896

自治体名	署名総数	明記された女性団体・個人名	署名数	原水爆禁止世界大会参加者数、性別一覧
北海道	240,582	美唄市婦人団体連絡協議会	3,259	道89（男64＋女25）
		河野悦子	257	
		奥野倬子	20	
青森県	124,045	石亀地区婦人会	929	県31（男20＋女11）
秋田県	286,148			県38（男35＋女3）
岩手県	39,698			県12（男7＋女5）
山形県	254,269	宮宿町連合婦人会	2,876	県31（男21＋女10）
		西五百川婦人会	1,218	
		山形県婦人連盟	203,582	
宮城県	250,897	南郷町婦人会大柳支部	1,674	県45（男37＋女8）
		仙台キリスト教女子青年会	1,658	
福島県	144,653	福島県西郷村川谷連合婦人会	542	県27（男22＋女5）
		二瓶春子	580	
群馬県	134,453	邑楽郡婦人会連絡協議会	9,637	県25（男20＋女5）
栃木県	64,968	倭五婦人部	12,210	県18（男15＋女3）
		青年婦人平和協議会	2,435	
茨城県	173,165	須藤久子	520	県23（男23＋女0）
埼玉県	126,511	全改良労組青年婦人部	259	県41（男28＋女13）
		埼玉県地域婦人連合会	117,802	
千葉県	39,550	花輪婦人会	647	県36（男29＋女7）
東京都（総計）	3,151,462	＋アピール146（3,151,608）		都210（男168＋女42）
		YWCA家庭婦人部社会問題研究会	972	
港区協議会	137,190	東京女子医大原水爆対策委員会	3,392	
新宿区協議会	166,677	みどり婦人会	473	
文京区協議会（北）	5,629	松原浦子	544	
台東協議会	145,295	小針周代、八田一枝	39	
江東協議会	15,657	新女性友の会	1,643	
品川区協議会	143,940	女子美術大学学友会	246	
目黒区本部	140,044			
世田谷本部	360,344	三鷹市婦人団体連絡協議会	27,600	
渋谷区協議会	123,893	国分寺第一小学校RTA	3,694	
杉並協議会	280,719	桐朋女子学園生徒会	1,034	
中野協議会	152,509	東京女子大学学友会	191	

自治体名	署名総数	明記された女性団体・個人名	署名数	原水爆禁止世界大会参加者数、性別一覧
豊島区協議会	177,093			
板橋区協議会	25,537	中宿婦人部	1,184	
荒川区協議会	68,376	国立婦人の会	6,126	
足立区協議会	100,436	八丈島大賀郷婦人会外《ママ》	4,822	
武蔵野協議会	55,665	都立朝鮮人中高校平和委員会		
立川平和協議会	31,402		1,983,874	
神奈川県	511,143			県 137（男 103 + 女 34）
		日本婦人平和協会辻堂支部他 11 団体	8,354	
		内外編物網島工場労働組合青年婦人部幹事会	1,620	
静岡県	285,366	静岡県婦人団体連絡会（県総数の 63%を集める）	179,423	県 33（男 18 + 女 15）
愛知県	208,988	鈴木清美	840	県 67（男 55 + 女 12）
岐阜県	64210	碓井正子	207	県 37（男 23 + 女 14）
三重県	285,544	田丸町婦人会	2,314	県 30（男 25 + 女 5）
山梨県	24,546			県 40（男 37 + 女 3）
長野県	798,375	渋谷友子	162	県 35（男 26 + 女 9）
新潟県	246,896			県 27（男 20 + 女 7）
富山県	233,958			県 50（男 40 + 女 10）
福井県	215,464			県 05（男 5 + 女 0）
石川県	15,195			県 46（男 30 + 女 16）
滋賀県	41,808			県 43（男 37 + 女 6）
京都府	326,221	奥村清子	147	府 67（男 60 + 女 7）
大阪府	1,245,173	安江瑛子	36	府 112（男 91 + 女 21）
奈良県	112,550			県 24（男 22 + 女 2）
和歌山県	8,000			県 20（男 17 + 女 3）
兵庫県	185,513			県 79（男 58 + 女 21）
鳥取県	17,847			県 27（男 24 + 女 3）
島根県	360,166			県 21（男 16 + 女 5）
岡山県	30436			県 24（男 19 + 女 5）
広島県	1,018,371			県 259（男 167 + 女 92）
山口県	713,895	山口県連合婦人会	600,000	県 37（男 34 + 女 3）
愛媛県	215,526			県 37（男 28 + 女 9）
徳島県	57,955			県 20（男 19 + 女 1）
高知県	195,169			県 48（男 40 + 女 8）
香川県	53,664	高石道子	62	県 41（男 33 + 女 8）
福岡県	296,580	小山信子・光吉	12	県 62（男 41 + 女 21）
		東原澪子	14	
大分県	307,926			県 35（男 32 + 女 3）
熊本県	225,105			県 21（男 12 + 女 9）
		熊本県婦人連盟	198,722	

自治体名	署名総数	明記された女性団体・個人名	署名数	原水爆禁止世界大会参加者数、性別一覧
		在日朝鮮民主女性同盟熊本県本部	6,962	
		日本看護協会保健婦会熊本県支部	289	
		日本看護協会看護婦会熊本県支部	2,890	
佐賀県	122,969	佐賀県婦人連絡会	112,680	県 33（男 29 + 女 4）
宮崎県	66,297			県 25（男 23 + 女 2）
鹿児島県	107,903			県 31（男 28 + 女 3）
長崎県	158,056			県 18（男 13 + 女 5）
		全日本青年婦人会議	6,393	総計 2,576
		日本看護協会	35,233	男 2,039　79.1%
		全国看護労働組合	2,425	女　537　20.9%
		中野平和婦人会	456	『8・6 大会準備ニュース』No.4
		茂尻婦人会	アピール 438	
		桐朋女子高等学校生徒会	アピール 459	
		日本炭坑主婦協議会	218,208	
		全国友の会	51,209	
		全国地域婦人団体連絡協議会	700,000	
		日本看護協会看護婦会熊本支部	アピール 482	
		上石神井おたまじゃくしの会	2,850 + アピール 191	
		むつみ婦人会	2,480	
		みどり婦人会	アピール 105	
		みどりの会	844	
		杉の子会	アピール 851	
		あざみ会	アピール 98	
		前島志内代	189	
		中原綾子	アピール 419	
		西田順子	アピール 47	
		岩倉塩子	アピール 19	
		神野芳枝	アピール 157	
		鈴江澄子	アピール 18	
		西村富美子	アピール 30	
		川上宣子	アピール 374	
		武居つや子	170　アピール 59	

三宅泰雄・檜山義夫・草野信男監修　第五福竜丸平和協会編集『ビキニ水爆被災資料集』東京大学出版会、1976 年より抜粋（山村淑子作成）

ある。

福島県では、原水爆禁止運動郡山地方連絡会議や磐城（現 いわき）市原水爆禁止運動促進会、常磐市原水爆禁止運動世話人会など団体や個人が署名運動に加わり一四万四六五三筆を集めている（前掲書、五二二〜五二三頁）。この署名運動から五七年後の二〇一一年、平和利用と安全性を謳い文句として建設された福島第一原子力発電所で第四の被曝事件が起こった。

2 原子力の平和利用と原発事故

「原子力の平和利用」というスローガンのもと、国策によって設置された福島第一原子力発電所は、米国ゼネラル・エレクトリック社が設計し、一九六七（昭和四二）年に着工し、一九七一年三月二六日に営業を開始した。その四〇年後、二〇一一（平成二三）年三月一一日の東日本大震災に伴う大津波で全電源装置喪失。冷却水が止まり炉心溶融（メルトダウン）を起こし、水素爆発事故を起こしたのだった。

三月一一日。その日私は、夫が入院していた東京・築地の国立がんセンター中央病院の一一階にいた。高層ビルの激しい横揺れの後、強い余震がつづくなかで夫と交わした会話は「原発は大丈夫か」だった。地震が起きた当日は、都内の交通機関がストップ。院内にいた通院患者と付き添い家族が帰宅困難者となり、病院にとどまることが許された。

翌一二日、心配していた原発の爆発事故が発生。東京以北のＪＲ線は全線不通。放射性物質が漂うなか、間引き運転・区間限定の電車を乗り継いで栃木県の小山駅（宇都宮線）にたどり着くが、乗り換える水戸線

（小山—友部）は不通。タクシーで茨城県結城市の自宅に戻ることができたのは三月一三日だった。まずは放射性物質を含む外気を遮断するため換気口を塞《ふさ》ぎ、地震の揺れで散乱した食器・書籍・資料の後片づけから始める。三月一五日、放射線測定器を急ぎ通販で取り寄せた。自宅の室内放射線量値は毎時〇・三マイクロシーベルト。庭の雨樋下はその三倍だった。

原発事故三年後の二〇一四年五月、私は自宅から水戸線友部駅経由で常磐線に乗り換え、福島県いわき市に向かった。途中、危うく爆発事故を免れた（元 東海村村長村上達也氏講演会談・二〇一四年四月二三日結城市民センター）東海村原発の玄関・東海駅を通過し、いわき駅で降車する（津波と放射線被害を受けた常磐線浜通り沿線は不通だった）。

目的は、いわき市で原発事故被災者支援を行っているグループの協力を得て、双葉郡の広野・楢葉・富岡の三地域の現状を見ることだった。残留放射線量が高かったためバスを利用。富岡の夜ノ森では放射線量がいちだんと高い地域を柵で仕切り、防護服を着た警備員が配置されていた。

楢葉の宝鏡寺境内では住職の早川篤雄さんから反原発運動四〇年の歩みを聴き、放射線を逃れた人々が生活するいわき市郊外に建てられた仮設住宅の集会室で地域住民が語る事故直後の様子や避難後の生活に耳を傾けた（本書、二〇一～二〇九頁）。その訪問から六

集会室で話を聞く
（2014 年 5 月 30 日　山村撮影）

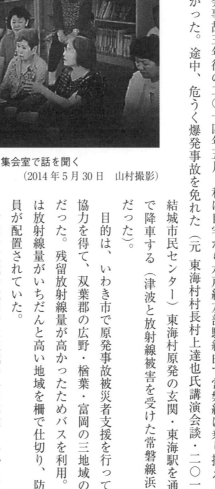

年、いのちを守る「安全な水」の要求や、地域と暮らしを取り戻す損害賠償請求訴訟のたたかいに注目したい。

3 「安全な水」の要求

二〇一九（令和元）年一〇月二六日の『東京新聞』朝刊二六頁の五段組記事の見出しは「底にたまる汚染土心配・福島木戸ダム台風で大雨流入」だった。それは阿武隈山系の清流を集めた福島県楢葉町の木戸ダムに台風一九号の大雨が流入し、楢葉町・富岡町・大熊町・双葉町・広野町の一部で水道水が濁り、飲料水として利用できなくなったことが報じられていた。

記事によれば、福島県や環境省の調査で木戸ダムの底部には放射性物質が積もり、最大で土砂一キロ当たり約一万九〇〇〇ベクレルを検出。二〇一九年九月の調査でも八〇〇〇ベクレルが検出されている。水道を管理する「双葉地方水道企業団（浜通り中部五町で構成）」は放射性物質は基準値以下であるといい、楢葉町くらし安全対策課の主査も「土砂の巻き上げの心配はほぼない」という。しかし、住民からは「底に高濃度の放射性物質が沈んでいるのに、上澄みの水は基準以下だから大丈夫というが、とても飲む気にならない」という声や「気持ち悪いし、信用できない。住民はみんな飲料水を買っている。水を取る川の流域の山の除染もされていない」等不安の声が上がっている。

二〇一四（平成二六）年五月三〇日、楢葉町民二四〇世帯が住む仮設住宅の集会室を訪問。出会った女性の一人が「わたしは土木の仕事に従事して三〇年。継続して水の様子を見てきた。下河内西山地区では、以前、家庭廃液や洗剤汚染が問題になった。今は放射性物質の除染水が木戸川渓谷に流れている。その水が木戸ダムに溜められ楢葉町民の飲料水に。この水は飲めない。だから元の住所には帰れない。町長は水は大丈夫と言っているが、水資源には気をつけないといけない。戻るのはあまりに早い判断だと思う」と、彼女は仕事で培ってきた経験知をもとに安全性に疑問を呈していた。もう一人の女性は「原発事故で安全な水と飼料がなく、飼っていた牛三頭を逃した。原発がなければいいと思う」と、安全な水と飼料を得られずに生業《なりわい》を失った住民の一人として先が見えない現状に悲痛な声を上げていた。

訪問した翌年、住民の声を無視できず、楢葉町は二〇一五～二〇一六年にかけて除染検証委員会（国・県・専門家で構成）を開催。水問題を検討している。だが、ダムの底を浚渫《しゅんせつ》した後の土砂をどうするかでストップしたままである。放射性廃棄物の処理には膨大な費用がかかるという理由からだ。

ちなみに「双葉地方水道企業団」は、風評被害の払拭と福島復興をアピールするために、二〇一八年一一月二日から、五〇〇㎖入り水道水を住民に「安全な水」として販売するとともに（『毎日新聞』二〇一八・一一・三）、東京霞ヶ関庁舎内のローソン店舗では「ふくしま・木戸川の水」を二〇一九年六月一八日より税込み一一〇円で販売している（『日本経済新聞』二〇一九・六・一二）。安全な水を求める地元住民が、行政と企業の壁をいかに切り抜けていくのか、今後も注視していきたい。

4　福島原発避難者損害賠償請求訴訟

事故発生から九年。二〇二〇（令和二）年三月一二日、避難指示が出された楢葉・浪江・大熊・双葉・

富岡町などの住民二一六人が東京電力を相手に計約二四億九〇〇〇万円の損害賠償を求めた（『河北新報』二〇二〇年三月一三日）訴訟の控訴審判決が仙台高裁（小林久起裁判長）で出た。判決内容は、二〇一八年三月二二日の一審・福島地裁いわき支部判決を支持。総額七億三〇〇〇万円の支払いを東電に命じ、二〇〇二年以降要請されていた津波対策の工事を東電が先送りしてきたことが断罪された。この訴訟の原告代表が六年前に楢葉町で出会った住職早川篤雄である。

早川と原発との関わりは、隣町の広野町に火力発電（火発）が建設されることを知り、一九七二（昭和四七）年に結成した「公害から楢葉町を守る町民の会」に始まる。その公害学習で「ついでに」原発を学ぶと「原発こそ将来大変な問題になる」ことに気づく。そこで一九七五年に「原発・火発反対福島県連絡会」を組織し、同年「福島第二原子力発電所原子炉設置許可処分取消請求」を福島地方裁判所に提訴している。その間にスリーマイル島原発事故（一九七九年）、チェルノブイリ原発事故（一九八六年）が起きていたが、一九九〇年の仙台高裁と一九九二年の最高裁はともに請求を棄却した。だが、二〇一一年三月、福島第一原子力発電所の爆発事故が起きる。早川は事故後の避難先で「あんたの言ったとおりになったな」と町民から声をかけられている（『東京新聞』二〇一一・五・八）。原発事故後、早川は放射線測定器をつねに携帯しながら裁判をたたかってきた。仙台高裁の判決後の会見で彼は、「人間の良識を信じて訴えてきたことが報われた」と涙を流し、避難先での関連死が絶えない現状にも触れて、「震災前の生活を取り戻すことが重要」と強調した（『産経新聞』デジタル版、二〇二〇・三・一二）。

5　奪われた地域と生活を取り戻すたたかい

第一次避難者訴訟原告団が結成されたのは二〇一二（平成二四）年一一月一四日。早川たちは被害者住民の生活を守るために福島原発避難者損害賠償請求訴訟のたたかいを進めてきた。その結果今回の判決で二つの画期的な内容がもたらされた。それは帰還困難区域住民および避難指示区域住民に対し、①「ふるさと喪失による慰謝料」と、②「避難生活の継続」と、「『避難』を余儀なくされたこと自体による慰謝料」とが認められたことである。それらは先述した仮設住宅集会室で聴き取った証言と一致する。それぞれが語った具体的内容を左記①〜⑥にみていきたい。

①「原発事故によって、家族が三カ所に離れて住む。放射能で孫は地元に戻れない。近所も戻らないいし、医者もいない。病を抱えており、戻りたくとも戻れない」

②「事故までは広い家に三世代の大家族で住んでいた。野菜も自給自足だったし、魚と野菜を交換したりしていた。今は新鮮でない野菜を買う生活に変化し、出費が大きい」（福島県の三世代同居率は全国第六位、二〇〇五年）

③「近所の八軒のうち七軒は戻らない。隣人がいない場所には住めない。今まで家賃など払ったことがないが復興住宅に入るには家賃を払う。だが年金では支払えない」

④「原発事故後八回も移動。夫の死後、娘を育て結婚させ孫も生まれた。新築した家のローンが残る」

⑤「避難で家族の形態が大きく変わった。若い世代が戻らない。狭い仮設住宅に馴染めずノイローゼに苦

しむ」

⑥「精神障害者一二名と車四台に分乗。四時間かけていわき市に避難。医師・看護師が不在。避難は二、三日と思って薬の用意が不足し、三日後に園生の一人が亡くなる」

とあるように、原発事故による放射線被害で、ふるさとと、地域の人間関係から引き離され、家族も離散し、積み重ねてきた生活を奪われた喪失感の重さは計り知れない。避難先での関連死もつづき、全人格的被害を受けていることがわかる。

この訴訟で注目されるのは、訴訟対象に「国」を含めず東京電力に対する集団直接請求にしたことである。ふるさとを追われ奪われた住民の生活を一日も早く震災前の生活に戻すことが大切で、裁判の長期化を防ぐ方策として考えられた。だが仙台高裁判決後、東京電力は「不服」として最高裁に上告。住民の生活を取り戻すたたかいはつづく。

おわりに

——「安全神話」からの脱皮

仮設住宅の集会室で私が話を聴くことができた住民は一〇人（含 男性一人）で、安全神話に触れた住民は三人だった。七六歳の男性は、「安全神話で四〇年を過ごしてきた。以前は農閑期に出稼ぎに出かけていたが、原発ができて雇用が生まれ、都会並みの単価で雇われた。今回の事故はどんでん返しの体験だった」と、「どんでん返し」の表現を用い雇用確保の場として誘致された原発で起きた事故にいらだちを示した。

女性の一人は「安全だ、安全だ、と言われて信じていた。早川さんの旦那さんが一生懸命原発反対をやっていた。今考えると、原発はないほうがいい」と後悔の気持ちを語った。彼女は原発に反対する早川たちの動きを関心をもって見ていた。だが、安全神話を信じる大勢に逆らえない空気が地域に形成されていた。その空気のなかで夫とともに反原発の運動を継続してきた早川の妻千枝子は、避難住宅で共同生活を送る人々の気持ちに配慮しつつ「町民の多くが原発は安全と聞き、疑問ももたずそれを信用していた。事故が起こることを考えていなかったのだと思う」と、静かだがその言葉に悔しさを滲ませていた。

安全神話を信じて原発を受け容れてきた人々が、ふるさとの生業と暮らしを一瞬にして奪われてしまった後悔の念から出発し、自らの意志で民主主義を実体化させるための一歩を踏み出していた。「生きにくさ」を生きる人々の「今」に注目していきたい。

（二〇二〇年）

参考文献・資料

・『アサヒグラフ』朝日新聞社、一九五二年八月六日号。
・『アサヒグラフに見る昭和の世相―10 昭和29年―30年』朝日新聞社、一九七六年。
・武谷三男著『科学者の心配』新評論社、一九七六年。
・本間龍著『原発プロパガンダ』岩波新書、二〇一六年。
・三宅泰雄・檜山義夫・草野信男監修『ビキニ水爆被災資料集』東京大学出版会、一九七六年。
・『現代農業』農文協、一九六三年九月号。
・NHKTV スペシャル「水爆実験60年目の真実～ヒロシマが迫る〝埋もれた被ばく〟～」二〇一四年八月六日放送。
・高知地方裁判所民事部　訴状「ビキニ環礁水爆実験行政処分取り消し等請求事件」二〇二〇年三月三〇日。
・陳述書甲第九五号証　山下正寿・「ビキニ水爆実験を隠蔽し、被災者救済を放棄した政府の継続的不法行為を問う」

二〇一九年六月五日。
・『反原発新聞』一九八八年～一九九二年。
・「原発のない国へ」『東京新聞』二〇一八年～二〇二〇年。
・海渡雄一著『原発訴訟』岩波新書、二〇一一年。
・日野行介著『除染と国家』集英社新書、二〇一八年。
・『科学』―特集 原発事故避難9年―岩波書店、二〇二〇年四月一日号。
・春名幹男著『ヒバクシャ・イン・USA』岩波新書、一九八五年。
・丸浜江里子著『原水禁署名運動の誕生―東京・杉並の住民パワーと水脈』凱風社、二〇一一年。

〈コラム〉『チェルノブイリの祈り　未来の物語』を読む

――スベトラーナ・アレクシェービッチ著　松本妙子訳

一九五二（昭和二七）年八月六日号の『アサヒグラフ』の特集は「原爆被害の初公開」だった。その日、病に臥《ふ》せっていた父に「おつかい」を頼まれ、馴染みの書店に行く。女主人は「このままお父さんに渡して」と、厚紙を当てハトロン紙に包み、紐《ひも》かけまでして私に渡した。いつもと異なるその包装が気になり、途中、醤油醸造蔵の陰に腰を下ろし、かけ紐を解いて頁を繰った。

後日、父から戦争のこと、原爆のこと、原爆と原子力発電は同じ原理の応用であるとの話を聴く。一方、叔父の「アメリカの原爆よりもソ連の原爆の方がセシウムの量が少ない」との発言に、小学生の私は疑問を抱いた。その二年後の一九五四年三月、アメリカのビキニ環礁における水爆実験で「死の灰」を浴びた第五福竜丸事件が起こり、同年八月一一日号の『アサヒグラフ』は、広島に原爆を落としたB29爆撃機エノラゲイ乗組員一二人の集合写真を掲載した。戦争と原爆、つづく水爆実験。いずれも人間が行った行為。高校生になり、先の叔父の発言は、米ソ冷戦体制下（終結は一九八九年）の政治的発言だったことに気づくのだった。

まさにその冷戦体制下。核戦争を前提にした軍拡競争の一方、原子力の平和利用と銘打った国民教育を徹底し、安全を掲げて設置された原子力発電所。その原発の一つチェルノブイリ原発第四号炉が一九八六年四月二六日午前一時二三分爆発。原子炉と建屋が崩壊（大気中に大量に放出された放射物質は地球上に拡散。日本で記録されたのは五月二〜四日）。

本書の著者アレクシエービッチは、事故後まもなく被災住民の居住地に取材に入り、その後何度も足を運んで「自分の頭でじっくりものを考えている」人々をさがし、①体験したこと、②見たこと、③考えたこと、④感じたことをインタビューした（三〇〇人）。無防備で原発の火消しに従事し全身が破壊されていく消防士に寄り添う妻。六歳で命を閉じた娘を人形箱のような小さな棺に入れた父親。「うれしいんですよ。自分の家に住んでるんだもの」と避難地域から動かず住みつづける人々。婚約者の母親から「ねえあなた、産むことが罪になるって人もいるのよ」と伝えられた女性。「ここの子は生きられないの。生まれたらね、死んじゃうの」と人形に話す少女。「物理学の時代はチェルノブイリで終わった」と語る核エネルギー研究所の実験室長等々苦悩を抱えたベラルーシに住む人々と人間の命の意味や人間が地上に存在することの意味についても記録。

著者の立つ位置は「私自身もみなと同じく目撃者」。本書に記録されたものは、「すべてはじめて明らかにされ、声に出して語られたこと」であって、「人々の気持を再現」したもので事故の再現ではないと断言。語り手の心の揺れが見え隠れする事実から、新しい世界観や新しい視点を引き出すことにより「感覚の新しい歴史がはじまった」という。

この手法は、著者が「自分の師」と呼ぶ、ベラルーシ出身のドキュメンタリー作家アレーシ・アダモービッチとの出会いによって会得。「人々の声、証言、告白、心の記録というジャンル」を自身のものにしたこと、一人の人間によって語られるできごとはその人の運命だが、大勢の人によって語られることはすでに歴史であると述べたうえで、「個人の真実と全体の真実を両立させるのはもっともむずかしいこと」との認識も明らかにしている。

チェルノブイリ原発事故から二五年後、東京電力福島第一原発事故が発生。直面して初めて原子力の平和利用や原発の安全性についてまともに向き合いはじめた個々人にとって、本書に記録された人々の生活の苦難を通して生み出された言葉の力に励まされる、人間の尊厳を保つための勇気とたたかいを捉えた著者の力量が躍動する一冊。

（二〇一六年）

三　原水爆禁止運動から反原発へ

――高度経済成長期の「主婦連合会」の動きにみる

はじめに

原子力の平和利用として、安全性を旗印に国策として推進された原子力発電所の一つ、福島第一原子力発電所の爆発事故（二〇一一・三・一二）は、日本列島のみならず地球上に住む人々に、いのちと健康を脅かすものとして不安と恐怖をもたらし、地域住民の暮らしを破壊した。本稿が分析の対象とする主婦連合会は、戦後の物不足や不良商品追放運動の段階（一九四八～一九五〇）を経て、一九五一（昭和二六）年（第四回総会）以降は「平和・いのち・くらし」を掲げ、科学的裏づけがある消費者運動を目指してきた。とくに、高度経済成長期（一九六〇～一九七四）の主婦連活動の中心は公害とのたたかいであった。その過程で、主婦連が国策である原子力平和利用や安全神話の言説にこだわらなくなっていくのは何故か。その要因を明らかにすることが本稿の目的である。

これまで原子力問題といえば、物理学、政治学、平和運動からのアプローチが多かった。だが、三・一一以降は、工学、医療、地域運動からのアプローチが増加している（国会図書館所蔵論文検索）。これに対し本稿は、消費者運動を展開する主婦連が掲げた「平和・いのち・くらし」の視点から原子力問題にアプローチするものである。なお、考察のための基本資料として、機関紙『主婦連たより』[1]（以下、出典表示は『たより』）（日本消費者問題基礎資料集成8：主婦連合会資料一九四八〜一九九五）を中心に『主婦連と私』等の記念誌やインタビューと、原子力関連文献資料および『国会会議録』等を使用する。

1 主婦連合会は「原水爆」をどのように捉えていったか

(1) 主婦連合会

主婦連合会（以下、主婦連）は、戦後の物不足と物価高に憤る主婦たちに、「経済的自覚を高め、暮らしの課題を政治に反映させるために団結しよう」と呼びかけた参議院議員奥むめお（一八九五〜一九九七）を会長として一九四八（昭和二三）年九月に発足した。[2] 以後、「台所と政治」をスローガンに、[3] 生活のなかから「平和・いのち・くらし」に関わる問題をつかみ出して、消費者の声を政策に反映させる実践的で科学的裏づけのある多様な運動を進めてきた。

機関紙『主婦連たより』の「私達の主張」で奥むめおは「主婦の力で平和を」と題して、「平和は拱手《きょうしゅ》していては来ない。主婦は主婦としての立場を堅持することによってのみ平和出現《ママ》の一翼をかつぐことが出来よう」と、個々の会員に平和実現の一翼を担うことを呼びかけている（『たより』No.17、一九五〇・八・一）。この運動推進力の根底にあったのは「もの言うことを知って立ち上がった主婦」たちの「自分の力を発見した喜び」だった。[4] 主婦連では、「一人一博士《ひとりいちはかせ》」と得意分野をもつことを推奨し、[5] 独自の調査に基づく消費者の意見を行政に表明する場として政府の審議会に積極的に参加してきた。だが、当初は「専門とする会員を国の審議会へ推薦したが大学卒業でなければ駄目だ」と受け容れられず、会員の学歴を調べると初期会員の多くが高等小学校卒で[6]、旧制女学校卒が一割程度、大学卒は数人だった。そこで、学識経験者として高田ユリ（共立女子薬学専門学校卒・同校助教授）を推薦したことがあった[7]。また、会長奥むめおの「庶民の声の代弁者として、利用できるものは利用する」という幅の広い姿勢には批判もあった。副会長だった船田文子は、「婦人参政十周年記念」の懇談会で、「主婦連合会には、社会党の思想を持った人も、自民党系の思想を持った人もございます（中略）選挙は個人の自由、投票は個人の自由ということを固く守っております」と発言している[8]。「奥会長は常々レッテルを貼って行動を狭めることはないといい、全方位志向で動く人だった」とは、機関紙創刊号編集発行人であり第四代会長の清水鳩子（一九二四〜二〇二〇）の証言である（山村聞き取り、二〇一二・一二・六）。元東京新聞記者・松田宜子は、「奥会長の戦前の婦人参政権運動、女性労働活動、消費組合運動、セツルメント活動などの人脈が縦横無尽に働いた」と記し[9]、鳩子の証言を裏書きする。鳩子自身も『消費者運動50年―20人が語る戦後の歩み』のインタビュー（一九九五・一一・二四）に応えて「運動を成功させるためには、目的が同じだったら多少思想信条が異なっていても、一緒にやったらいいいんです。……消費者も仔細なことで運動の輪から絶対外れてはだめです」と応えている[10]。この幅広く多面的な消費者団体主婦連は、原子力問題をどのように捉え動いたのか。

(2) 生活者視点で捉えたビキニ第五福竜丸事件

主婦連が機関紙で「水爆の出現」を伝えたのは一九五二（昭和二七）年一一月だが、原水爆禁止を訴える運動を展開する契機は一九五四年三月一日のビキニ環礁におけるマグロ漁船の被曝事件である。同月一四日、被曝した第五福竜丸が静岡県焼津に帰港する。焼津の鮮魚店では「当店では原子マグロは取り扱いません」の看板を掲げ[11]、消費者の被曝マグロに対する恐怖は拡大した。

三月一六日、読売新聞が、第五福竜丸被災をスクープした。東京築地の中央卸売市場では水揚げされた二六一貫のキハダ・メバチマグロやヨシキリサメが入荷すると競りを中断。放射能検査を受けて汚染が判明した水産物は市場の一角に三メートルの穴を掘って埋められた。主婦の魚に対する不安は深刻で魚の値段は低落した。東京都は宣伝カー五台とラジオを通して「安全」を連呼してポスターも貼り、ガイガー計数管を四台購入している[12]。検査を受けた漁船は二七二九隻におよぶが、一二月二八日、マグロ放射能検査の廃止が閣議決定され、三一日限り検査は中止された（アメリカへ「ツナ缶（マグロ缶詰）」の原料を輸出する業者の意図が強く反映していた）。この時点で、全国の原水爆禁止署名数は二〇〇八万一二三二筆だった。

主婦連は右記の台所まで押し寄せた水爆の恐怖とたたかうため、四月六日に参議院会館第五会議室で地域婦人団体連合会（地婦連）・日本婦人有権者同盟・矯風会・生活協同組合婦人部・日本婦人平和協会等と合同対策打合会を開催した。その結果、「今後世界のいかなる国に於いてもこの犠牲をくり返させてはならぬ」と、「原爆兵器の製造・使用・実験を中止すること、原子力の国際管理と平和的使用」を決議し、四月三〇日には全地婦連代表者とともに在日米大使館を訪問。その「決議文」を「世界各国の政府・ローマ法王・各国婦人団体・宗教団体・生活協同組合などの外、パール・バック、バンディエット夫人、ルーズヴェルト夫人」などに送ることになった（『たより』No.60‐61、一九五四・四・一五〜五・一五）。

「私たち日本人は広島と長崎で人類最初の原爆被害者となり、今回の水爆実験で実に第三回目の犠牲者を出しました」ではじまるこの要望書の特徴は、まず、アメリカが行った水爆実験が日本列島に暮らす人々にもたらした放射能被害の実態を生活者視点で具体的に提示し、後半で「原子兵器の製造・実験・使用の禁止と原子力の国際管理と平和的利用」を表明していることである。

その前半の内容は、（一）広島・長崎に次いで今回のビキニ水爆実験で三回目の犠牲者が出たこと、（二）タンパク源を魚に頼っている日本人の家庭では恐怖のために魚が食べられないでいること、（三）放射能を受けた魚はすべて地中に埋められたこと、（四）魚屋は生存権を奪われようとしていること、（五）農作物からも放射能が発見され、魚も農作物も安心して食べられないこと、（六）空気中に混じった放射能が何時わが身に付着するかも分からないという恐れが日本中を包んでいること等、放射能被害におののく人々の暮らしの実態を示して世界に訴えた（『ビキニ水爆被災資料集』五〇一頁、東京大学出版会、一九七六年。『世界』岩波書店、一九五四・六）。

(3) 原水爆禁止運動

国会決議と奥むめお　「決議文」が出された前日、一九五四（昭和二九）年四月五日は第一九回国会の会期中だった。この日、衆参両議院は「原子兵器の使用禁止と原子力の平和利用促進」を決議。奥むめおは、参議院本会議「原子力国際管理並びに原子兵器禁止に関する決議案」の審議会で発言し、「強力な原子爆弾の保有によってのみ平和は確保されると考えるのはこれは驚くべき錯覚」と、「誤った平和論」として糾弾した。つづけて「原子力を平和のために役立たせるならば、病気を治すことができ（X線＝レントゲン検査等）、生活を豊かにする動力源ともなると聞く（中略）原子力が人類の平和と幸福のためにもちいられることを祈ってやまない」と原子力平和利用への期待を示した（「第一九国会・参院・本会議議事録」二九号、一九五四・四・五)。

しかし、その一〇日後に発行された『主婦連たより』の解説記事「原爆をめぐる世界の動き」は、「人類の破壊より他に使い道のない水爆を作り出した廿世紀の科学は世界を断崖の縁に立たせています」と科学の発展が人類を破滅させるという新たな課題を抱えたことを示唆した(『たより』No.60、一九五四・四・一五)。だが、国会決議の一カ月前には原子炉築造関係費用を盛り込んだ予算案が衆参本会議で即決されており、日本の原子力平和利用は上記の解説記事が指摘した科学が抱えた新たな課題を問うことなく、政府主導の国策として始動していた。

署名運動 一方、全国的な署名運動で先駆的役割を果たした東京・杉並では、五月九日に「原水爆禁止署名運動杉並協議会」が結成され、そのアピールのなかで前述した解説記事と同じく「世界の科学者たちは原子戦争によって人類は滅びる」と警告していること、「原水爆禁止は全人類的課題である」ことを訴えた。八月八日には「原水爆禁止署名運動全国協議会」が結成され、奥むめおは、湯川秀樹・賀川豊彦等とともに一二名の代表世話人の一人となった。むめおは『主婦連たより』一〇月号の主張に「人のいのちを大切に」と題して「日本中から集められた原水爆反対の署名は一二〇〇万(翌年八月四日現在の署名数は三一八三万七八七六筆)と集まって、国民の嗚咽《おえつ》が全世界にこだましている。原水爆反対闘争は決して単なる政治運動ではない。生きたこの身にふりかかる現実の恐怖であることは、黄変米の猛毒問題(13)と同じである」と述べ、度重なる被爆を受けた日本の外務大臣がアメリカの原水爆実験に協力すると表明したことに憤り、「人のいのちを尊重することが政治の第一義であり、そのような社会秩序を確立する責任が私たちにある」と、署名運動に関わる個々の会員に責任の自覚を説いた(『たより』No.66、一九五四・一〇・一五)。しかし、ここではいまだ原子力の平和利用の安全性を問う見解はみられない。

(4) 第三回原水爆禁止世界大会——主婦の参加

一九五八（昭和三三）年一〇月、岸信介首相が、アメリカに帰国するＮＢＣ記者セシル・ブラウンによる総理大臣官邸におけるインタビューで、憲法九条を廃止し自衛隊を強化して核武装化を図ることをほのめかしたことが全米で放送されたことが判明。国会では日本の核武装化が問題になった（「第三〇回国会・衆議院会議録」九号、一九五八・一〇・一六）。

その前年の五月七日、第二六回国会で岸信介は、「日本国憲法下でも自衛のための核武装の可能性」を発言（「参院・内閣委員会会議録」二八号）。奥むめおは八月の『主婦連たより』主張欄に「原水爆の禁止へ」と題した一文を掲載、「原水爆禁止は日本が世界にイニシア《ママ》をとって闘い進むべき当面の重大な問題である」と記し、そのうえで、「平和・いのち・くらし」を重視する消費者運動の視点から第三回原水爆禁止世界大会の意義を伝えた（『たより』No.99、一九五七・八・一五）。

その内容は、「東京で開催された第三回原水爆禁止世界大会が盛況裡に進められたこと／二五カ国から代表（九七名）が参加し日本の参加者（三九八一名）の三分の一を主婦が占めていたこと／代表者たちは大会参加費や旅費を地区婦人会や所属グループのカンパで支えられてきたこと／その支援には日本の主婦たちの平和への痛切な祈りがこめられていたこと」をあげ、原水禁運動への主婦の参加を「本運動最大の勝利」と評価した（『第三回原水爆禁止世界大会議事速報』一九五七・八・六～一六）。この時点では、主婦連の個々の会員やグループは、自らの判断で原水禁運動や母親運動（『たより』No.１１１、一九五八・八・一五）に関わっていることが資料から読み取れる。

主婦連が組織として原水禁世界大会へ正式参加を表明したのは一九七九年である。春野鶴子副会長（長崎出身）は、市川房枝らとともに大会の実行を呼びかけるメンバーとなった。正式参加の理由は、「今年は、はじめて市民団体も参加する開かれた統一大会となり、主婦連合会もはじめて世界大会の正式参加を決定しました」と機関紙に掲載した（『たより』No.３６０、一九七九・八・一五）。その後主婦連は、原爆ドーム保存運動（一九八九）、被爆者援護法成立支援（一九八五～一九九〇）、第五福竜丸の船体およびエンジン保存運動（一九九六～二〇〇〇）などに取り組んでいく。

(5) 第五福竜丸エンジン保存運動

一九九六（平成八）年一二月二日、四二年前の事件後、船体から切り離され貨物船に使用され、廃棄された第五福竜丸のエンジンが、紀伊半島の沖で引き上げられた。これを知った和歌山市民の呼びかけで、「核兵器による被曝の証人・エンジンを東京・夢の島へ」運動が開始され、四二一の団体と二万四九三三名（一九九八・二・二〇集約）の個人が運動の支援者となった。

一九九八年二月、エンジンを搭載したトラックが和歌山の生協三井寺店を出発。大阪・奈良・京都・彦根・大垣・名古屋・豊橋とリレー。その後はビキニ事件の被害を受けたマグロ漁港「焼津」・「三浦（三崎港）」を経て東京夢の島に到着した。夢の島での「第五福竜丸エンジンお帰りなさい集会」には、元第五福竜丸乗組員大石又七と小塚博も参加し、大石又七は「エンジンと船体はビキニ事件と仲間の無念を永遠に伝えてくれる」と語った（『たより』No.５８４、一九九八・四・一五）。

一方、都庁前のエンジン贈呈式で挨拶した清水鳩子（第四代会長一九九五〜一九九九）は、「第五福竜丸の保存には多くの困難があったが、再び船の心臓ともいえるエンジンを保存しようという市民運動の盛り上がりの結果、船体との再会を実現させることができた。これは、人類の平和と核兵器廃絶を願う国民の平和への熱い思いの結実。第五福竜丸は過去の歴史ではない。未来の人類の命運を掲示している」と、日本の原水禁運動の出発点となったビキニ事件の証となる船体とエンジン保存の意義を伝えた（『たより』No.584）[14]。

この運動を担った清水鳩子は一九二四（大正一三）年福井県生まれで、「戦時教育（東京女子師範学校卒）の優等生」であった。だが、母（奥むめおの妹）は「こんな馬鹿な戦争に勝てるわけはない」と、集団行動をいやがり一度も地域の防空演習に行かなかった。「母が捕まる」と思った鳩子は、母に代わり防空演習に出た。戦後、「母は正しかった」と気づく。以後、母の生き方は鳩子に大きな影響を与えた。後年、清水鳩子は原子力資料情報室世話人・高木仁三郎（一九三八〜二〇〇〇）と親交を深め、特定NPO法人高木仁三郎市民科学基金設立発起人の一人にもなっている（山村聞き取り、二〇一二・一二・六）。

修復されたエンジンが第五福竜丸展示館の隣に展示されたのは二〇〇〇年一月二二日。以後、核兵器廃絶を願うお花見平和のつどいが毎年開催されている（『たより』No.728、二〇一〇・四・一五）。

2　主婦連合会は、原子力の平和利用をどのように受け止めていったか

(1)　原子力は両刃の剣

一九四九（昭和二四）年の一〇月、機関紙第七号は、「ノーモア・ウォーズ、平和は女性から」と題して

「原子力を病気を治すことや機械の動力や寒地の温暖など、福祉平和の為に利用しなければならない」と記した。この認識は、まだ平和利用とはいわれなかった時期で注目される。一九五三年の日米開戦記念日の一二月八日、アイゼンハワー米国大統領が国連総会で「平和のための原子力」を演説。この一九五三年を「電化元年」と唱えた日本の電気業界は、五〇年代後半には家庭電化製品を「三種の神器」の宣伝で消費者の購買力を煽り、一九五六年の『経済白書』は「戦後復興による成長は終了した」として、今後の発展は「原子力の平和的利用とオートメーションによる」と記した。[15]同年三月、『主婦連たより』の解説記事「原子力国産化に問題」は、「ヒロシマからビキニの灰へと、私たち日本人には原子力の恐しい記憶がつきまとっていますは」と被爆の記憶を記す一方、「原子力は両刃の剣」と転じ、「平和的に利用すれば国民経済はどれほど豊かになることでしょう」との認識を示し、国家経済の問題として容認している（『たより』No.83、一九五六・三・一五）。

それから三年を経過した一九五九年一二月の参議院商工委員会での奥むめお発言でも、「立ちおくれております日本が数年後には原子力発電も実現するであろうと、明るい新しい時代がとにかく近づいていると考えます」と、前述した第一九回国会での発言「病気を治すこと」から「原子力発電」の表現に変化、原子力発電を「明るい新しい時代」につなげ、受容する姿勢が読み取れる（「第三三国会・参院・商工委員会議事録」五号、一九五九・一二・三）。この認識を変える契機となった事柄が、次に述べる一九六二年の「国立放射線医学総合研究所」見学会である。

(2) 平和利用に対する不安と疑問

ビキニ事件から八年後の一九六二(昭和三七)年四月二〇日、主婦連会員が原子力の平和利用に対して疑問や不安をもった最初の契機となる見学会が企画された。見学場所は千葉市稲毛にある「国立放射線医学総合研究所(現 国立研究開発法人量子科学技術開発機構放射線医学総合研究所)」。当日参加した会員七〇名は、放射線の医学的利用や放射線防御など、原子力の平和利用を研究する科学者たちから丁寧な説明を受けた。ところが、核爆発の人体や農作物への影響など会員から発せられた切実な質問に対しては、科学者たちは「わからない」を連発した。会員は科学者にも答えられないことがあるという不安と、情報を隠さずに知らせているのだろうかという疑問を抱えることになった。加えて放射線を当てられ毛が黒変した二十日鼠の前で足が釘づけになった会員たち(『たより』No.155、一九六二・四・一五)が抱いた「科学の発展によっていいのちや健康が脅かされる」という「気づき」は、原子力潜水艦寄港問題にも眼を向けることになり(『たより』No.184、一九六四・一一・一五)、生活者視点で原子力の平和利用の安全性を追求する萌芽となった。

以上、一九六二年に抱いた疑問と不安の「気づき」の芽は一九七三年の第二の「気づき」に受け継がれ、原子力の平和利用に対する安全性追求や反核・反原発運動へと貫かれていくこととなる。一九六三年一〇月二六日、日本原子力研究所の東海村原子炉で日本初の原子力発電が行われた。政府は一九六四年七月三〇日の事務次官会議を経て、翌日の閣議で一〇月二六日を「原子力の日」とした。以後原発建設が促進されていった。

(3) 公害とユリア樹脂摘発にみる安全性の追求

一九六〇(昭和三五)年三月から四月にかけて各国の消費者テスト機関がオランダのハーグに集まり、第一回国際協議会が開催され国際消費者機構(IOCU・一九九五年改称 CI)が誕生する。世界各国で消費者保護の必要が問われていたのだった。会員資格は消費者運動機構であり、業界の支援や影響から独立した非営利機構であることで、主婦連は一九六三年に加入した(『たより』No.174、一九六三・一二・一五)。一九八四年にIOCU名誉顧問となった野村かつ子(一九一〇〜二〇一〇)が寄稿する「海外たより」の情報や「原子爆弾と原子力発電は同じ問題」と捉える(『たより』No.355、一九七九・三・一五)アメリカの弁護士で社会運動家のラルフ・ネーダー等海外の消費者運動のリーダーとの交流もIOCU入会を契機に生まれた。地球規模で捉える「平和・いのち・くらし」の情報は、日本の消費者運動の一組織である主婦連に原水禁・反原発を人類全体の問題として考える機会をつくった。

公　害　一九六〇年代以降、日本の消費者運動の特徴は公害と安全性の追求である。一九六四年四月には庄司光・宮本憲一著『恐るべき公害』(岩波新書)が出版される。一九六一〜六二年に全国で発生した公害が「公害日記」として記録され、「大気汚染・水汚染」がそのほとんどを占めており、いのちと健康の土台となる大気や水が危機的状況を抱えていたことがみてとれる。その代表例が「水俣病」で、主婦連の機関紙でも繰り返し取り上げている(『たより』No.229、一九六八・四・一五)。

一九六五年以降七〇年代にかけての『主婦連たより』の誌面に公害発生の記事が増加する。たとえば「毒ガスの中に住む庶民」(『たより』No.197、一九六五・一二・一五)、「公害追放に立ち上がろう」(『たより』No.229、一九六八・四・一五)、「ひどくなるスモッグ」(『たより』No.235、一九六九・三・一五)などや、「人命尊重の厚生行政を／食生活を脅かす農薬」(『たより』No.201、一九六六・四・一五)などに加えて、アメリカで妊娠中の母親の歯科診療でのX線照射を警告したラルフ・ネーダーの活躍や、ソ連放射能研究所の放射能汚染研究なども紹介され、いのちと健康に関わる安全性に強い関心が向けられていく。

一九六七年五月、『安全性の考え方』(岩波新書)が刊行された。編者は立教大学理学部教授・武谷三男(一九一一〜二〇〇〇)である(後述、一九七四年開催の第二六回「主婦大学」講師)。そのまえがきには「科学の悪用に対する戦後最大のたたかいは原水爆の『死の灰』に対する日本国民の闘いである」と記され、安全性追求で活躍した人々を記録した。その構成は「主婦のちから／小児マヒと母親／水俣病／公害の街・四日市／沼津市・三島市・清水町住民の勝利／三井三池の悲劇／白ろう病／原子力の教訓／薬の危険性／加害者と数字／「原因不明」のからくり／法律の限界／安全性の哲学」と、六〇年代の日本の社会を切り取るかのように、異なる分野で活動する人々の安全性追求のたたかいが記録されている。

ユリア樹脂摘発　その最初に取り上げられた「主婦のちから」(前掲『安全性の考え方』一一〜一七頁)が、主婦連の女性科学者たちによるユリア樹脂食器摘発の功績である。その安全性追求の試みは一九六六年のことで、「幼児用の食器が耐熱性というので茶碗蒸しを作ったらヒビが入った」という苦情から始まった。ユリア樹脂は摂氏六五度までは耐えられるがそれ以上は変形する。ユリア樹脂の原料は尿素とホルマリンで、ホルマリンは殺菌・消毒・防腐の作用があり毒性も強い。試験室に集めたユリア樹脂製食器に熱湯を注ぐとホルマリンが出た。

主婦会館三階に配置された「日用品試験室」の主任高田ユリ(16)(一九一六〜二〇〇三)ら三人の女性科学者

たちは「幼い子供たちを守る」という信念で、ユリア樹脂食器三〇一点のテストを繰り返した。その結果を「プラスチック製食器調査結果報告書—ユリア樹脂を中心として」にまとめて発表し、資料を提示してユリア樹脂食器の製造販売の禁止を行政と業界に要望した。その活動は業界の圧力を受けたが、綿密なテスト結果で裏打ちされたデータは厚生省を動かし、新しい衛生基準の規格が告示され、品質表示も明確にされて安全性を獲得することができた（『たより』No.２０５、一九六六・八・一五、No.２０６、九・一五、No.２０９、一二・一五）。この「日用品試験室」の女性科学者たちの功績は、科学的な調査に基づいて行動することを基本姿勢とする主婦連にとって、歴史に残る功績となった。一九六七年、消費者保護基本法が成立する。産業優先の政治から生活優先の政治への転換の訴えは、消費者の権利を守り、原子力平和利用の安全性追求にも生かされていく。

(4) 原子力平和利用の安全性を問う

一九七〇年代の主婦連は高度成長期に生み出された産業公害とのたたかいの最中にあった。消費者保護基本法が成立しているにもかかわらず、公害発生件数は六〇年代と比較して圧倒的に七〇年代の方が多く、内容も多様である。一九七〇年八月の『主婦連たより』の主張は「公害に主婦の怒りを結集しよう」と呼びかけ、「公害暴風雨が日本列島に吹き荒れている」と前置きして光化学スモッグ・ヘドロ・水銀・カドミウム汚染（イタイイタイ病）・一酸化炭素・亜硫酸ガス・騒音・ＢＨＣ（殺虫剤）汚染牛乳・産業廃棄物・農薬・食品添加物・種痘・医薬に加えて交通禍・物価高・住宅難・麻薬・冷暖房禍をあげている。そのうえで、「消費者、住民側も被害を隠したり夫の勧めている会社だからと遠慮して、沈黙してきた例が余りに多い」

と指摘している（『たより』No.252、一九七〇・八・一五）。

次いで一一月の主張欄は、「経済性と公害」と題して産業の発展で公害が激増したことをあげ、「安全性と経済性の両立は所詮不可能なのか」と疑問を投げかけ「安全なき経済性は絶対に排斥しなければならない」と主張した（『たより』No.255、一九七〇・一一・一五）。消費者運動の公害とのたたかいは、個々の会員に企業の不正義に眼を瞑《つぶ》らない「個の確立」を求めていた。

一九七三年九月の『主婦連たより』は新潟支部が発行する「消費センターだより」に掲載された放射線照射問題を、「身近にある放射線—その安全性は」と題して取り上げた。その内容は、原子力委員会のもとで一九六七年九月に「食品照射の研究開発計画」が開始されたことと、コバルト60照射によるじゃがいもの発芽抑制が一九七二年に実用化段階に入ったことを伝え、「これ以上不安はごめんだ」と安全性を追求するものだった。そこで今後は殺菌・殺虫・熟度調整など対象品目拡大（七品目じゃがいも・玉葱・米・小麦・みかん・魚練り製品・ハム／ソーセージ）や、レントゲン検査も含めて、身近にある放射能の安全性を問う必要性があると警鐘を鳴らした（『たより』No.289、一九七三・九・一五、No.332、一九七七・四・一五）。これは原子力平和利用の安全性に疑問をもった第二の「気づき」となる。一九七四年五月一五日、通産大臣中曽根康弘は国会答弁で、原子力発電所が公害を生み出す可能性を示唆しており（「第七二国会・衆院・商工委員会議録」第三五号）原子力の安全性学習の動機ともなった。

(5) 原子力発電の安全性——科学者から学ぶ

武谷三男と久米三四郎　主婦連では、会員を対象とした生涯教育を重視、科学的裏づけがある学習の場として毎年九月に「主婦大学」を開催している。一九七四（昭和四九）年の第二六回では六講座が設定され、その講師の一人として前掲の武谷三男を招いた。武谷のテーマは「安全性について――原子力から添加物まで」とされ、「主婦大学」のテーマに初めて「原子力」が加わった。

翌年に開催された第二七回講座（一九七五・九・一九）では、大阪大学講師で、前年の一一月一一日の「参議院公害対策及び環境保全特別委員会」の参考人として原子力発電と放射性廃棄物（ストロンチウム・セシウム・プルトニウム）について意見を述べた核化学者の久米三四郎（一九二六～二〇〇九）が、「原子力の安全性について」をテーマに講義した。久米は「四国電力の伊方《いかた》原発差し止めの行政訴訟の原告側（住民側）の特別補佐人として裁判に関わっていて、当時すでに日本全国で起こっていた反原発運動に関わる住民にとっては、もっともたよりある専門家」であった(17)。

久米の講義は会員の関心がもっとも高かった内容だった。そのため六項目にわたる講義内容の要約「原発の是非／原子力発電所の仕組みと問題点／漏れ出る死の灰／放射能の性質／死の灰のゆくえ／プルトニウム」が、翌月の『主婦連たより』に再録されて（No.314、一九七五・一〇・一五）、全会員が原子力の安全性について基礎知識を得ることを可能にした。この原子力の安全性についての講座が二年連続して設定された背景には、公害問題で法整備を要求し安全性を追求してきた主婦連の実績を踏まえてきた姿勢があり、原子力の安全性についても基礎知識の共有を必要とする状況が生じていたのではないだろうか。

何故なら、筆者が六三年間の『主婦連たより』（一九四八・九～二〇一一・一二）を見る限り、長崎・新潟・鳥取などの会員からは原子力の安全性に関わる草の根運動の報告や発言が掲載されているのに対し、原発が集中立地する福井の会員からの発言や報告はいっさいみられない（後述、鳥取県連合婦人会の近藤久子見解)。こうした状況の克服には環境保全の視点から、原子力発電について会員間の共通理解を醸成する基礎知識が必要だったと思われる。

(6) 原子力平和利用への疑問から反原発へ

先述したように、主婦連の原子力の平和利用に対する認識の変化は、放射線医学総合研究所見学(一九六二)や農産物の放射線照射の応用(一九七三)等、医療・農産物など身近な原子力の平和利用に不安や疑問をもったことに始まる。さらに、ユリア樹脂摘発や高度経済成長期に発生した公害の具体的な実態調査に基づく安全性を保障する法整備などの取り組み、加えて「主婦大学」で原子力の安全性についての科学的基礎知識を獲得していった意義は大きい。

電気料金値上げ　次の「気づき」は、家計への影響が大きい電気料金値上げ問題である。まず、田中角栄内閣のもとで原子力エネルギーにシフトした電源三法(電源開発促進税法、電源開発促進対策特別会計法、発電用施設周辺地域整備法)に基づく一九七四(昭和四九)年の値上げに対しては、五月時点で「電気料金の支払いは自分の手で、自動振替はやめよう」と、銀行まかせにせず、自ら電気料金の領収書確認の励行を勧めた(『たより』No.297-298)。その後、消費者が支払う電気料金に政治献金が含まれていたことが発覚、八月には消費者団体・市民グループの追及で、電力会社に献金を取り止めさせた(『たより』No.300、一九七四・八・一五)。

一九七六年五月の値上げ時には、清水鳩子が主婦連を代表し参考人として国会で発言。全電力使用量の七三・六%が産業用で、家庭用は二六・四%であるにもかかわらず、電気料金収入の三四・四%は家庭用から徴収しており、産業用に比べ消費者負担率が高い。また徴収した電気税の大部分が電源開発費用で、原発建設費用のツケはすべて消費者にまわってくるとして、「値上げの狙いは原発中心の電源開発」と問題の本質を明らかにし、値上げ反対の意見を述べている（「第七七回国会・衆院・物価問題等に関する特別委員会議録」第五号、一九七六・五・一一、『たより』No.３２２、一九七六・六・一五）。

こうした事態に対し主婦連は、「誰のための電気事業か、産業中心の電源開発で再び高度経済成長のにがい経験をくり返そうとしている」と、安全性に確証がもてない原子力開発に疑問を投げかけ世論を巻き起こして、政府や電力会社に国民生活優先と、公害のない環境づくりのための電力需給計画に切り換えるようはたらきかけようと呼びかけた（『たより』No.３２３、一九七六・七・一五）。個人会員で「ひとりひとりが原子力の恐ろしさを考える会」の加藤真代は、電気料金を黙って支払うことは、原発に力を貸すことになると、自ら電気料金不払いを実践して一〇日余り電気なしの生活を実践している（『たより』No.３２９、一九七八・一・一五、前掲野村かつ子評論集『わたしの消費者運動』二二六〜二二七頁）。

反原発の表明　以上みてきたように、主婦連は高度経済成長期に企業によって生みだされた多種多様な公害問題を、安全性追求を前面に出して関連諸官庁に出向き政策に反映させる活動に加え、電気料金値上げ問題と取り組む過程でも、原子力発電所建設による家庭経済の負担を国会の審議会で参考人として明らかにしてきた。この暮らしの実践活動と学習による科学的思考の拡がりと深まりが、「原子力平和利用」の言説にとらわれない認識を生みだしていったといえよう。

一九七七（昭和五二）年一〇月、主婦連は高田ユリ副会長を先頭に、東京で開催された「原子力発電はいりません」と主張する「反原子力週間77」に参加し、有楽町の消費者センターに「巨額の原発建設費は私たちの電気代にはね返ってきます」と記したパネルを展示した。一〇月二六日の「原子力の日」に合わせて開かれた集会は、「原子力発電の安全性・経済性・必要性に疑問を表明し、強引な開発にストップをかけよう」と考えた団体や個人が集まった。

高田ユリは、武谷三男、市川房枝らとともに「原子力開発を考え直そう」の呼びかけ人となり、「原子力開発が核武装・軍事利用と不可分であること、核廃棄物やプルトニウムは、子孫の生存を脅かし数十万年にわたって不安を与え続けるものとなる」と訴えて、「反原発」を明確に表明したのだった（『たより』No.339、一九七七・一一・一五）。

(7) 原子力の平和利用という美名のもとに――米・ソの原発事故

主婦連が「反原発」を表明した一年五カ月後、アメリカのスリーマイル島で原発事故が起きた（一九七九・三・二八）。四月一五日付『主婦連たより』の一面見出しは、「アメリカの原発事故／的中した不安／原子力発電をとめて総点検せよ」である。リード文の書き出しは「原子力の平和利用という美名のもとに世界中に広がりました」（傍点筆者）である。この「平和利用という美名のもとに」という表現は、「主婦連では、五十三年度（一九七八）の運動目標に『原子力発電は、安全性の不確かなままに建設することに反対する』と決議しています」からくる表現（『たより』No.346、一九七八・六・一五）で、科学的裏づけのある消費者運動を目指してきた主婦連が、「原子力の平和利用」の言説にとらわれなかった姿勢を明確に示している（『たより』No.356、一九七九・四・一四「運動方針」一九七八～八三、八七）。

早速、主婦連を含む四婦人団体（全国地域婦人団体連絡協議会・東京都地域消費者団体連絡会・日本婦人

有権者同盟）は連名で、原発操業停止と総点検を政府および関係諸機関を訪ねて訴えた。誌面には高田ユリが原子力委員長に要望を伝えている写真が掲載された。一面のリード文では「生命を生み、育て、守る母親や女性の立場から、操業をストップして総点検せよ」と記されるが、諸官庁・関係機関に出された「要望書」では「私共、子供を産み育て、暮らしを守るものにとって」と変化する（『たより』No.３５６）。「平和・いのち・くらし」の問題を母性原理に依拠しつつも、消費者運動の軸ともいえる生活者原理で捉えようとしていることがみてとれる。

主婦連たより

アメリカの原発事故

原子力発電をとめて総点検せよ

集中した不安

四婦人団体で申し入れ

『主婦連たより』No.356、1979.4.15
スリーマイル島事故を伝える

高木仁三郎　「主婦大学」の原子力についての講座は一九八〇年代に入ると、第三四回の埼玉大学教授・市川定夫（一九三五～）による「原子力と遺伝子工学の生物学的安全性」（一九八二・九・二二）の講義を経て、第三八回は原子力資料情報室世話人・高木仁三郎（一九三八～二〇〇〇）による「チェルノブイリ事故と原子力発電の安全性」（一九八六・九・一九）の講義が行われた。一九八六年四月二六日に起きた旧ソ連（現 ウクライナ）のチェルノブイリ原発事故から約五カ月目であった。

その内容は、「放射能汚染は地球的規模で拡散／低レベルでもガン―こわい体内被曝／天然とは違う人工の死の灰／原子炉を一年間運転するとどの位の放射能ができるか／ソ連国内の状況は／世論で誤った軌道修正を／非人間的な巨大技術考え直すべきとき／脱原発めざすヨーロッパ」と多岐にわたり、具体的事象と数値を挙げ、会員間での検討材料が提供されている。高木仁三郎は日本の原子力発電所の現状（一九八六年七月時点で稼働中三三基、その後五四基に増加）を伝え、「日本は三三基も抱えているのだから、日本中が原発の『地元』であるという問題意識で真剣に考えてほしい」と訴えた。その二カ月後、「学んだことを運動のバネに」と記されて紙面全体を使い大要を掲載し、会員共通の基礎知識として届けられた（「たより」No.４４７、一九八六・一一・一五）。

以上、「主婦大学」の原子力に関わる講演者は、いずれも「安全性」をテーマにしており、「市民とともに考えていこう」という科学者であった。主婦連の会員が、一九七〇年代から八〇年代にかけて原子力の安全性を考えるための基礎知識を学んでいったことの意義は大きい。

3　主婦連合会と草の根運動

戦後日本の高度経済成長による暮らしの変化は、労働力の供給源となった農山漁村社会に構造的な変化をもたらした。とくに日本列島の沿岸部に生じた過疎地域では次々に原子力発電所建設問題が起き、各地で草の根の建設反対運動が展開することになる。

主婦会館の建設　一九五一（昭和二六）年、第四回総会の代表挨拶で奥むめおは運動目標に全国組織結成を掲げた。その実現のために、北海道から九州まですべての婦人団体が主婦連とともに強力な連合体をつくることと、固定した活動拠点を確保し、科学的データを得るための実験室も設けた主婦会館の建設を訴えた。この主婦会館建設資金については、一九四九年から開始していた積立金を「基金」として目標額「総額壱千百万円」の募金を会員に呼びかけた。[18]その額は、「職業婦人社」以来奥むめおと交流があった平凡社社長（当時）下中弥三郎が申し出てくれた土地の購入代金だった（『主婦連と私』一〜二頁）。一九五六年、待ち望んだ主婦会館が四谷駅前に落成した。通算七年におよぶ募金活動は主婦連活動の結束力を強めていった。[19]

中央委員新設と「地方たより」　創立から一八年目の一九六六（昭和四一）年の総会で、地方代表からなる中央委員が新設されることになった。[20]総会では「すべての消費者が団結すれば世界を変えることができる」をスローガンに掲げ、一九六七年度の中央委員は被爆地二県と原発立地八道県をふくむ地方代表から二五人が選出された。一九六〇〜七〇年代の主婦連では、全国の草の根運動の情報を共有する機会が積極的に作られていった。

ちなみに今回、主婦連が反原発を掲げていく道程を『主婦連たより』でたどると、各地域の活動が「地方たより」に掲載され、全国の会員同士が情報を共有し、ともに学び合う場が提供されていた。後述する長崎の小林ヒロ（中央委員）からは被爆地の原水爆禁止運動と原子力船「むつ」の受け入れ問題が、新潟の谷美津枝（中央委員）からは食品添加物問題／水道フッ素添加問題／農薬の空中散布／巻原発建設阻止運動の動きが、[21]鳥取の近藤久子（地方代表）からは湖水問題と青谷《あおや》の長尾鼻《ながおはな》岬原発建設阻止運動が、[22]地域の草の根の声として発信されている。彼女たちは長崎・新潟・鳥取と、それぞれの地域活動で中心的役割を担った女性たちで、地域活動を通して自治体行政の枠を広げ国政とつながらなければ解決しない問題があることを察知した人々でもある。彼女らは、原子力に関わる地域の情報を互いに共有することで問題の本質を捉えていった。

長崎・小林ヒロ（一八九八〈明治三一〉年生） 長崎県立女子師範学校卒業の小林ヒロは被爆体験者として一九五〇年以降、市議会や県議会の議員を務めつつ婦人会の平和運動を率いてきた。『主婦連たより』での小林ヒロの初見は、一九六一年一二月の全国代表者会議の「苦情窓口」設置報告である（『たより』No.151）。彼女は長崎県婦人団体連絡協議会会長と地婦連副会長を兼務し、主婦連の中央委員も担った（『たより』No.216、一九六七・七・一五）。一九七二年一〇月には、「中央での消費者運動、婦人活動をつぶさに学習し、経験させ、長崎の婦人会館でその体験を生かすためには主婦連が最適」との判断で、長崎から臼井直江（後に主婦連事務局員）を連れて四谷の主婦連の事務局を訪れ、長崎出身の春野鶴子副会長や中村紀伊副会長、清水鳩子事務局長たちに臼井直江を紹介している（『主婦連と私』八五〜八六頁）。

四年後の一九七六年三月、「被爆県民でさえ受け入れたと言わせたいのか」ではじまる「原子力船『むつ』受け入れ反対」の小林ヒロの抗議文が、八段組で『主婦連たより』に掲載された（『たより』No.319、一九七六・三・一五）。彼女は一九七四年に放射能漏れ事故を起こして彷徨《ほうこう》する「むつ」の原子炉の安全性を問うとともに、石油危機を口実にアメリカから大量の原子炉と核燃料を買い込み、今後一〇年間に三〇カ所以上の原子力発電所をつくろうとしている国家政策に問題の本質があることを抉《えぐ》り出している。その二カ月後、ヒロは被爆者の声を国政に反映すべく、受け入れ反対を衆議院科学技術振興対策特別委員会での参考人の一人として国会審議で発言したのだった。(23)

新潟・谷美津枝（一九一七〈大正六〉年生） 谷美津枝が個人会員として主婦連に参加したのは主婦連創立から六年目の一九五四（昭和二九）年だった。新潟食生活改善普及会の運動の発端は、子どもたちを健康にするために有害食品を追放することだった。その活動の普及を考え婦人会に入会するが、「国が大丈夫というなら大丈夫」という姿勢に期待できず三カ月で退会する。そこで美津枝たちメンバーは地方行政単位で改善するのは限界があることに気づき、主婦連に入会したのだった。

その後、美津枝は主婦連新潟支部長となり中央委員も担っている。六〇年代は有害食品追放／残留農薬問題を、六〇年代後半〜七〇年代は虫歯予防フッ素添加問題で主婦連中央に提起、文部省・厚生省・歯科医師会も巻き込んで中止させた。また普及会の『消費者センターだより』に一九六二年に掲載した放射線照射食品問題は『主婦連たより』に転載され、原子力平和利用の安全性を問う契機をつくった。原発問題では一九七九年「新潟巻町の反原発運動」報告を寄稿（『たより』No.359）、つづけて一九八一年には「もしも隣の町に原発が建てられるとしたら」で、新潟支部の取り組みを（『たより』No.380）、一九八三年総会では「原子力発電所設置には行政に安全の確認をとらせる運動」を報告している（『たより』No.406）。九〇年代後半には農薬空中散布問題／脱原発運動／遺伝子組み換え食品問題／プルサーマル計画問題等、新潟支部の調査研究が主婦連中央を動かし、他の消費者団体とも連携し全国的な運動を展開することにつなげている。

鳥取・近藤久子（一九一一〈**明治四四**〉**年生**）『主婦連たより』で近藤久子の初見は、小林ヒロと同じく全国代表者会議が開かれた一九六一（昭和三六）年一二月である。この年、鳥取県連合婦人会は主婦連分会の生活部に入会し（『鳥取県連合婦人会五〇年のあゆみ』年表一〇六頁）、毒性が強い農薬の使用禁止／食品添加物／合成洗剤追放など、生活の安全性に力を入れた。久子は自著『暮らしの視点』（米子今井書店、一九九五年）で、一九八一年に入り福井県の南部に位置する敦賀《つるが》原発での冷却水漏れを日本原子力発電所が二度も隠蔽していたことを取り上げ、「原発に寛大であったともいえる福井県の人たちも、日本原電はもはや原発を扱う資格がないと怒っているというが当然であろう」（二三八〜二三九頁）と記した。

この近藤久子の原発立地県である福井に対する見解は、資料探索で得た筆者の見解（2の(5)）と合致する。久子は一九八六年六月の総会で「(青谷の長尾鼻岬）原発建設反対運動を展開している」ことを報告（『たより』No.442）し、翌一九八七年には非核都市宣言を求めて一〇万人署名に取り組む長崎県婦人団体連絡協議会会長・小池スイ宛に「原発に狙われている地域の人たちは、その安全性、経済性の両面から根気よく反対運動をつづけています」とエールを送っている（『たより』No.455）。久子とスイは主婦連の会議でも隣席が多く、一九八八年の第三回国連軍縮特別総会にも共に参加、久子は草の根運動の有機的なネットワークつくりの大切さを実感して帰国した。一九九〇年の主婦連総会では全国から集まった代表を前に「原発設置反対運動は、ようやく電力会社があきらめかけるところまでこぎつけた」と報告している（『たより』No.490、一九九〇・六・一五）。彼女の活動を支えた指針の一つに『主婦連たより』があった（『たより』No.527、「主婦連合会地方報告から」一九九三・七・一五）。

おわりに

本稿の目的は、消費者団体である主婦連が、国策である「原子力の平和利用」や「安全神話」の言説にとらわれなくなった要因を明らかにすることであった。従来の主婦連に対する評価は、戦時下で陸軍の支援を受けて活動した国防婦人会を想起させる割烹着《かっぽうぎ》姿と、性別役割分担の象徴とも捉えられる杓文字《しゃもじ》を担いだ集団の印象が強い、そのため、ともすれば世俗的、保守的集団として認識される傾向にあったため、女性解放史としての研究対象から取り残されてきたともいえる。

だが、ビキニ事件と原子力の平和利用に関わる資料探索で閲覧した『主婦連たより』の記載内容は、主婦連に対する右記の評価を払拭させるものだった。

主婦連は、一九五四（昭和二九）年のビキニ環礁水爆実験で被曝した第五福竜丸事件では、原子力の軍事利用としてただちに原水爆禁止を表明する一方、他方では「原子力は両刃の剣」（一九六三年）と捉え、原子力の平和利用を国家経済の視点で容認の姿勢を示していた。

しかし、高度経済成長期の一九六〇年代と七〇年代の初頭には、主婦連の原子力平和利用の捉え方に変化の兆しがみえる。最初の契機は一九六二年の国立放射線医学総合研究所見学で、放射線医学には未知なる部分が多いことに気づいたことであり、第二の契機は一九七三年に農作物や加工食品を対象とした放射線照射実用化の安全性に疑問をもったことである。以上二つの契機はいずれも消費者のいのちと健康を守る視点から生まれており、五〇年代の国家経済的視点に立った捉え方とは異なる認識の変化がみられる。さらに、六〇年代から七〇年代の高度経済成長期の消費者運動は、企業利益優先で生み出された公害とのたたかいであり、そこでは、いのちや暮らしを守る安全性追求の運動が蓄積されていった。

この安全性追求で得た視野の拡大と思考の深化により原子力発電の安全性にも眼が向けられ、主婦連は学習を積み重ねていった。その結果、一九七六年の原子力船むつ受け入れ問題と電気料金値上げ問題の本質が、国家の核エネルギー政策と結ぶ電力産業の巨額な原子力発電所建設に帰結することを捉えていくことになる。

一九七七年一〇月二四日、当時主婦連の実質的牽引者であった高田ユリは、「原発の安全性に問題がある」として、「反原子力開発」を表明した。それはアメリカのスリーマイル島原発事故（一九七九・三・二八）の一年五カ月前のことであった。
主婦連が高度経済成長期の産業優先によって生み出された公害とのたたかいを通して（ユリア樹脂食器摘発など）、いのちや健康を脅かし、暮らしを破壊するものに対する不安や恐怖を克服するための行動と併せて、原子力問題に対する多面的な運動を進めてきたことこそが、主婦連による消費者運動の重要な側面だったといえよう。

（二〇一六年）

注

（1）小林トシエ「『主婦連たより』を活用（中略）お陰で政治問題やあらゆる社会問題に関心が持てるようになりました」「しがらみ会と主婦連」『主婦連と私』主婦連合会、六二頁。
（2）奥むめお（一八九五～一九九七）は福井市生まれ。日本女子大学校卒。参議院議員三期一八年（一九四七～一九六五）。初代会長四一年（一九四八～一九八九）。一九九七年七月一〇日、奥むめお告別式の葬儀委員長は三木睦子。「私の政治生活は主婦の生活と政治を結びつけることに終始しました」『主婦連と私』主婦連合会、一九七八、一頁。人手なく娘（中村紀伊）と姪（清水鳩子）を手伝わせる。
（3）春野鶴子「くらしの中に政治がいっぱいだったのです。主婦の不満や悲しみ希望を国会につなぎ、主婦たちには、身近なものから政治への開眼をされた」「くらしの中に政治が一杯」前掲書『主婦連と私』二一～三一頁。
（4）後藤俊「あの頃の思い出十五年感無量です」前掲書『主婦連と私』九二頁。「新しい時代をたぐりよせよう」『たより』No.３５０、一九七八・一〇・一五、一頁。
（5）一九五八年『たより』No.１０６では、「グループ活動の報告」として「住宅・商品試験・社会教育・衛生」を掲載。一九六七年『たより』No.２１０では、「住宅・衣料・日用品・食糧・社会教育・物価・牛乳」の活動が記されており、消費者問題の変化に柔軟に対応して「部」がつくられ、学びつつ活動していることがわかる。
（6）「（母＝坂井いちは）自分は学歴がないから、一主婦として実践していることを基盤として勉強するのだと、夏期大学へ通ったり、講演での詳細なメモを家で質問を浴びせる等を、繰り返していました。主婦連が本当に生きがいだった」坂井智晴「我が母と主婦連」前掲書『主婦連と私』九五頁。

(7) 清水鳩子証言：聞き取り二〇一二・一二・六、主婦会館。『主婦連たより』第一号の発行者は吉村鳩子（旧姓）「先生が原稿を書き、今は亡き後藤俊さんといっしょに主婦連たより一号を作った（中略）奥会長は仕事に対してはひどくきびしかった」清水鳩子「夜更けと寒さと涙と」前掲書『主婦連と私』八三頁。

(8) 一九五六・二・三〜五の懇談会発言・婦人参政十周年記念実行委員会『婦人参政十周年記念・全日本婦人議員大会　議事録』一九五六年二七五頁。『主婦連たより』の「各政党の政策を聞く」は、一九六五年以降は共産党・公明党も招請。

(9) 松田宣子「消費者運動の科学的な核」高田ユリ写真集編集委員会編『消費者運動に科学を―写真集高田ユリの足あと』ドメス出版、二〇〇九、四九頁。

(10)「清水鳩子」国民生活センター編『消費者運動50年―20人が語る戦後の歩み』ドメス出版、一九九六、一〇〇頁。背景として、全国地域婦人団体連絡協議会（全地婦連）が、原水禁運動から離れたことを山高しげりが晩年に後悔。二代目会長の大友よふがその点を重視している。

(11) 三宅泰雄、檜山義夫、草野信男監修『ビキニ水爆被災資料集』東京大学出版会、一九七六、五〇一頁。武谷三男編『死の灰』岩波新書、一九五四年。鮮魚店の店頭表示は写真に記録される。『アサヒグラフに見る昭和の世相―10』朝日新聞社、一九七六、三三五頁。

(12)「第一九回国会・衆院・水産委員会・議事録」二一〇号、一九五四・三・二六　東京都中央卸売市場長本島寛参考人発言。

(13) 一九五四年に問題になった有害カビ米。厚生省は「大丈夫」といったが、その後、発がん物質と判明。

(14) 保存運動は八団体（原水爆禁止東京協議会・主婦連合会・第五福竜丸平和協会・東京都原爆被害者団体協議会・東京都生活協同組合連合会・東京都地域消費者団体連絡会・東京都地域婦人団体連盟・日本青年団協議会）『たより』No.６２０、二〇〇一・四・一五。

(15) 洗濯機・冷蔵庫・テレビ（初期は電気炊飯器か電気掃除機）川添登「電化」朝日ジャーナル編『女の戦後史』II、朝日選書、一九八四、二二一〜二二三頁。

(16) 高田ユリ（第二代会長一九八九〜一九九一）が主婦連に関わる経緯は『主婦連と私』前掲書、一九七八、三〜四頁。国民生活センター編『消費者運動50年―20人が語る戦後の歩み』ドメス出版、一九九六、八〇〜九二頁。高田ユリ写真編集委員会編『消費者運動に科学を―写真集 高田ユリの足あと』ドメス出版、二〇〇九。
(17) 高木仁三郎『市民科学者として生きる』岩波新書、一九九九、一四〇頁。
(18) 平凡社社長下中弥三郎と奥むめおの関係は、下中が一九二三年に職業婦人社を設立した際、編集員の一人として奥むめおが参加したことに始まる。『職業婦人』は同年九月の関東大震災の影響で休刊。翌一九二四年には『婦人と労働』と誌名を変えて発行。翌年の一九二五年には『婦人運動』と誌名を変え一九四一年八月の用紙不足による整理統合で廃刊。
(19) 主婦会館の建設については、①②③の内容別提示。①「四谷駅前の主婦会館の現在の地は亡き平凡社社長の下中弥三郎さんが、奥むめおに売りたいと云って下さったのです。それには一つの条件がありました。長い貧乏生活をつづけてきた奥氏のことだから一千万円あまりの金を耳を揃えて持ってくることは六ケしかろうが、平凡社としてはこのいい土地をよその競争者にとられてしまうのはあまりに惜しいと。この使いに立たれたのは平凡社の会計部長斉藤道太郎さんでしたが、私は斉藤さんとも相談をして、まとまった金子《きんす》が出来ると、斉藤さんにこの金子を渡し、これから後のプランを下中さんに話して貰いました」奥むめお前掲書『主婦連と私』一〜二頁。
②「昭和二六年、始めて主婦会館建設のことが議題になってからこの方、東京組は廃品回収に、共同作業の内職に、小銭集めに、積立預金に、ありとあらゆることをして持ち寄り積み立て、百三十万を作って基金とし、寄付集めに入ってからは集中的に動いてここまで仕上げることができました」「主婦会館完成せまる」（『たより』No.84、一九九五・一一・一五）。
③一般財団法人主婦会館「平成二五年度貸借対照表・正味財産増減計算書：自平成二五年四月一日至平成二六年三月三一日」には「固定資産　土地一〇，〇〇〇，〇〇〇」と記載されている。
(20) 中央委員は、一九六六年の規約改正により主婦連に新設され、地方代表から選ばれた。全国の声が反映されるようになり、ネットワークがつくられていく。
(21) 谷美津枝著『命 食にあり―農薬・化学物質追放に取組んだ五十年―』績文堂出版、二〇〇〇、六九頁。
(22) 鳥取県青谷・長尾鼻岬原発反対運動と近藤久子については『原爆と原発、その先』（御茶の水書房）掲載の「いのちとくらしとふるさとを守る—鳥取県青谷・気高原発阻止運動を担った地域婦人会」金子幸子論考参照。
(23)「第七七回国会・衆院・科学技術振興対策特別委員会議事録」七号、一九七六・五・一九。「むつ放射線漏れ問題調査報告書」『原子力委員会月報』第20巻第五号、科学技術庁原子力局発行、一九七五。小林ヒロについては国武雅子「長崎市婦人会の平和運動—反原爆と反原発をつなぐもの」『全国女性史研究交流のつどいin岩手 報告集』二〇一六、八一～八二頁。小林ヒロと小池スイについては、葛西よう子・長崎女性史研究会編・著『長崎の女たち』長崎文献社、一九九一、一三三～一四一頁。

〈コラム〉奥むめおが捉えた「大衆婦人」
――一九二〇年代から一九五〇年代にみる

本題目は、総合女性史研究会第一二〇回近現代史例会報告で行った山村淑子報告「奥むめおの視野が捉えた女性たち――主婦連運動の芽を探る――」（『総合女性史研究』第二八号・二〇一一年三月）を踏まえて設定されたもので、日本近現代史の移行期研究の検討とともに、婦人運動の主体形成の問題に関わって、婦人運動史での奥むめおの位置づけの検討を目指している。本稿は大会報告の概要である。

本題に関わる先行研究としては、①佐治恵美子の「奥むめおと無産家庭婦人」②今井小の実の「社会運動としての社会福祉―奥むめおの活動を通して」③成田龍一の「母の国の女たち―奥むめおの〈戦時〉と〈戦後〉―」があり、いずれも詳細・丁寧な検討が行われている。だが、戦前・戦後を通して「大衆婦人」の主要な構成部分〈主体〉を働く婦人と捉えていたむめおが、戦後は一転して「台所に取り残された」婦人を主体にした消費者運動を展開したのは何故か。その論理的展開を裏づける根拠が不十分であった。

先の報告では、戦前・戦時・戦後と生きた婦人運動家奥むめおの視野が捉えた女性たちを追いつつ、彼女の実践活動の軌跡をたどって、戦後の主婦連運動の芽が何処で生まれたかを著書および記事資料をもとに考察した。

その結果、少女の眼で捉えた機織り工場の女工にはじまり、職業婦人、無産家庭婦人（含 小売業や職人の妻や内職者）、農村から上京した娘たち、戦時動員の女子労働者、そして戦後の経済不安を抱えた中産家庭の主婦にいたるまで、むめおは一貫して「大衆婦人」を捉えつづけていたことが判明。実践の場でも、女性の政治的権利を奪った治安警察法第五条の改正案が議会を通過した際、大多数の女性が関心を示さなかった現状を、これまでの運動は婦人大衆の要望を満たすものではなかったと受け止めたむめおは、女性参政権運動と一線を画し、「大衆婦人」自らが政治的権利が欲しいと思える基盤をつくろうと、共に生きることを決意。前衛に対する後衛として「大衆婦人」の覚醒《かくせい》を促し、働きながら家事・育児を担う女性と政治を結んで、婦人解放の主体形成を図ることを目指した。「大衆婦人」の存在が、むめおの思考および行動を形づくっていたともいえる。

右の結果については、同時代を生きた丸岡秀子が、自著『婦人思想形成史ノート（上）』（ドメス出版、一九七五年）で「奥むめおは、職業婦人の友たることに努めた、実際的な仕事の旗手だった。とくに働く母たちのためのセツルメント事業は、彼女によって社会の注目をひいたといえる。（中略）彼女の〝実践躬行《きゅうこう》型〟は、観念に傾斜しがちな婦人運動に、やはり大衆化への有意義な寄与をした」と評したことに通じる。

そこで、むめおが「大衆婦人」の主体を何処にみていたかに注目。新婦人協会解散以降のむめおの軌跡一～四期を追い、その論理的展開の根拠を新たに発掘した史資料も含めて考察した。

（一）一九二〇年代は大正デモクラシーを背景に、職業婦人社の活動と並行して消費組合運動に参加し、無産家庭婦人の解放のひとつの方途として、生活問題から政治に向き合う婦人消費組合協会を設立。協会は短命に終わるが、解放の可能性を切りひらき、戦後の消費者運動への流れを形成する。

（二）一九三〇年代は、働く無産家庭婦人のために婦人セツルメントを開始。性別役割分担を受容するむめおは、仕事と家事・育児を担う女性の解放は、家事・育児の共同化にあると説き、託児・保育所、学童保育、母子寮を設置し、加えて消費組合の社会事業を展開。職業婦人のためには「働く婦人の家」を経営するなど、多様な支援・援助活動を行う。

（三）一九三七（昭和一二）年の日中戦争以降は、大蔵省・厚生省・大政翼賛会の公職に就き、積極的に国策を推進。①男子労働力不足による女子労働力の増員と「職域拡大」を女性の地位向上と捉え、②有閑婦人を含めた「婦人皆労」策を国民の標準化とみて積極的に遂行。③さらには、私的領域である消費生活を「国家的に有用な公事」と位置づけたうえで、「主婦のもつ時間も労力も国家に帰属」し、主婦は「国家経済を支配する力」をもつ、と国民統合の論理を説いた。

（四）戦前・戦時は「大衆婦人」の解放の主体を働く婦人においたが、日本国憲法と労働三法の成立で、労働婦人は自らを解放するための主体形成の条件を獲得したとみて、以後、「大衆婦人」の主体を「台所に取り残された」主婦におくこととなる。その背景には、戦後の経済危機のなかで家計の不安を抱えた中産層の存在があった。

一九四八年、むめおは参議院議員に当選。国会議員として戦後の経済復興に戦時下の統合の理論を生かし、物価庁と連携して物価高騰にあえぐ主婦を「台所から政治へ」を合い言葉に政治と結び、主婦が自らを解放するための主体形成を可能にする場をつくった。主婦連合会の設立は「もの言う主婦」の存在を国民の前に可視化させたともいえる。

最後に、むめおの婦人運動史上での位置づけに関わることとして注目されるのは、一九五五年六月に同時開催された二つの婦人大会である。一つは新生活推進全国主婦大会（主婦連・地婦連共催・政府代表参加）。もう一つは、第一回日本母親大会（母親連絡会）である。『現代婦人運動史年表』の作成者三井礼子は、右の二つの大会主催を婦人運動の「二つの潮流を象徴」するものと記している。

この三井の指摘は、戦後の日本婦人運動史上の主体形成に関わる重要な指摘といえる。新たな論拠の提示も含め、消費者団体「主婦連合会」の運動に注目していきたい。

（二〇一一年）

〈コラム〉主婦連合会を生んだもの
――市川房枝と奥むめおの「台所と政治」

戦後、参政権を得た女性たちは、日本国憲法に明記された平和と人権を実体化する多様な運動を展開した。かつて新婦人協会の理事として治安警察法第五条撤廃運動に関わった市川房枝が説いた「政治と台所」と、奥むめおが説く「台所と政治」を実践する主婦の運動も生まれ、今日にいたっている。

主婦の運動は政治を変える主体となりえるのか。「主婦は国の力」と煽《あお》られ生命が奪われた時代から順に、その概要を見ていく。

国家への統合と女性

帝国主義諸国による領土分割を目的として起こされた第一次世界大戦（一九一四～一八年）は、武力のみならず国家のすべてを動員する総力戦となる。日本政府は、この総力戦を前提とした国民育成が急務と捉え、大戦中の欧米諸国に官吏を派遣。各国の国民育成策の資料収集を行う一方、学校教育・社会教育・メディアを通して排外主義的なナショナリズムを注入。女性や子どもたちの国家統合を急いだ。

総力戦体制下の主婦

「満州事変」から日中戦争期に、女性を対象に実施された文部省主催の社会教育では、第一次世界大戦後の工業化・都市化にともなう単婚少家族の増加（一九二〇年五四％・戸田貞三『家族構成』新泉社、二〇〇一年）で、子育てに不安をもつ都市中間層の女性を対象とする「母の講座」を開設。女子師範や各帝国大学・医科大学の協力を得て母性の国家統合を目指した。この講座では、家族制度の「家」の戸主と主婦を同等と位置づけるなど、家庭の主婦を持ち上げ、その役割を強調。主婦は、政治的権利を阻まれたまま、国策に従順な「軍国の母」育成の対象となった。

一九四一（昭和一六）年一二月八日に開始された太平洋戦争以降、徴兵・徴用などさまざまな動員や疎開などで、家族崩壊の渦中にあった家庭婦人に対して、「主婦の力は国の力」、「主婦の力は国の底力」と煽り、戦争への全面的協力を求めた。

ポツダム宣言と婦人参政権獲得

一九四五（昭和二〇）年七月二六日、米中英（のちにソ連参加）による「ポツダム宣言」は、日本の軍国主義を批判。徹底した民主主義を要求。日本政府はこれを無視。その結果、米国による原爆投下（八月六日広島・同九日長崎）とソ連参戦（八月八日）を招く。この間に戦闘員のみならず、他民族の女性や子どもを含むぼう大な非戦闘員の犠牲を生んだ。無条件降伏受諾決定は一四日。国民が戦争終結を知ったのは八月一五日だった。

婦選運動開始から二五年目の一九四五年一二月、婦人参政権が実現する。後年、市川房枝は、婦人参政権決定の後押しとなったものは「ポツダム宣言の趣旨」と証言（一九七八年一二月二一日『近代日本女性史への証言』ドメス出版）。奥むめおは、参政権獲得五カ月後の「我が国の男女同権運動」（『週刊河北』河北新報社　一九四六年四月）の文中に、「総司令部がポツダム宣言の明文に則《のっと》って民主主義日本の復活を要求」と記した。同時代を生きた市川と奥が、婦人参政権をはじめとした日本の民主化は「ポツダム宣言の趣旨・明文による」との認識で一致、「一見識」を示している。

「日本国憲法」成立と女性

参政権を得た女性たちは、一九四六（昭和二一）年四月の衆議院議員総選挙で一票を投じた。結果は、女性の投票率は六六・九七％、男性は七八・五二％（『女性参政六〇周年記念・女性参政関係資料集』）。選出された三九人の女性議員が民主的な「改正憲法案」の審議に加わり、「日本国憲法」が公布（一九四六年一一月三日）されたことの意味は大きい。

この憲法は、主権在民・恒久平和・基本的人権の尊重を原則とし、第一四条の「法の下の平等」と、第二四条の「家族生活における個人の尊厳と両性の平等」によって、女性の本質的平等が確立された。以後、女性たちは、憲法で約束された平和と人権を日常生活のなかで実体化するための多様な運動を展開していく。

「政治と台所」から「政治は生活」へ

市川は、敗戦から一〇日目に戦後対策婦人委員会を結成（七二人）。奥も会員の一人となる。市川は「婦人が参政権を握ればもつと国民の生活に根ざしたものになる」と述べ、「政治は生活」と表現した（一九四五年九月二三日『毎日新聞』・同三〇日『読売新聞』）。この表現は、一七年前の婦選獲得同盟第四回総会の「宣言文」に記された「政治と台所」が議会に重点を置いたのに対し、「国民生活」に視点を向けた表現に変化しており、注目されるところである。

だが、一九四六年の衆議院総選挙直前（四月五日）に著した『新しき政治と婦人の課題』（社会教育聯合会）では、「政治と台所の直結」と記されていて、「政治は生活」の表現はみられない。だが、文中に見られる市川の眼差しは「家庭の主婦・病児の母・家族離散の悲しみをもつ親子・満員電車の中で赤ちゃんを窒息させたお母さん」に向けられており、「台所の問題、生活の問題」を解決する一票を、と呼びかけている。

市川と奥が捉えた「婦人解放論」

戦後間もない時期の市川は、「女は子供を産み育て」、「男は外に出て社会的に働く」と捉えており、「性別により職分を通して国家に尽くすことが婦人参政権」（埼玉女子文化会「むさし野」創刊号・一九四五年一二月）と述べ、「婦人が選挙権を持つようになると、男の候補者でも婦人の好むような、つまり台所に関係のある政策を掲げざるをえなくなる」とも述べている（『青年』第三〇巻第六号・一九四五年一二月一日)。

この市川が説いた「政治と台所」と、「多数の未組織婦人は台所の重い扉を叩いて解放されることを求めてやまない」(『台所と政治――団結した主婦たち』大蔵省印刷局・一九五二年)と説いた奥の「台所と政治」は、性別役割分業を前提とした婦人解放論である。この二人の共通点は、家庭の婦人が日々の生活で抱える社会・経済・法律の諸課題を、参政権を得て、議会を通して政治と結び、解決をはかり、女性自らが解放の道すじをつかんでいくことを目指していることである。だが、軸足を置く活動の場は異なった。

第一次世界大戦後の米国留学で(一九二一~二四年)、女性の政治教育の重要性を学んだ市川は(『市川房枝自伝・戦前篇』新宿書房)、参政権の意義を伝える政治教育運動(現 日本婦人有権者同盟)を中心に活躍。参議院議員(一九五三~八一年)として売春防止法・政界浄化を中心に貢献した。

一方、治安警察法第五条改正時の「大衆婦人」の無反応を重く受け止め、「大衆婦人」自らが主体的に政治的権利を求めるための基盤つくりを考えた奥は(『野火あかあかと』ドメス出版、一九八八年)、家庭経済問題と連なる消費者運動(主婦連合会一九四八年~)を主導。参議院議員(一九四七~六五年)として、消費者・生活者である主婦の声を代弁した。

戦争体験をもつ「家庭婦人」の運動

奥は、主婦連合会の機関紙『主婦連たより』第一号(一九四八年一二月五日)の巻頭言に、「たのしい闘い」と題して「台所の片隅でため息をつくより外なかった主婦たちが、団結して声をあげることにより、また日頃の問題をみんなで話し合うことに依って焦点をつかみ、それを社会の世論として解決してゆく道を知ったことは、家庭の婦人たちにとって非常な希望の生活の到来である」と述べ、主婦連は「生活に結びついて結集した主婦の共同戦線体」であると定義。その四年後の『台所と政治』では「終戦後の艱難《かんなん》きわまる社会に立った主婦たちは、もう戦前の主婦ではありません」と、主婦の主体的な運動が定着してきたことを評価した。

その二年後の一九五四（昭和二九）年三月一日。米国が太平洋上のビキニ環礁で水爆実験を実施。多数の漁船と乗組員が被曝した。三度の核兵器の犠牲に憤った戦争体験をもつ女性たちが中心となって、全国的な原水爆禁止の署名活動が行われた。

奥も原水爆禁止署名運動全国協議会の代表世話人の一人として参加。全都道府県で集約された署名総数は三一八三万七八七六筆（一九五五年八月四日現在）。原水爆禁止世界大会開催の呼びかけ団体に主婦連合会も参加、平和運動の支え手ともなる。

（二〇一三年）

初出一覧

序に代えて　「生きにくさ」を生きる支えとしての憲法　　書き下ろし

第Ⅰ章

・「生きにくさ」は人権確立の出発点——日米の女性参政権運動から学ぶ
歴史教育者協議会編『二〇〇八年版 歴史教育・社会科教育年報』二〇〇八年一二月

・日本国憲法の誕生と女性
総合女性史研究会編『時代を生きた女たち　新・日本女性通史』二〇一〇年、朝日新聞出版

・近現代における女性の歩みと安倍政権の女性政策
『経済』二〇一五年三月号、新日本出版社

・〈コラム〉在日一世女性たちの「生きる力」を読む　朴沙羅著『家《チベ》の歴史を書く』
オーラル・ヒストリー総合研究会「会報」No.42　二〇一八年、筑摩書房

第Ⅱ章

・戦時体制移行期における母親像の変容——良妻賢母から新良妻賢母への転換
東京歴史科学研究会　婦人運動史部会『女と戦争　戦争は女の生活をどう変えたか』一九九一年、昭和出版

・戦時期における母性の国家統合——文部省「母の講座」を中心に
総合女性史研究会『総合女性史研究』第21号　二〇〇四年三月

・性別役割分担にみる戦時体制下の子育て

歴史科学協議会編集『歴史評論』No.684　二〇〇七年四月号
・〈コラム〉戦時期の女性と家族
総合女性史研究会『総合女性史研究』第二四号、二〇〇七年三月

第Ⅲ章
・原発と地域の女性たち　いのちと暮らしの安全性を問う
『地域女性史研究』創刊号　地域女性史研究会、二〇一八年一〇月
・原発事故でふるさとを追われ、奪われた人々
『地域女性史研究』創刊号　地域女性史研究会、二〇一八年一〇月
・原発事故から九年——奪われた地域と暮らしを取り戻すたたかい
『地域女性史研究』第2号　地域女性史研究会、二〇二〇年一一月
・〈コラム〉『チェルノブイリの祈り　未来の物語』を読む　スベトラーナ・アレクシェービッチ著　松本妙子訳
オーラル・ヒストリー総合研究会「会報」No.31　二〇一六年、岩波書店
・原水爆禁止運動から反原発へ——高度経済成長期の「主婦連合会」の動きにみる
『原爆と原発、その先　女性たちの非核の実践と思想』早川紀代・江刺昭子編　二〇一六年、御茶の水書房
・〈コラム〉奥むめおが捉えた「大衆婦人」——一九二〇年代から五〇年代にみる
総合女性史研究会『総合女性史研究』第二八号、二〇一一年三月
・〈コラム〉主婦連合会を生んだもの——市川房枝と奥むめおの「台所と政治」
『女性展望』二〇一三年六月号、市川房枝記念会女性と政治センター

あとがき

一九四五（昭和二〇）年八月九日に長崎に原爆が投下された日から数えて七二年目の同日、四四年連れ添った夫（山村睦夫）を見送った際、私は三冊の出版計画を宿題として抱えていた。

一冊目は、亡くなる三カ月前まで取り組んでいた原稿を含め、夫の研究業績の後半部分を「論考集」として出版することだった。長期にわたる闘病生活を伴走してきた私自身も疲労困憊《こんぱい》していたときであったが、彼の研究者仲間の厚い協力を得て、『上海 日本人居留民社会の形成と展開——日本資本の進出と経済団体』（大月書店刊）として、二〇一九（令和元）年一二月に刊行することができた。夫との最後の約束を果たし終え、若手研究者からも「待ち望んでいました」との喜びの声が届けられてまもなく、二〇二〇年の年明け早々、世界中がコロナ禍に見舞われ、友人たちによって企画された出版記念を兼ねた「偲ぶ会」は、急きょ中止せざるを得なくなっていた。

二冊目は、私が高校や大学で若者を対象に行ってきた歴史教育（世界史と日本史）の現場と並行して実践してきた市民女性たちとの歴史学習会の記録を後世に残すことだった。

なかでも一九七八（昭和五三）年に開始された北海道・旭川での歴史学習会では、昭和一桁世代の女性たちが「個の確立」を目指しつつ、主体的な歴史叙述の書き手として歴史的事跡の現場踏査や史資料検分と、聞き取り調査やアンケート調査を実践している。さらには、自らの戦争体験に真摯《しんし》に向かい合ったことで

「沈黙の扉が開かれた瞬間」が生み出され、彼女たちの歴史認識が大きく揺さぶられた結果、日本人としての加害責任に気づくという歴史的体現が記されており、女性史研究のうえでも歴史的価値をもつ記録であった。

コロナ禍二年目の二〇二一年の春、大部の原稿に目を通し、「よい本にしましょう」と出版を引き受けてくださったドメス出版と編集者矢野操さんとの出会いを得て、『沈黙の扉が開かれたとき――昭和一桁世代女性たちの証言』のタイトルでようやく世に送り出すことができた。

出版にこぎつけたときにはすでに鬼籍《きせき》に入られた方々もいて、全員揃って出版の喜びを分かち合えなかったことは大変残念だった。それ故、この一冊が後世に残されて、次世代が「戦争」を考える際に、戦争体験者が編んだ資料として広く生かされていくことを期待している。

三冊目が、本書『生きにくさを生きる　人権・戦争・原発』の出版である。今回のタイトルは、本書第I章に掲載した「『生きにくさ』は人権確立の出発点」に由来する。先述したように、疲労の積み重ねで著しい体力低下を経験した私は、残された時間を考慮し、近現代女性史に関わる論考やエッセーから「人権・戦争・原発」の三題に絞ってまとめておくことを考えていた。一方で、新たな課題に取り組むためにもひと区切りつけることも意義があるという思いもあった。

自分の人生を生きるために職をもち、家族が治療を受ける医療と介護の現場と関わりつつ、さまざまな社会的なボランティア活動にも参加し、日々細切《こまぎ》れの時間を繋いで研究時間を確保してきた私自身も、「生きにくさ」を生きてきたひとりである。女性性をもって生まれたというだけで、あらゆる場面で繰り返し派生する理不尽と思える壁を一つひとつ乗り越えてきた。この理不尽さは、時として同性からも向けられることがあるという複雑さを併せもっている。本書の出版によって新たな課題研究へ一歩を踏み出す契機としたい。

本書の「序に代えて」では、「『生きにくさ』を生きる支えとしての憲法」のテーマで、「なぜ、平和と基本的人権を謳う憲法をもつ日本で、人権や平和が脅かされているのだろうか」との問いかけからはじめている。

振り返ってみれば、若者を対象にした教育現場（東京都・北海道・茨城県）で、市民女性とともに歩んだ歴史学習の現場（北海道・栃木県・茨城県他）で、つねに「いのち」を柱に「日本国憲法」を読み、人権条文の背景となる世界と日本の歴史をともに学んできた。その実践経験では、地域や年齢を問わず、「民主主義」＝「多数決の原理」、「平等」＝「みんな同じ」という応えが必ず返ってきた。その思いこみから解き放たれて、「民主主義は一人、ひとりの意見を大切にすることからはじまる」ことや、「平等」は「互いの違いを認め合うことからはじまる」という基本概念を理解することは容易《たやす》いことではなかった。「憲法」を読み、歴史的背景を知ることで、「憲法」は私たちを縛るものではなく、権力の横暴から私たちを護るためにある、という認識に到達するには多くの時間を必要とした。

ともあれ、本書の「第Ⅰ章」では、女性と人権の視点で「生きにくさ」を生きるための「闘い」によって人権を確立していった女性を捉え、「第Ⅱ章」では、教育の機会を奪われていた女性たちに学ぶ場を提供することで国家統合を図ろうとする文部省と、学びの場を得て戦時体制下の生きにくさを生きるために生活技術や知識を得ようとした女性たちとの間に乖離《かいり》が見られたことを見いだし、「第Ⅲ章」では、「国策民営化」で促進されてきた原発事故で避難した人々を訪ね、原発誘致に反対して闘ってきた人々の声と、「安全神話」を信じてきた人々の声を示す一方、自らは表だって行動しなかったが、原発誘致に反対して闘っていた人々の姿を気にかけ見守っていた人がいたことも明らかにした。

とくに第Ⅲ章の「主婦連合会」を対象にした論考では、高度経済成長期の公害発生状況下で「生きにくさ」を生きるために「闘う」会員の活動に見られる「気づき」に注目。会員が求める「安全な食」から気づかされた食材への放射線照射の問題、家計簿調査で気づかされた電気料金値上げに占める電源開発費用（大部分が原発建設費用）の追及など、消費者運動を通して生まれた「気づき」によって「反原発の表明」にいたる「闘い」の過程が見えてきたのだった。いずれも、「生きにくさ」を生きる過程を通してベアテ・シロタ・ゴートンが言う「闘い」がはじまっている。「生きにくさ」は、人権確立の出発点であることに改めて注目したい。

末筆ながら、本書を刊行するにあたり、読み手の立場に立った助言とともに、遅滞気味の原稿出しを寛容の心で待ってくださった編集者矢野操さん、タイトルの意図を的確に汲んでいただき、気品高い装丁で包んでくださったデザイナーの市川美野里さん、お二人には深く感謝し、厚くお礼を申しあげたい。

二〇二二年八月

山村　淑子

ま

や

ら

は

た

な

さ

索　引

著者紹介

山村　淑子（やまむら　よしこ）

早稲田大学（文学部・史学科）卒業。公立高校（東京・茨城）元教員。

和光大学元非常勤講師。

近現代史（女性史）研究者。

総合女性史研究会（学会）元役員。日本オーラル・ヒストリー学会元理事。

地域女性史研究会代表。

編著

山村淑子・旭川歴史を学ぶ母の会編『沈黙の扉が開かれたとき　戦後一桁世代女性たちの証言』ドメス出版、2021年。

共著

東京歴史科学研究会婦人運動史部会『女と戦争　戦争は女の生活をどう変えたか』昭和出版、1991年。

結城の歴史編さん委員会『結城の歴史』1995年。

歴史教育者協議会編『歴史を生きた女性たち』汐文社、2010年。

総合女性史研究会（学会）編『時代を生きた女たち　新日本女性通史』朝日新聞出版、2010年。

早川紀代・江刺昭子編『原爆と原発、その先　女性たちの非核の実践と思想』御茶の水書房、2016年。

主要論考

・「戦時体制移行期における母親像の変容」東京歴史科学研究会婦人運動史部会『女と戦争』昭和出版、1991年。
・「戦時期における母性の国家統合」『総合女性史研究』第21号2005年。
・「『生きにくさ』は人権確立の出発点」歴史教育者協議会『2008年版 歴史教育・社会科教育　年報』2014年。
・「近現代における女性の歩みと安倍政権の女性政策」『経済』新日本出版社、2015年。
・「原水爆禁止運動から反原発へ　高度経済成長期の「主婦連合会」の動きにみる」早川紀代　江刺昭子編『原爆と原発、その先 女性たちの非核の実践と思想』御茶の水書房2016年。
・「地域女性史とオーラルヒストリー」『歴史評論』№648、2004年。
・「歴史認識問題と地域女性史の課題　戦後60年・地域女性史にみる戦争の記憶」『総合女性史研究』第23号、2005年。
・「地域女性史の成果：現状と課題」『総合女性史研究』第30号、2013年。
・「地域における女性史研究の成果にみる新たな特徴と課題」『総合女性史研究』第31号、2014年など。

生きにくさを生きる
　人権・戦争・原発

2022年11月20日　第１刷発行
定価：本体2800円＋税

著　者　山村　淑子
発行者　佐久間光恵
発行所　株式会社 ドメス出版
東京都文京区白山3-2-4 〒112-0001
振替　0180-2-48766
電話　03-3811-5615
FAX　03-3811-5635
http://www.domesu.co.jp

印刷・製本　株式会社 太平印刷社

ISBN 978-4-8107-0863-9 C0036